I0030544

E   N   S   I   N   O

I

IMPRENSA DA UNIVERSIDADE DE COIMBRA
COIMBRA UNIVERSITY PRESS

U

EDIÇÃO

Imprensa da Universidade de Coimbra
Email: imprensa@uc.pt
URL: http//www.uc.pt/imprensa_uc
Vendas online: http://livrariadaimprensa.uc.pt

COORDENAÇÃO EDITORIAL

Imprensa da Universidade de Coimbra

CONCEÇÃO GRÁFICA

Imprensa da Universidade de Coimbra

INFOGRAFIA

Mickael Silva

EXECUÇÃO GRÁFICA

Brandpaper

ISBN

978-989-26-1686-5

ISBN Digital

978-989-26-1687-2

DOI

https://doi.org/10.14195/978-989-26-1687-2

DEPÓSITO LEGAL

???????/19

1ª EDIÇÃO 2010
2ª EDIÇÃO 2015
2ª EDIÇÃO 2019

© FEVEREIRO 2019, IMPRENSA DA UNIVERSIDADE DE COIMBRA

ECO NO MIA

3ª EDIÇÃO

MONETÁRIA E FINANCEIRA

JOSÉ SOARES DA FONSECA

IMPRENSA DA
UNIVERSIDADE
DE COIMBRA

COIMBRA
UNIVERSITY
PRESS

SUMÁRIO

PARTE II

Avaliação dos activos financeiros; equilíbrio e eficiência dos mercados financeiros

PARTE III

A teoria monetária

PARTE IV

Moeda, taxas de câmbio e integração monetária

Nota Introdutória

A primeira intenção, ao escrever este livro, foi a de que ele sirva de manual aos estudantes que frequentam a disciplina de Economia Monetária e Financeira na Faculdade de Economia da Universidade de Coimbra. Uma boa parte do material aqui incluído tem já vindo a ser posto à disposição dos estudantes desta disciplina, ao longo dos últimos anos.

O funcionamento dos sistemas monetários, instituições monetárias e financeiras, e os mercados financeiros, são tratados na primeira parte, que engloba os quatro primeiros capítulos. Nessa parte são abordados temas como as funções da moeda, a evolução dos instrumentos monetários e dos regimes de emissão de moeda, e as operações entre os bancos centrais e os outros bancos, incluindo a descrição das operações do chamado Eurosistema, composto pelo Banco Central Europeu e pelos bancos centrais dos países pertencentes à área do euro.

Tendo em conta a sobreposição, cada vez mais acentuada, entre as actividades características dos bancos e as de outros segmentos do sistema financeiro, como os mercados de valores mobiliários, entendeu-se que fazia todo o sentido abordar, neste livro, as teorias sobre o equilíbrio e a eficiência dos mercados financeiros, as quais são objecto da segunda parte.

A teoria monetária, cujos temas principais são a procura de moeda e a influência do sector monetário sobre o sector real da economia, é o objecto da terceira parte do livro.

A moeda nos pagamentos internacionais, as taxas de câmbio e a integração monetária são objecto da quarta e última parte do livro.

Os capítulos IV, V, VII e VIII incluem apêndices, onde é apresentada a dedução matemática dos modelos mais complexos apresentados nesses capítulos.

PARTE I

Os instrumentos monetários e financeiros
e as instituições financeiras

CAPÍTULO I

AS FUNÇÕES E AS FORMAS DA MOEDA E OS SISTEMAS MONETÁRIOS

As transacções económicas efectuam-se nas economias contemporâneas, com recurso a instrumentos que desempenham as seguintes funções:

- meio de medida de valores, ou seja, são unidades de medida nas quais se exprimem os preços de todos os bens e serviços;
- meio de troca e de pagamento;
- meio de reserva de valor.

A evolução das formas monetárias é o resultado da conjugação dos seguintes principais tipos de influências:

1) o aperfeiçoamento das formas monetárias no sentido da sua cada vez melhor adequação ao desempenho das funções da moeda;
2) a intervenção dos bancos no processo de criação de moeda.

1.1. A moeda, as suas funções e a liquidez dos activos

O aforismo «a moeda compra bens e os bens compram moeda, mas os bens não compram bens», com o qual Clower[1] simboliza a questão central da economia monetária, é a melhor tradução para o facto de a moeda desempenhar funções específicas, as quais determinam as suas características.

---

[1] Clower, R. (1967), «Foundations of Monetary Theory», *Western Economic Journal*, vol. 6, p. 1-9.

Se tomarmos como ponto de partida para a nossa análise uma economia de troca directa (onde as transacções se realizam sem recurso a moeda), para que uma troca entre o bem A e o bem B possa realizar-se é necessário que se verifique *complementaridade de interesses* entre os respectivos detentores, isto é, que o detentor de cada um destes bens esteja interessado no bem que o outro possui. Para além disso, é também necessário que ambos atribuam aos bens o mesmo valor. A avaliação dos bens, na ausência de um instrumento de medida de valor é uma tarefa complexa, dado que, se existirem N bens na economia, cada um deles pode ser comparado com os restantes N-1, pelo que, tanto o bem A como o bem B têm N-1 preços. Daqui resulta que o número total de preços nesta economia de troca directa é igual a N(N-1)/2.

1.1.1. A função de meio de conta

O meio de conta, através do qual exprimimos, numa unidade comum de medida, os preços dos bens, reduz significativamente as dificuldades na comparação de valores dos bens. Com efeito, quando numa economia de troca directa, os valores de todos os bens se passam a exprimir numa única unidade conta, cada bem passará a ter um único preço. Se o meio de conta for um dos N bens existentes na economia, como cada bem tem apenas um preço, o número total de preços nesta economia é N-1, muito inferior ao que existia na economia de troca directa sem unidade de conta.

Uma característica da unidade de conta é a de ser, nas economias contemporâneas, uma unidade de medida abstracta. Quando dizemos que o preço de um livro é de 10€, estamos a exprimi-lo numa unidade de medida sem qualquer existência real: o *euro*. Na história monetária, a unidade de conta não foi sempre uma unidade abstracta. Ela começou por ser um bem de uso corrente e, por conseguinte, de valor reconhecido pela generalidade dos membros da economia. A passagem da utilização de um bem concreto, de valor facilmente reconhecível, a uma unidade abstracta, correspondeu a um processo longo de evolução das formas monetárias, que abordaremos mais adiante.

1.1.2. A função de meio de troca e de meio de pagamento

As dificuldades de desenvolvimento das transacções que resultam necessidade da complementaridade de interesses dos intervenientes na troca, são ultrapassadas com a criação de um meio de troca (moeda), que seja aceite, de forma generalizada, como contrapartida de todos os bens. Assim, o detentor do bem A trocá-lo-á por moeda, e com esta comprará o bem B.

A necessidade de um meio de troca impõe-se numa economia em que as qualidades de produtor e de consumidor, de cada agente económico se encontram separadas, em virtude da divisão do trabalho. A generalização das transacções, decorrente do aprofundamento da divisão do trabalho, não poderia verificar-se sem um instrumento que servisse de contrapartida, na troca, a todos os outros bens, isto é, um bem que os vendedores aceitam receber pela venda dos seus produtos, e cuja posse confere aos compradores a certeza de poderem adquirir os bens de que necessitam. A moeda é também o meio universalmente utilizado para extinguir dívidas, daí que lhe seja também atribuída a designação de *meio de pagamento*.

A aceitabilidade generalizada da moeda como contrapartida nas transacções decorre da confiança dos agentes económicos no seu valor. Por outro lado, nas economias contemporâneas, as autoridades monetárias impõem a aceitabilidade da moeda, ou **curso legal,** das notas emitidas pelos bancos centrais.

1.1.3. A função de meio de reserva de valor

A utilização do meio de pagamento faz com que a troca directa do bem A pelo bem B seja cindida em dois actos de compra e venda. Com efeito, o detentor do bem A começa por vender o seu bem, ou seja, troca-o por moeda, com a qual compra depois o bem B. Dado que estes dois actos de compra e venda não são simultâneos, a moeda desempenha também a função de instrumento de reserva de valor, enquanto activo que os agentes económicos detêm desde o momento da venda de bens ou de serviços, até ao momento em que compram outros bens e serviços.

Contrariamente às funções de unidade de conta e de meio de pagamento que são exclusivas da moeda, a reserva de valor é assegurada também por uma grande diversidade de activos não monetários. Acresce ainda que, no que respeita à conservação de valor, devemos fazer a distinção entre **valor monetário** e **valor real**.

O valor monetário da moeda é constante, enquanto, nos outros activos, há um grau maior ou menor de incerteza, associado à variabilidade dos respectivos preços de mercado. Essa variabilidade existe tanto nos activos financeiros, por exemplo, os títulos cotados em bolsa (acções, obrigações, etc.), como nos activos físicos. Dado que, sob este ponto de vista, a moeda tem um valor constante, ela apresenta uma vantagem sobre todos os outros activos. O valor real, por sua vez, corresponde ao poder de compra do activo, expresso através da quantidade de bens e serviços na qual pode ser convertido. Durante os períodos em que o nível médio de preços é acentuadamente estável, a moeda também se apresenta como um instrumento seguro de conservação de poder de compra. Pelo contrário, em períodos inflacionistas, o poder de compra da moeda vai-se reduzindo ao longo do tempo. Outros activos, nomeadamente os activos físicos vêem os seus preços acompanharem o nível geral de preços, de forma mais ou menos aproximada, o que lhes confere uma capacidade de conservação de poder de compra superior à da moeda.

1.1.4. O conceito de liquidez dos activos

Define-se como liquidez de um activo a facilidade com que este pode ser rapidamente transaccionado, e com custos de transacção reduzidos. A moeda, tendo disponibilidade imediata, ou seja, podendo ser utilizada a qualquer momento nas transacções, e sem quaisquer custos, corresponde à liquidez na sua forma absoluta. Podemos tomar como base para a avaliação do grau de liquidez de um activo os seguintes custos:

- os *custos de informação* e
- os *custos de transformação*.

Vejamos, com um exemplo, em que consistem os custos de informação. Um indivíduo que pretende vender um automóvel usado, para se assegurar de que o vende por «bom preço», toma iniciativas como publicar anúncios na *internet* e mostrar o carro aos potenciais compradores. Temos aqui custos de natureza diferente: um custo pecuniário (o preço do anúncio) e um custo de oportunidade, representado pelas aplicações alternativas para o tempo que perde a mostrar o carro. Um outro exemplo permite pôr em evidência o que são os custos de transformação. Consideremos o caso do investidor que detém acções de uma empresa e pretende vendê-las na bolsa. Dirigir-se-á, para o efeito, a uma sociedade de corretagem. Ao submeter-se à cotação formada na bolsa, o detentor das acções não tem que suportar quaisquer custos de informação, pois essa cotação é, por definição, o melhor preço para as suas acções, no momento em que forem vendidas. Tem, no entanto, que suportar custos para «transformar» as suas acções em meios de pagamento: o pagamento da operação na bolsa e a comissão do corretor.

Quanto mais elevados forem os custos de informação, os custos de transformação, ou ambos, tanto menor é, naturalmente, a liquidez de um activo. Entre os activos não monetários encontramos diferentes graus de liquidez. Como exemplo de activos que apresentam uma liquidez elevada, não sendo meios de pagamento, temos os depósitos a prazo, que podem facilmente ser transformados em depósitos à ordem, sem perderem valor nominal. Os títulos de dívida de curto prazo apresentam igualmente uma liquidez elevada, quer atendendo à proximidade da data de vencimento, quer pelo facto de poderem ser facilmente negociados antes dessa data. A inovação financeira ocorrida ao longo das últimas décadas tem-se caracterizado por uma diversificação cada vez maior das aplicações de poupança postas à disposição dos aforradores, por parte dos bancos. Algumas dessas aplicações, embora não constituam responsabilidades dos bancos, apresentam elevada liquidez. As unidades de participação em *fundos de investimento mobiliário*, são um exemplo desse tipo de aplicações. Esses fundos são formas colectivas de aplicação da poupança em títulos como acções, obrigações e outros. Essa poupança é captada através da emissão de unidades de participação, as quais são vendidas aos balcões dos bancos, e que apresentam uma grande facilidade de serem transformadas em liquidez («resgatadas»).

Os activos financeiros de médio e de longo prazo, como as obrigações e as acções, apresentam custos de transformação mais elevados do que os dos activos de curto prazo, e a facilidade com que são negociados depende da procura que deles exista nos mercados financeiros. Isto significa que a sua liquidez pode variar ao longo do tempo. A diferença de liquidez dos títulos em que os fundos de investimento são aplicados reflecte-se também na liquidez das suas unidades de participação. Por isso, as unidades de participação em fundos de investimento mobiliário aplicados em acções e obrigações têm, naturalmente, uma liquidez menor do que as unidades de participação em fundos de investimento em títulos de curto prazo. Os activos físicos apresentam, em regra geral, um grau de liquidez mais reduzido, devido aos custos de informação e de transformação normalmente elevados, os quais resultam, em grande medida, das flutuações que afectam os respectivos mercados.

1.2. Os instrumentos monetários

Um dos critérios em que nos podemos basear para classificar os instrumentos monetários é o da relação entre o seu valor intrínseco (o valor do material de que são feitos acrescido dos custos de produção) e o seu valor enquanto meio de pagamento (valor *monetário* ou *valor facial*). Essa relação conduz-nos à concepção de duas grandes categorias de instrumentos monetários: a *moeda-mercadoria* e a *moeda fiduciária*. O primeiro tipo corresponde aos casos em que o valor intrínseco do instrumento monetário é igual ao seu valor monetário. O segundo tipo corresponde à situação oposta, em que o valor monetário é superior ao valor intrínseco. As notas de banco, cujo valor facial é muito superior à soma do custo da matéria-prima (o papel) com os demais custos suportados para a sua produção, são o exemplo mais popular de instrumento monetário do segundo tipo.

O conceito de moeda-mercadoria baseia-se na ideia, já referida a propósito das funções da moeda, de que a economia monetária se desenvolveu a partir duma economia de troca directa, em que a necessidade de utilização de instrumentos monetários começou por ser satisfeita por bens previamente existentes, sendo o seu valor enquanto moeda igual ao que tinham enquanto mercadorias. As funções da moeda impuseram, como critério natural de selecção dos instrumentos monetários, as seguintes características, inventariadas por Menger[2]:

- *a divisibilidade;*
- *a homogeneidade;*
- *a durabilidade.*

A divisibilidade é uma característica que resulta da necessidade de os meios de troca servirem para transacções de valores muito diversos. A homogeneidade decorre da necessidade dos instrumentos monetários serem perfeitamente substituíveis entre si. O requisito da durabilidade está estritamente associado com a função de reserva de valor. Isto porque, a conservação de valor só pode ser efectivamente assegurada desde que o material, de que são constituídos os instrumentos de troca, não esteja sujeito a depreciação física.

1.2.1. A moeda-metálica

Os metais apresentaram, mais do que quaisquer outros materiais, as qualidades da divisibilidade, homogeneidade e durabilidade, requeridas para os instrumentos monetários. Estas características fizeram com que a moeda metálica tivesse sido a forma monetária dominante, ao longo de muitos séculos de história monetária. A evolução das formas monetárias caracteriza-se pela sua *desmaterialização progressiva*, isto é, pelo facto de o valor *monetário* dos meios de pagamento se tornar cada vez mais elevado relativamente ao seu valor *intrínseco*. Esse afastamento teve início numa fase ainda remota do desenvolvimento da moeda metálica, quando, através da *cunhagem* das moedas metálicas, o seu valor passou a ser garantido

---

[2] Menger, C. *Principles of Economics*, publicada em 1871, e editada em inglês em 1950, com uma introdução de F. Knight.

pelo poder político. A produção de moeda passou então a ser um monopólio do soberano, e depois do Estado, o que lhe permitiu obter ganhos ao cunhar moedas metálicas com um valor facial superior ao respectivo valor intrínseco. Em resultado do afastamento entre estes dois valores, a moeda metálica perdeu a sua natureza de moeda-mercadoria, e tomou, pelo menos em parte, a natureza de moeda fiduciária. O fenómeno da desmaterialização progressiva da moeda é, por conseguinte, anterior à nota de banco e ao depósito bancário, embora seja muito mais acentuado nestas duas formas monetárias do que na moeda metálica.

1.2.2. A nota de banco ou papel-moeda

A nota de banco e os depósitos à **ordem** nos bancos são meios de pagamento cuja importância significativa nas transacções se acentuou a partir de meados do séc. XIX, e que estão associados ao desenvolvimento da actividade bancária.

A nota de banco desenvolveu-se na Europa a partir do séc. XVII. Esta forma de meio de pagamento deriva directamente dos «certificados» que comprovavam a recepção dos depósitos em metal precioso, *letras de câmbio*, emitidos pelos banqueiros, muitos dos quais eram antigos ourives que se envolviam também na actividade bancária, que atravessava uma fase de expansão. Embora as letras de câmbio fossem utilizadas como meio de troca entre comerciantes, elas não constituíam verdadeira moeda, pois os montantes emitidos correspondiam, estritamente, ao valor das espécies metálicas depositadas nos bancos, isto é, as letras de câmbio circulavam na vez da moeda metálica. Eram, por esse motivo, notas meramente *representativas* de metal.

Nestas circunstâncias, a emissão de notas no valor de 100 unidades monetárias por parte de um banco, toma a seguinte representação no respectivo balanço:

A	Banco		P
Metal	100	Notas	100

A emissão de notas para além do valor correspondente às entradas de metal nos bancos, torna-se possível desde que apenas uma pequena parte das notas emitidas seja regularmente apresentada para ser convertida em metal, permanecendo a maior parte em circulação. Em consequência, os bancos ficam com a possibilidade de emitir notas em valor superior ao das suas reservas de metal. Suponhamos que um determinado banco conclui que reservas metálicas correspondentes a 25% do valor das notas emitidas são suficientes para fazer face à diferença entre os levantamentos regulares de metal precioso e o afluxo normal de novos depósitos. Se este banco receber depósitos de metal no valor de 100, sentir-se-á em condições de conceder crédito no valor de 400, em contrapartida do qual emite notas. Temos, neste caso, uma criação líquida de moeda no valor de 400, num total de notas emitidas no valor de 500:

A	Banco		P
Metal	100	Notas	500
Crédito	400		

Deste modo, quando a emissão de notas é acompanhada do aumento do endividamento dos bancos, passa a traduzir-se numa criação líquida de moeda, e não na simples substituição de uma forma de moeda por outra. Este procedimento dos bancos, que consiste em emitir notas *convertíveis*, num montante superior ao das suas reservas metálicas, não está isento do risco de se verem na impossibilidade de satisfazerem todos os pedidos de conversão dessas notas. Esta situação ocorre quando o excesso dos pedidos de conversão de notas sobre as novas entradas de metal é superior ao valor das reservas metálicas dos bancos, e esse risco é tanto maior quanto mais elevado for o montante das notas emitidas, relativamente às reservas em moeda metálica. Nas épocas em que se instalou um clima de desconfiança no valor das notas de banco, a «corrida» aos bancos, por parte dos detentores de notas, levou a diversas situações em que a convertibilidade destas foi suspensa, e causou também falências dos bancos que as emitiram.

No sentido de pôr termo às emissões abusivas por parte dos bancos, muitos governos começaram, sobretudo a partir da segunda metade do séc. XIX, a atribuir o monopólio da emissão a determinados bancos, que tomaram então a designação de *bancos emissores*. A moeda por eles emitida tem, como já foi referido anteriormente, curso legal, ou seja, é obrigatoriamente aceite nos pagamentos e não é, hoje em dia, convertível em qualquer outra forma de moeda. A suspensão da convertibilidade das notas começou por apresentar natureza temporária, o que aconteceu em períodos críticos, durante os quais as reservas de ouro dos bancos emissores eram muito baixas relativamente ao montante das notas emitidas. Essa escassez de reservas de ouro começou a tomar carácter persistente a partir do início da I Guerra Mundial, em virtude das emissões avultadas de notas destinadas a financiar o aumento despesa pública decorrente da guerra. Após o fim deste conflito houve, em vários países, períodos durante os quais a convertibilidade das notas em metal foi reposta. No entanto, o excesso acentuado do montante das notas emitidas, relativamente às reservas de metal, tornou-se crónico, e não permitia assegurar, de forma sustentável, a sua conversão. Por isso, ao longo das três primeiras décadas do séc. XX, todos os sistemas monetários nacionais se encaminharam para a nota de banco inconvertível (ou de *curso forçado*).

1.2.3. Os depósitos à ordem

É nos depósitos à ordem que a desmaterialização da moeda mais se acentua. Com efeito, o montante destes depósitos pode aumentar muito significativamente sem exigir acréscimos no respectivo suporte material, que são os sistemas informáticos dos bancos. Os depósitos à ordem são uma forma de dívida dos bancos, que pode ser utilizada como meio de pagamento através do cheque, da ordem de transferência, e do cartão de débito, permitindo igualmente o levantamento de notas. Ainda durante a fase do predomínio da moeda metálica teve lugar o desenvolvimento destes depósitos, como resultado da recepção de moeda metálica pelos bancos.

Numa primeira fase não há criação de moeda, mas apenas a substituição de moeda metálica por depósitos à ordem. Vejamos a situação correspondente a um depósito de moeda metálica no valor de 100 unidades monetárias:

A	Banco		P
Metal	100	Depósitos	100

O desenvolvimento dos depósitos à ordem também ocorre quando estes substituem as notas de banco como meios de pagamento. É o que acontece quando uma parte das notas lançadas em circulação por um banco emissor é depositada num outro banco. Consideremos o exemplo de um depósito de notas no valor de 50. Esta operação tem a seguinte representação no balanço do banco onde foram depositadas:

A	Banco		P
Notas	50	Depósitos	50

Desta operação resulta a substituição de um meio de pagamento por outro. Os bancos podem igualmente criar depósitos através da concessão de crédito, por um processo semelhante ao que vimos a propósito da emissão de notas. Com efeito, quando um banco concede crédito a um cliente, o montante do empréstimo começa por ser posto à disposição deste através de uma conta de depósito, sobre a qual poderá passar cheques ou efectuar levantamentos de notas. Suponhamos que o banco concede crédito no valor de 100, que regista numa conta de depósitos à ordem a favor do cliente. O resultado desta operação no balanço do banco é o seguinte:

A	Banco		P
Crédito	100	Depósitos	100

Os depósitos à ordem, criados na sequência do crédito bancário, vêm, por conseguinte, aumentar a quantidade dos meios de pagamento existentes. Estamos, neste caso, perante a criação de uma nova forma de moeda – a *moeda escritural*.

Os depósitos à ordem tiveram pouca importância até ao séc. XIX. Era reduzido o número de comerciantes que utilizavam os depósitos à ordem como meio de pagamento, e o risco de todos efectuarem o levantamento dos seus depósitos em simultâneo era elevado, pelo que os bancos evitavam, por hábito, que o valor das suas responsabilidades sob a forma de depósitos à ordem ultrapassasse significativamente o das suas reservas em moeda metálica. Embora, durante esse século, a Europa tenha assistido a um certo crescimento da moeda escritural, a sua importância era ainda bastante menor do que a das notas de banco. Entre as razões que explicam esse fenómeno estão:

- o facto de a nota de banco não exigir que o seu utilizador seja cliente do banco que a emitiu;
- a utilização da nota de banco não depende da confiança no pagador, tal como é requerido para a aceitação dos cheques;
- não haver da parte dos bancos, que tinham a possibilidade de emitir notas, um incentivo importante para o desenvolvimento dos depósitos à ordem.

Actualmente os depósitos à ordem representam a maior parte dos meios de pagamento existentes na economia. Entre as causas que determinaram o aumento da importância dos depósitos relativamente às notas de banco estão:

- o facto de as transacções de montantes muito avultados terem um peso cada vez maior na economia;
- a alteração na periodicidade da realização de determinadas transacções;
- a melhor adequação dos depósitos para fazer face a despesas periódicas no consumo das famílias;
- a utilização crescente dos cartões de débito e de crédito nos pagamentos, os quais implicam a movimentação das contas de depósitos à ordem.

A primeira das causas enunciadas resulta do aumento, observado a longo prazo, dos montantes dos investimentos realizados pelas empresas e pelo sector público e o aumento da despesa em bens de consumo duradouro, por parte das famílias. O aumento do rendimento real e a subida continuada dos preços está também, como é natural, na origem do aumento do valor das transacções.

Entre os exemplos de alteração da periodicidade da realização de determinadas despesas está o alargamento do período de pagamento de salários, que hoje em dia é mensal para a quase totalidade dos trabalhadores, contrariamente ao que se passava há várias décadas, em que era elevado o número de casos em que esse pagamento era semanal. Este exemplo de modificação dos hábitos de pagamento, traduziu-se, só por si, isto é, excluindo a subida do nível dos salários que acompanha a subida do nível geral de preços, no acréscimo da massa salarial paga em cada momento pelas empresas. Daí a conveniência no recurso ao pagamento de ordenados e salários através de transferências bancárias.

No pagamento de despesas periódicas dos indivíduos e das famílias, como as contas de electricidade e telecomunicações, generaliza-se cada vez mais o recurso a ordens de transferência de depósitos à ordem. O uso cada vez maior dos cartões de débito, do tipo dos cartões «multibanco», e dos cartões de crédito, tem também contribuído fortemente para aumento da utilização dos depósitos.

1.3. A evolução dos sistemas monetários e da regulamentação da emissão de notas

A regulamentação da cunhagem de moeda, e a definição do respectivo valor facial, bem como das regras de convertibilidade das notas de banco em moeda metálica, tomaram contornos bastante precisos a partir do início do séc. XIX. Os dois padrões monetários metálicos historicamente predominantes foram: o *sistema bimetálico* de ouro e de prata e o *sistema monometálico* de ouro.

1.3.1. O sistema bimetálico

O sistema bimetálico apresentava as seguintes características fundamentais:

a) eram cunhadas moedas de ouro e de prata, com poder liberatório ilimitado, isto é, não existia qualquer limite quanto ao valor das transacções em que eram utilizadas;

b) era livre a cunhagem de moedas de ambos os metais, pois qualquer detentor de ouro ou de prata podia solicitar a cunhagem desses metais e receber o respectivo contra-valor em moeda;

c) existia uma relação legal entre os valor das moedas de ouro e o das moedas de prata, que era igual à relação entre os valores comerciais do ouro e da prata, na data da instituição do sistema.

A principal fragilidade do sistema bimetálico assentou no facto de a relação comercial entre o ouro e a prata, que varia com os preços de ambos os metais, se afastar inevitavelmente da relação legal entre as duas moedas. Suponhamos, por exemplo, que a relação legal prata/ouro é de 15 onças de prata para 1 onça de ouro (1 onça equivale aproximadamente a 31 gramas de metal). Se, num determinado momento, a relação comercial prata/ouro passar a ser 16/1, em resultado de uma maior abundância de prata, os detentores de prata não amoedada podem obter ganhos fazendo cunhar moedas de prata e, ao mesmo tempo, retirar ouro da circulação monetária e vendê-lo, sob a forma comercial, por um valor superior ao que tinham sob a forma de moeda. Este fenómeno, conhecido por *lei de Gresham,* cujo enunciado é: «a moeda má expulsa a moeda boa», levou frequentemente, nos países onde existia o bimetalismo, a que o Estado pusesse restrições à cunhagem de moedas de prata, no sentido de evitar que estas substituíssem, de facto, todas as moedas de ouro em circulação.

O sistema bimetálico vigorou essencialmente desde os fins do séc. XVII até meados do séc. XIX. Foi abandonado pela Inglaterra em 1816, pelos Estados Unidos em 1834, por Portugal em 1854, pela França em 1876 e pela Alemanha em 1873, tendo sido substituído, nestes países, pelo sistema de monometalismo-ouro.

1.3.2. O sistema de padrão-ouro

O sistema de monometalismo-ouro, ou sistema de *padrão-ouro*, apresentava as seguintes características essenciais:

- a unidade monetária tinha um valor fixo (paridade) correspondente a um determinado peso em ouro;
- os meios de pagamento eram constituídos por moedas metálicas e por notas de banco convertíveis em ouro e, por conseguinte, substitutos perfeitos das moedas metálicas.

O início da I Guerra Mundial, em 1914, tornou mais evidente a dificuldade dos bancos emissores em manter a convertibilidade das suas notas, por força das avultadas emissões associadas ao financiamento das despesas de guerra. Este acontecimento determinou a suspensão, em grande número de países, da convertibilidade das notas em ouro. Após o fim deste conflito, e durante as duas décadas seguintes, poucos foram os países que voltaram a estar em condições de regressar ao regime de padrão-ouro. A Inglaterra foi uma das poucas excepções, tendo reposto a convertibilidade da libra esterlina em ouro, entre 1925 e 1931. Durante o mesmo período, outros países, como Portugal, adoptaram o chamado padrão *divisas-ouro*, que consistia em assegurar a convertibilidade das notas, não directamente em ouro, mas em moedas, como a libra esterlina, que fossem directamente convertíveis. No entanto, a reposição da convertibilidade das notas, directa ou indirecta, que ocorreu após a I Guerra Mundial teve apenas carácter temporário, e esse período correspondeu, de facto, ao fim da utilização do ouro enquanto instrumento de pagamento no interior de cada país, passando a moeda metálica definitivamente para segundo plano relativamente às outras formas de moeda, nas transacções internas. Daí que, actualmente, apenas as moedas metálicas de pequenos montantes sejam lançadas em circulação.

1.3.3. Os bancos emissores e a regulamentação da emissão de notas

A criação dos bancos emissores e das regras de emissão de notas deu lugar, na Inglaterra do séc. XIX, a uma polémica que opôs duas correntes:

- a escola monetária, cujo principal representante era David Ricardo, segundo a qual apenas o ouro constituía a verdadeira moeda, encarando com relutância a emissão de notas não cobertas por metal precioso;
- a escola bancária, cuja figura mais relevante era Thomas Tooke, e que defendia, pelo contrário, que a moeda era constituída não apenas por ouro, mas também por notas, e sublinhava ainda a proximidade monetária de activos bastante líquidos como os depósitos nos bancos.

A questão fundamental debatida entre estas duas escolas era a seguinte: deve um banco ter possibilidade de emitir moeda fiduciária (notas convertíveis não cobertas por ouro) livremente, ou sob regulamentação? A favor da ausência de regulamentação pronunciava-se a escola bancária, baseada no argumento de que a emissão de notas depende essencialmente dos pedidos de financiamento feitos ao banco, os quais estão ligados ao aumento do volume de negócios. Nestas circunstâncias, toda a emissão de novas notas é o resultado de um acréscimo do volume de transacções na economia, pelo que é suficiente que se deixe ao banco a possibilidade de estabelecer as suas condições de concessão de crédito, não sendo necessário qualquer tipo de regulamentação da emissão.

A escola monetária contra-argumentava que a ausência de regulamentação podia levar o banco emissor a satisfazer pedidos de financiamento, dos quais não resultam necessariamente aumentos do volume de negócios. Daí pode resultar uma quantidade excessiva de moeda em circulação que pode ser causadora duma subida dos preços.

A solução encontrada para a regulamentação da emissão de notas pelo Banco de Inglaterra em 1844, a emissão com *cobertura parcial*, correspondeu a uma solução de compromisso entre as posições defendidas por aquelas duas escolas. A característica essencial desse sistema era a existência de um montante fixo de notas que podia ser emitido em contrapartida de títulos do Tesouro e outros créditos. Toda a emissão que excedesse esse montante teria que ser integralmente coberta por ouro.

Outro método tradicional de regulamentação foi a emissão *com limite máximo*, em que o montante máximo das notas a emitir era fixado periodicamente, não havendo qualquer restrição quanto à respectiva cobertura em ouro. Este método de regulamentação foi adoptado pela França entre 1870 e 1928, e utilizado ainda pela Inglaterra em 1939 e pelo Japão em 1941.

Um terceiro método foi o da emissão *com cobertura proporcional*, que consistia em estabelecer uma percentagem mínima de reservas em ouro para cobrir a emissão de notas, sendo a parte restante coberta por outros activos, como títulos do Tesouro. Este método de controlo do montante da emissão tinha-se generalizado por volta de 1928 a grande parte dos sistemas monetários e foi adoptado por muitos dos bancos emissores criados depois dessa data. Em alguns países, os bancos emissores estavam autorizados a incluir divisas estrangeiras, conjuntamente com o ouro, nas reservas de cobertura das notas emitidas.

1.3.4. A evolução histórica da regulamentação da emissão pelo Banco de Portugal

Em Portugal o banco emissor — Banco de Portugal — foi criado em 1846, pela fusão do Banco de Lisboa com uma sociedade financeira, a Companhia Confiança Nacional, tendo-lhe sido atribuído o privilégio exclusivo de emitir notas no país, ressalvando-se a faculdade atribuída ao Banco Comercial do Porto, de realizar uma emissão limitada.

Em 1850 o monopólio de emissão do Banco de Portugal foi reduzido ao distrito de Lisboa, sendo de novo concedido a outros bancos o direito de emitir notas. Apenas em 1887, o Estado português atribuiu de forma definitiva ao Banco de Portugal as funções de banco emissor, em condições de monopólio.

A regulamentação da emissão de notas pelo Banco de Portugal consistiu, ao longo de uma grande parte da sua história, numa combinação dos métodos que acabámos de descrever. Em 1887 foi, pela primeira vez estabelecido um sistema de cobertura, com uma reserva metálica em moedas ou barras de ouro equivalente a, pelo menos, um terço das notas em circulação e de outras responsabilidades à vista. A cobertura podia ser excepcionalmente inferior a esta, mediante autorização do Governo. A parte restante da emissão deveria estar coberta por valores de «realização fácil», a prazo não superior a três meses. Simultaneamente, o montante da emissão ficava limitado ao dobro do capital social efectivo do Banco de Portugal.

Em 1881 o limite da emissão passou a ser o triplo do capital social efectivo, que o Banco de Portugal podia ser obrigado a aumentar, de forma a alargar a emissão. A reserva metálica continuou a ser um terço das notas e dos depósitos «exigíveis à vista», podendo, excepcionalmente, descer até um quinto daquela importância, mas, em caso algum descendo abaixo dos 3000 contos.

Em 1914 foi estabelecido o valor de 120000 contos para o limite da emissão, devendo a parte que excedia os 72000 contos ser integralmente coberta por reservas metálicas.

Em 1918 foi fixado o limite mínimo da reserva de ouro em 30% das notas em circulação que excedessem os créditos sobre o Tesouro. Entretanto, em 1931, as reservas de cobertura passaram a incluir, além do ouro, títulos públicos-ouro nacionais ou estrangeiros facilmente realizáveis, e divisas de países onde a moeda corrente fosse ouro ou notas convertíveis, devendo essas reservas corresponder, no mínimo, a 30% da «circulação fiduciária, depósitos e outros compromissos à vista». Foi igualmente fixado o limite de 2 200 000 contos para o montante das notas em circulação, que poderia ser excedido mediante acordo entre o Estado e o Banco de Portugal, devendo o excedente ficar integralmente coberto por ouro amoedado ou em barra.

Em 1946 foi abandonando o princípio da fixação de um limite à emissão monetária e passou-se ao sistema puro de «reserva mínima» que foi fixada em 50% da importância das notas em circulação, depósitos e outras responsabilidades à vista. A reserva de cobertura incluía ouro e outros activos externos convertíveis em ouro, devendo o ouro corresponder a metade dessa reserva.

Em 1975 entrou em vigor uma nova Lei Orgânica do Banco de Portugal, em que, à semelhança do que acontecera já com outros países, era abandonado o regime da reserva mínima, e em que se estabelecia que a emissão monetária do Banco de Portugal (incluindo as notas e outras responsabilidades monetárias) passava a ser «objecto de um programa anual, a rever trimestralmente» , no âmbito do qual a gestão das reservas cambiais e o crédito a conceder pelo Banco de Portugal eram coordenados com as «necessidades de estabilização e de desenvolvimento da economia». A partir da Lei Orgânica do Banco de Portugal de Outubro de 1990 passou a ser especificada a natureza dos activos que podem servir de contrapartida à emissão monetária, sem se impor em quaisquer restrições quanto ao seu peso relativo.

As restrições quantitativas relativamente à cobertura da emissão monetária não existem actualmente no Banco Central Europeu, nem nos bancos centrais nacionais que formam o Sistema Europeu de Bancos Centrais, criado em 1999, e do qual o Banco de Portugal faz parte, tal como os bancos centrais de todos os países membros da União Europeia. Os respectivos estatutos ou regulamentos limitam-se a estabelecer os tipos de operações que esses bancos centrais podem realizar, no âmbito do exercício das suas funções, e os tipos de activos que podem adquirir através da realização dessas operações.

1.4. O financiamento da economia: a sua importância e o papel dos bancos

A actividade financeira consiste na transferência temporária de recursos dos *agentes económicos excedentários* para os *agentes económicos deficitários*. Os agentes económicos do primeiro tipo são aqueles que, em determinado período, constituem poupança, isto é, realizam despesas inferiores aos seus rendimentos. Opostamente, os agentes económicos deficitários são aqueles que, em determinado período, realizam despesas superiores aos seus rendimentos. Este défice pode ser colmatado, pelo agente deficitário, através das seguintes formas:

- a venda de activos de que disponha;
- a utilização das suas disponibilidades monetárias;
- o recurso a empréstimos obtidos junto de agentes excedentários ou de instituições de crédito.

Podemos *designar as duas primeiras formas* por auto-financiamento e a terceira por *financiamento externo*, sendo esta última que está associada à actividade financeira.

A venda de activos por parte do agente deficitário permite-lhe evitar o pagamento de juros que teria de suportar no caso de recorrer ao *financiamento externo*. No entanto, a venda desses activos pode também acarretar um custo, que correspondente à perda do respectivo rendimento. Esse custo pode ainda ser mais elevado se houver perda de valor, causada pela necessidade da venda urgente ou pela má situação do mercado no momento. Os encaixes monetários detidos pelos agentes económicos representam normalmente uma parte pequena da sua riqueza e da sua despesa periódica, pelo que apenas se revelam capazes de fazer face a défices de montante reduzido. O recurso a empréstimos é, por consequência, uma forma normal de financiamento das despesas por parte dos agentes deficitários. Esta transferência de recursos tem vantagens para ambas as partes: ao agente deficitário permite obter os recursos de que necessita sem ter que adiar a execução de projectos de investimento, enquanto ao agente excedentário permite aplicar a sua poupança de forma rentável, fazendo aumentar as suas possibilidades de consumo futuro. Deste modo, a actividade financeira contribui para a afectação mais eficiente dos recursos, na medida em que permite ajustar as intenções de poupança dos aforradores às necessidades de financiamento das empresas e de outros agentes deficitários;

O financiamento dos agentes deficitários pelos agentes excedentários reveste duas formas essenciais:

- o financiamento através do mercado financeiro, que permite directamente a transferência de recursos dos agentes excedentários para os agentes deficitários;
- o financiamento com recurso a um intermediário financeiro (banco ou outra instituição financeira) que se interpõe entre o agente deficitário e o agente excedentário.

O financiamento através do mercado financeiro é mais acessível a agentes deficitários de grande dimensão, como as grandes empresas ou o sector público, cuja reputação é reconhecida pela generalidade dos aforradores.

As empresas podem obter financiamento no mercado financeiro através da emissão de *acções* ou de *obrigações*. O sector público financia-se no mercado financeiro através da emissão de obrigações. As acções representam o capital social das empresas e o rendimento que propiciam (*dividendo*) é variável, pois depende do lucro das empresas. As obrigações são títulos de dívida pelos quais o devedor paga periodicamente um juro (*cupão*), e cujo capital é reembolsado ao fim dum certo tempo. Existem também títulos de dívida, normalmente de curto prazo, que não dão lugar ao pagamento periódico de juro, sendo a remuneração do investidor obtida pela diferença entre o valor de reembolso e o valor que pagou no momento da emissão.

O conjunto das transacções entre as entidades emitentes dos títulos e os aforradores, no momento da emissão, define aquilo que designamos por *mercado primário*, isto é, o mercado dos títulos novos. Um outro segmento importante do mercado financeiro corresponde ao conjunto das transacções entre antigos e novos investidores e incide sobre títulos emitidos em períodos anteriores. Este segmento designa-se por *mercado secundário*, e é representado pelas transacções efectuadas nas bolsas de valores, através de redes de negociação electrónica, ou com recurso à mediação de instituições financeiras (dando lugar à chamada negociação *fora de bolsa*, ou *ao balcão*).

Existe uma influência recíproca entre estes dois segmentos do mercado financeiro. O mercado primário alimenta de títulos o mercado secundário. A facilidade de venda de activos financeiros no mercado secundário, por sua vez, contribui para o poder de atracção que esses mesmos activos exercem sobre os investidores, no momento em que são colocados no mercado primário.

Os agentes económicos de menor dimensão, como os particulares ou as pequenas e médias empresas recorrem à obtenção de financiamento externo junto dos bancos, ou de outros tipos de intermediários financeiros.

O papel essencial dos intermediários financeiros consiste em captar a poupança dos agentes excedentários e colocá-la à disposição dos agentes deficitários. Os intermediários financeiros tornam-se assim devedores dos agentes excedentários e credores dos agentes deficitários. Os bancos são um tipo especial de intermediário financeiro, cujo passivo é representado por meios de pagamento (**notas de banco** e **depósitos à ordem**), a que se juntam os depósitos a prazo e outros tipos de passivo como as obrigações.

A natureza de meio de pagamento, duma parte dos passivos dos bancos, faz com que exista uma diferença muito significativa entre o prazo médio do seu activo e o prazo médio (muito curto) do seu passivo. Esta diferença traduz a *transformação da maturidade do crédito*, feita pelos bancos, a qual permite que estes prestem à economia o *serviço de liquidez*. Este serviço de liquidez consiste em comprar activos financeiros (ou conceder crédito) com pouca liquidez, aos agentes deficitários, que financiam, através da criação de meios de pagamento e outros passivos com liquidez elevada, de que são detentores os agentes excedentários. Esta possibilidade de realizar a transformação do prazo do crédito pelos bancos é compatível com a estabilidade do sistema financeiro, desde que a maioria dos depositantes apenas movimente uma pequena parte do montante dos seus depósitos à ordem, e renove os seus depósitos a prazo nas respectivas datas de vencimento. A situação torna-se ainda mais favorável para os bancos quando a sua clientela de depositantes tende a aumentar, fazendo com que o montante dos novos depósitos seja superior aos levantamentos de depósitos antigos. Por outro lado, os movimentos de depósitos fazem com que existam bancos temporariamente deficitários (aqueles onde a fuga de depósitos é superior às novas entradas), e bancos temporariamente excedentários (aqueles onde a entrada de novos depósitos é superior ao montante de levantamento de depósitos antigos). Se os bancos temporariamente deficitários se encontrarem numa situação de falta de liquidez podem ultrapassar o problema recorrendo, em última instância, ao refinanciamento junto do banco central que, ao desempenhar esta função, conjuntamente com as da emissão de notas, entre outras, fica no topo da hierarquia dos sistemas bancários modernos.

Capítulo II

OS MERCADOS FINANCEIROS
E OS INSTRUMENTOS FINANCEIROS

Os activos financeiros apresentam natureza bastante diversificada, que vai das acções de empresas, e das obrigações emitidas por empresas ou pelo Estado, às unidades de participação em fundos de investimento, e aos novos produtos financeiros como os *futuros* e as *opções*. Alguns destes activos: as acções, as obrigações, e os títulos de participação, permitem aos seus titulares a obtenção de um rendimento periódico, por um prazo que varia com a natureza e as características dos títulos, ou pode mesmo não ter qualquer limite, como é o caso das acções das empresas. Seja qual for a natureza do activo financeiro, o seu preço define-se como a soma dos valores dos seus rendimentos futuros esperados, actualizados para o momento presente[1]. Estes activos são negociados em mercados que lhes estão especificamente destinados – os *mercados financeiros*. A maior parte dos investidores tem dificuldade em avaliar os activos financeiros, por falta de formação técnica, ou por falta de informação fundamental necessária para o efeito. Daí resulta que os preços dos activos financeiros formados no mercado se afastam, frequentemente, da avaliação que obedece à definição de preço baseada na actualização dos rendimentos futuros esperados.

---

[1] O conceito de actualização dos valores futuros é tratado com detalhe nos capítulos V, VI e VII.

2.1. Os mercados financeiros

O mercado financeiro pode ser subdividido, de forma genérica, em dois segmentos, o primeiro dos quais, o *mercado primário*, respeita às operações de emissão dos títulos, isto é, às transacções que são efectuadas entre as entidades emitentes e os primeiros compradores dos títulos, e o segundo, o *mercado secundário*, corresponde às transacções de títulos efectuadas após a sua emissão, entre diferentes investidores. Estes dois segmentos do mercado financeiro são complementares e exercem entre si uma influência recíproca que consiste, em primeiro lugar, no facto de as emissões que têm lugar no mercado primário serem a condição principal para que haja actividade no mercado secundário. Por outro lado, quanto mais frequentes, e em quantidades mais elevadas, forem as transacções no mercado secundário, maior é a atracção dos investidores para a compra de títulos no momento da emissão. Um dos objectivos pretendidos pelos investidores ao comprarem títulos é, para além da obtenção de rendimento, o de aplicar capitais em activos facilmente transaccionáveis. Ora, essa facilidade de transacção, ou *liquidez* dos títulos, é tanto mais acentuada quanto mais movimentado for o mercado secundário.

2.1.1. O mercado primário

A colocação de títulos no mercado, isto é a sua subscrição pelos primeiros investidores, faz-se, com frequência, através dos bancos que, com as suas redes de balcões, são quem apresenta as melhores condições para captar compradores para os títulos. Frequentemente intervêm, numa emissão de títulos, diversas instituições financeiras, constituindo o que se designa por *sindicato de colocação*. Para além da sua intervenção na colocação dos títulos no mercado, as instituições financeiras exercem um papel de aconselhamento da entidade emitente, para que as características dos títulos a emitir assegurem a sua procura.

A participação das instituições financeiras na emissão de um empréstimo pode fazer-se *com* ou *sem tomada firme*. No primeiro caso essas instituições comprometem-se a comprar a parte da emissão que não encontra procura no mercado, enquanto no segundo caso esse compromisso não existe.

2.1.2. O mercado secundário

O mercado secundário é composto pelo mercado *em bolsa* e pelo mercado *fora de bolsa*. O primeiro corresponde às transacções efectuadas nas *bolsas de valores*, enquanto o segundo corresponde às transacções efectuadas junto das instituições financeiras, ou entre instituições financeiras.

Nas bolsas de valores os compradores e vendedores dos títulos podem ser agentes económicos de qualquer tipo. As ordens de compra e de venda só podem, no entanto, ser executadas por intermediários financeiros especializados que são:

- as sociedades de corretagem, que apenas realizam operações de bolsa por conta dos seus clientes, e
- as sociedades financeiras de corretagem que, para além de realizarem operações por conta de clientes, podem igualmente realizar operações por conta própria.

As ordens de compra e venda de títulos, transmitidas pelos investidores aos corretores, podem ser dadas sob três formas: ao melhor, com limite de preço, e ainda com limite de preço e menção de *stop*.

Uma ordem dada *ao melhor* significa que o comprador (ou vendedor) adopta uma atitude passiva relativamente ao mercado, estando disposto a comprar (ou a vender) qualquer que venha a ser o preço estabelecido na bolsa para o título em questão.

Uma ordem de compra com limite de preço significa que o comprador estabelece um valor máximo para o preço que está disposto a pagar pelo título. No caso de uma ordem de venda, o limite de preço corresponde ao preço mínimo que o vendedor está disposto a aceitar para vender o título.

A menção de *stop* numa ordem de compra com limite de preço corresponde a um valor (inferior a esse limite) ao qual essa ordem pode ser desencadeada. Vejamos com um exemplo. Um comprador dá ao seu corretor uma ordem de compra de um título, com uma menção de *stop* a 5€ e um limite de preço de 6€. Esta ordem será transmitida ao mercado logo que o preço do ativo atinja os 5€, e será executada desde que este possa ser comprado por 6€ ou menos. O uso deste tipo de ordem permite assegurar que o título não é comprado num contexto duma tendência de descida do seu preço, a qual poderia trazer perdas de capital para o comprador. De forma simétrica, numa ordem de venda com limite de preço e menção de *stop*, o valor desta deverá ser superior àquele limite.

2.1.3. As regras de formação das cotações e as formas de funcionamento das bolsas de valores

As regras fundamentais de funcionamento a respeitar numa bolsa de valores, são as que a seguir se descrevem.

• Regra da *prioridade-preço*

De acordo com esta regra, após ser estabelecido o preço de negociação de um determinado título, a sequência em que são satisfeitas as ordens de venda começa pelas ordens dadas ao melhor, a que se seguem as que têm limites de preço sucessivamente mais elevados, até ser atingido o preço de negociação. A sequência em que são satisfeitas as ordens de compra, por sua vez, começa igualmente pelas ordens dadas ao melhor, seguindo-se-lhe as que têm limites de preço cada vez mais baixo, até ao preço de negociação.

• Regra da *prioridade-tempo*

De acordo com esta regra, quando, duas ordens de compra (ou duas ordens de venda) com o mesmo limite de preço, não podem ser simultaneamente satisfeitas, a prioridade é dada àquela que tem a data mais antiga.

- Regra da *maior quantidade transaccionada*

A cotação fixada deve ser aquela que mais aproxima a oferta da procura, de forma a assegurar a maior quantidade transaccionada.

No mercado bolsista existem dois tipos de sistemas de negociação: *por chamada* e *em contínuo*. Na negociação por chamada, as transacções sobre cada título apenas se realizam após a confrontação de todas as ordens de compra e de venda na posse dos corretores. Cada confrontação da oferta e da procura define uma *sessão de bolsa*, na qual é estabelecido um único preço para cada título.

O exemplo apresentado no Quadro I permite verificar o cumprimento das regras de negociação enunciadas, num sistema de negociação por chamada. O montante total das ordens de compra, que são manifestadas numa sessão de bolsa, vai aumentando à medida que o preço anunciado no mercado vai diminuindo, enquanto o montante das ordens de venda, pelo contrário, varia no mesmo sentido do preço anunciado. É ao preço de 8€ que a maior quantidade de títulos é negociada. A cotação é portanto fixada neste valor, sendo transaccionados 209 títulos, e havendo uma parte da procura que não é satisfeita (26 títulos).

Quadro I: Exemplo de formação de cotação em bolsa de valores

Nº de Ordens de Compra		Limite de Preço	Nº de Ordens de Venda	
Variação	Nº de títulos para cada limite de preço		Variação	Nº de títulos para cada limite de preço
130	130	ao melhor *	—	—
60	190	10 €	30	239
45	235	8€	10	209
10	245	6 €	70	199
8	253	4 €	29	129
—	—	ao melhor **	100	100

* para o comprador
** para o vendedor

No mercado *em contínuo* podem estabelecer-se vários preços para um título, ao longo de cada sessão de bolsa. Esta forma de funcionamento do mercado torna mais fácil a realização das transacções de cada título, e contribui para um maior dinamismo da bolsa. Retomemos o exemplo anterior, na situação em que, após o confronto entre a oferta e procura totais, se verifica um excesso de procura, e vejamos como pode este ser anulado na mesma sessão, se a bolsa funcionar em contínuo. Nessa situação, o melhor preço que um vendedor pode encontrar para os seus títulos é 8 €, para o qual existe uma procura de 26 títulos. No entanto, os vendedores só estão dispostos a vender a partir de 10€, preço a que fazem uma oferta adicional de 30 títulos. Se um vendedor optar por baixar o seu preço de venda para 8€, ou se um comprador optar por subir o seu preço de compra para 10€, poderão fazer imediatamente a transacção, sem terem que esperar pela sessão seguinte, como aconteceria na bolsa a funcionar em sistema de cotação por chamada.

Em Portugal, a bolsa de valores funcionou exclusivamente em sistema de cotação por chamada até 1991, com uma única sessão diária. Nesse ano teve início o funcionamento da cotação em contínuo, apoiada num sistema informático.

2.2. As acções

Os principais tipos de títulos negociados nos mercados financeiros tradicionais são as acções e as obrigações. As acções são títulos representativos do capital de empresas (sociedades anónimas), que conferem aos seus titulares o direito a uma parte proporcional na repartição dos lucros, ou do capital próprio da empresa no caso de liquidação desta. O valor nominal de cada acção é igual ao capital social da empresa emitente dividido pelo número de acções emitidas.

Os principais direitos que as acções conferem aos seus titulares são os seguintes:

• o direito a votar na assembleia-geral de accionistas da empresa e a influenciar a gestão e o controlo da empresa;

• o direito a receber o *dividendo* (proporção dos lucros distribuídos aos accionistas, que cabe a cada acção).

As acções classificam-se em *ordinárias* e *preferenciais* atendendo à forma como conferem o exercício destes direitos ao accionista. As acções ordinárias são as que não atribuem qualquer direito especial ao seu titular, e correspondem à maioria das acções existentes. Os principais tipos de acções *preferenciais* são as acções *preferenciais sem voto* e as acções *preferenciais remíveis*. As acções preferenciais sem voto conferem ao titular o direito a receber um dividendo prioritário, retirado dos lucros, antes da distribuição dos restantes dividendos. Para além deste, estas acções permitem ainda ao seu titular receber o dividendo que corresponde às acções ordinárias. Em contrapartida, estas acções preferenciais não conferem o direito de voto nas assembleias-gerais, e não contam para a determinação da representação do capital. As acções *preferenciais remíveis* beneficiam de algum tipo de privilégio patrimonial e podem, desde que o contrato de sociedade o autorize, ficar, na sua emissão, sujeitas a remissão pelo valor nominal (que pode ser acrescido dum prémio), em data fixada ou a fixar pela assembleia-geral.

O risco é inerente à actividade financeira e está presente em todos os activos financeiros. No caso das acções podemos fazer a separação entre o risco específico da empresa que emite as acções e o risco de mercado. O risco específico está associado à possibilidade de a empresa falir, caso em que as acções ficarão com um valor nulo, ou, pelo menos entrar em má situação económica e financeira. Neste segundo caso, o valor de mercado das acções, embora se mantenha superior a zero, pode sofrer diminuições acentuadas, que se traduzem em perdas para os investidores que as compraram durante uma época de expansão e de estabilidade da empresa. O risco de mercado está associado à possibilidade de o preço das acções flutuar, não em consequência da alteração da situação da empresa, mas por arrastamento causado pela evolução do mercado financeiro. Com efeito, em períodos de expansão, o aumento da procura tende a estender-se a um número muito elevado de acções, fazendo com que os seus preços subam. Em contrapartida, os períodos de recessão do mercado financeiro caracterizam-se por uma diminuição generalizada da procura, que afecta negativamente um número muito elevado de títulos.

O risco de liquidez também afecta as acções, tal como os restantes activos financeiros, e está associado à perda de facilidade de negociação dos títulos no mercado financeiro. Este risco está, em alguma medida, correlacionado com os dois tipos de risco referidos anteriormente. Com efeito, tanto a má situação económica e financeira da empresa, como as fases recessivas dos mercados financeiros, podem ter como consequência, não só a perda de valor das acções, mas também o aumento da dificuldade em vendê-las. No entanto, estes dois fenómenos não estão necessariamente associados. Tal acontece quando, por exemplo, durante uma recessão dos mercados financeiros, o banco central leva a cabo uma política monetária que tem por objectivo de aumentar a liquidez (quantidade de moeda) existente na economia. Nestas circunstâncias, não haverá falta de investidores com disponibilidade para comprarem acções, embora só aceitem fazê-lo a preços baixos.

2.3. As obrigações

As obrigações são títulos de dívida emitidos por empresas ou pelo Estado, pelas quais o seu titular recebe periodicamente um juro (cupão) e que têm data de reembolso pré-estabelecida. O valor do cupão pode ser constante ao longo da vida do empréstimo (*cupão fixo*), ou variar de acordo com uma regra de indexação previamente definida (*cupão indexado*). A emissão de obrigações com cupão indexado é frequente em períodos de grande variabilidade das taxas de juro, nomeadamente em épocas de subida da taxa de inflação, ao longo das quais também as taxas de juro de mercado tendem a aumentar. Existem ainda *obrigações sem cupão*, também designadas por obrigações de cupão zero, sendo, neste caso, a remuneração do credor igual à diferença entre o valor de reembolso, que recebe na data de vencimento, e o preço que pagou pela obrigação. Todas as obrigações que constituem um empréstimo obrigacionista têm o mesmo valor. As vantagens que a emissão deste tipo de empréstimos, constituídos por um número muito elevado de títulos de dívida, apresenta, são, por um lado, a de permitir que um número muito elevado de investidores participe no financiamento (facilitando a captação da poupança) e, por outro lado, a de facilitar a estes investidores a negociação dos títulos no mercado financeiro.

As obrigações que constituem um empréstimo obrigacionista têm um valor nominal, que é o valor de referência, ao qual é aplicada a taxa de juro de cupão. O preço de emissão (ou preço de subscrição, pago pelos investidores na data em que os títulos são emitidos) pode ser igual, superior ou inferior ao valor nominal. Em função da diferença nula, positiva, ou negativa, entre o preço de subscrição e o valor nominal, a emissão do empréstimo obrigacionista é classificada, respectivamente, como sendo *ao par*, *acima do par* e *abaixo do par*. Também o valor de reembolso duma obrigação, definido até ao momento da emissão do empréstimo, pode ser *ao par*, *acima do par* e *abaixo do par* (sendo a primeira e a segunda situações as mais frequentes).

Existem diferentes regimes de amortização dos empréstimos obrigacionistas. No regime de reembolso *in fine* a totalidade do empréstimo é amortizada numa única data. Existem ainda dois regimes que se caracterizam pela amortização escalonada no tempo. Num desses regimes, um grupo de obrigações é integralmente reembolsado em cada uma das datas de amortização. O regime alternativo a este consiste em amortizar parcialmente cada uma das obrigações constituintes do empréstimo, ao longo de sucessivas datas.

Tal como acontece com as acções, um dos aspectos do risco do investimento em obrigações está associado à possibilidade de evolução negativa da capacidade de pagamento das dívidas por parte da entidade emitente, seja uma empresa ou o Estado. As obrigações apresentam também um risco de perda de capital (perda de valor) causado por subidas das taxas de juro de mercado.[2]

---

[2] Este tema é tratado com detalhe no Capítulo VII.

2.4. Os instrumentos financeiros derivados: futuros, opções e *swaps*

Os últimos 35 anos caracterizaram-se pelo aparecimento, num número crescente de mercados financeiros, de novos produtos que são os *futuros* e as *opções*.

A existência deste tipo de contratos, aplicados a activos físicos, é bastante antiga, sendo frequentes os textos que põem em destaque a existência de opções na Grécia antiga, e o desenvolvimento dos futuros na Europa a partir do séc. XVIII. No entanto, os contratos de futuros e opções sobre activos monetários e financeiros surgiram pela primeira vez em 1972, no International Monetary Market, em Chicago, primeiro sobre divisas, e em seguida sobre taxas de juro. Estes produtos financeiros são, hoje em dia, negociados nas bolsas de muitos países, e incidem, não apenas sobre divisas e taxas de juro, mas também sobre acções e outros activos.

2.4.1. Os contratos de futuros

A primeira condição para que um contrato sobre um determinado activo possa ser qualificado como um *futuro*, é a de que o momento em que é efectuada a negociação entre as partes intervenientes, isto é, o momento em que são fixados o preço e a quantidade transaccionada, seja anterior ao momento da transacção. Mas esta condição não é suficiente para definir um contrato de futuros. Se outras condições, a seguir enunciadas, não estiverem preenchidas, estamos em presença de um contrato a prazo *(forward)*, em que as duas partes intervenientes podem acordar entre si, não só a quantidade e o preço, mas também a data da transacção. O contrato a prazo dificilmente torna possível o desenvolvimento de mercados de grande dimensão, na medida em que não contém meios que protejam cada um dos intervenientes contra o não cumprimento pela outra parte. Além disso, uma vez que cada contrato a prazo toma características muito particulares, adequadas à conveniência das partes, cada um dos intervenientes terá uma acentuada dificuldade em vender a sua posição a um terceiro. Daí que este tipo de contratos apresente uma liquidez reduzida. Por essa razão, estes mercados apenas funcionam regularmente quando são reservados a um número reduzido de investidores, que em regra são instituições financeiras.

As limitações que os contratos a prazo apresentam são eliminadas nos contratos de *futuros*, os quais apresentam as seguintes características fundamentais:

- os contratos são normalizados tanto no que respeita às quantidades a transaccionar, como quanto às datas de vencimento;
- tanto os compradores como os vendedores são obrigados a efectuar depósitos de garantia junto dos intermediários que actuam no merca-do, e o valor desses depósitos é ajustado diariamente em função da evolução da cotação dos contratos (*«marked to market»*).

2.4.2. As opções

Uma opção é um contrato pelo qual uma das partes, o comprador, ad-quire o direito de comprar ou de vender, numa data futura, ou ao longo de um período futuro, um determinado activo (*activo subjacente* à opção), ou uma carteira de activos, por um preço fixado no momento em que a opção é criada (*preço de exercício*).

Os aspectos fundamentais que caracterizam uma opção são os seguintes:

- o comprador adquire o direito de *comprar* ou de *vender* um activo (no primeiro caso trata-se de uma *opção de compra*, ou *call-option*, e no segundo caso de uma *opção de venda*, ou *put-option*);
- enquanto o comprador da opção pode escolher entre exercê-la ou não, o vendedor é obrigado a aceitar o respectivo exercício pelo comprador;
- da característica anterior decorre que, no momento em que é nego-ciada a opção, o comprador paga ao vendedor um preço (prémio);
- no caso de a opção ser exercida, há lugar a duas prestações: a entre-ga do activo subjacente e o pagamento do respectivo preço de exercício.

As opções cujo exercício ocorre numa determinada *data* futura são designadas por *opções europeias*, e aquelas que podem ser exercidas durante um determinado *período* designam-se por *opções americanas*. Para além das opções europeias e americanas existem outros tipos de opções (designadas genericamente por opções exóticas), cujas características específicas incidem sobre forma como são definidos os intervalos de tempo durante os quais podem ser exercidas, ou sobre o método de cálculo do preço de exercício.

2.4.3. Os swaps

O *swap* é um instrumento financeiro derivado que consiste num acordo entre duas partes, para a troca de pagamentos provenientes de activos de que cada uma delas dispõe, ou troca entre os pagamentos de dívidas pelas quais cada uma das partes é responsável. Um exemplo de *swap* é o acordo de troca de pagamentos provenientes de portefólios obrigacionistas, entre um investidor que detém uma carteira de obrigações a taxa fixa e pretende, durante um determinado período de tempo, substituí-la por uma carteira de obrigações a taxa variável, e outro que detém uma carteira de obrigações a taxa variável e que, durante o mesmo período, pretende substituí-los por outra com pagamentos a taxa fixa. O *swap* de taxas de juro, através da troca de pagamentos passivos, é frequentemente utilizado por empresas que não têm a mesma vantagem na obtenção de financiamento em segmentos diferentes do mercado obrigacionista, e em que cada uma recorre ao segmento de mercado onde tem vantagem relativa, tornando o financiamento mais barato para ambas.

Outra forma de *swap* que ganhou popularidade nos mercados financeiros ao longo dos últimos anos, é o *Credit Default Swap* (*Swap* de risco de crédito). Neste tipo de *swap* uma das partes (o comprador) efectua um conjunto de pagamentos periódicos à outra parte (o vendedor), e recebe deste um pagamento, no caso do instrumento de dívida subjacente ao contrato entrar em incumprimento. O *Credit Default Swap* (CDS) tem semelhanças com um contrato de seguro de crédito. No entanto, não é requerido que o comprador do CDS tenha o instrumento de dívida em carteira, nem, por este motivo, que sofra qualquer perda com a falência da entidade que emitiu o instrumento de dívida subjacente ao *swap*.

Os *swaps* de divisas (*currency swaps*) revestem a característica específica de os activos detidos por cada uma das partes serem denominados em moedas diferentes. Também é designado por *swap* de divisas o contrato em que duas empresas procuram tirar partido das suas diferenças de vantagem na obtenção de financiamento em mercados de crédito, ou mercados obrigacionistas, que não têm a mesma moeda.

2.5. Os fundos de investimento

Os fundos de investimento mobiliário são formas colectivas de aplicação da poupança cujos títulos, as unidades de participação, são vendidas aos balcões dos bancos e de outras instituições financeiras. Esses fundos são *abertos* quando não existe limite quanto ao número de unidades de participação que podem ser emitidas, e *fechados* quando existe esse limite. Para além das acções e das obrigações e dos instrumentos financeiros derivados, são também negociadas, nas bolsas de valores, as *unidades de participação* dos fundos de investimento mobiliário *fechados*.

As unidades de participação dos fundos abertos não podem ser negociadas no mercado secundário, apenas podendo ser reembolsadas de acordo com os estatutos e as características do fundo. O valor da unidade de participação, em cada momento é calculado dividindo o valor do fundo (soma dos valores dos títulos que compõem o fundo, multiplicados pelas respectivas quantidades) pelo número de unidades de participação existentes. Os fundos de investimento adquiriram grande importância ao longo das últimas décadas, e são uma das causas principais do chamado fenómeno de desintermediação financeira, que consistiu no aumento da parte da poupança que é aplicada directamente em activos financeiros, em vez de ser canalizada para depósitos bancários.

Capítulo III

AS INSTITUIÇÕES FINANCEIRAS

As instituições financeiras captam a poupança dos agentes económicos excedentários, com a qual financiam os agentes económicos deficitários, através da concessão de crédito ou da compra de activos financeiros negociáveis nos mercados financeiros, emitidos por este segundo tipo de agentes económicos. Devido à sua especialização e aos meios de que dispõem, estas instituições conseguem reduzir os custos de obtenção de informação e de controlo dos créditos que concedem, comparativamente com o esforço que os investidores individuais têm que suportar, para esse fim, quando financiam directamente os agentes económicos deficitários. Ao agruparem as poupanças que captam, as instituições financeiras permitem também aos aforradores a partilha do risco associado à aplicação dessas poupanças. A estes serviços, prestados aos aforradores por todo o tipo de instituições financeiras, junta-se-lhes, no caso específico dos bancos, o serviço de liquidez, que decorre do facto do prazo médio dos depósitos ser muito inferior ao prazo médio do crédito bancário.

3.1. Os diferentes tipos de bancos

Os bancos (ou *instituições monetárias*) são o subconjunto das instituições financeiras que fornece à economia os meios de pagamento. Designa-se por *sistema monetário* o conjunto formado pelos bancos,

sistemas interbancários de compensação de cheques e mercados interbancários de transacções de títulos de curto prazo (mercados monetários
interbancários), os quais, no seu conjunto asseguram o funcionamento
dos mecanismos de pagamento.

As instituições monetárias são o *banco central* que detém, entre outras
funções, a de emitir notas, refinanciar os outros bancos, e é a autoridade
monetária, e os *bancos de segunda ordem* (também designados no sistema
monetário português por *Outras Instituições Monetárias*), cuja actividade
principal consiste na concessão de crédito à economia, que em parte é
financiado pelo meio de pagamento constituído pelos depósitos à ordem.

O crédito bancário apresenta prazos variados. O crédito de curto prazo
(de alguns meses) é normalmente utilizado pelas empresas para financia-
rem a aquisição de matérias-primas a fornecedores. O crédito de médio e
de longo prazo é utilizado essencialmente para financiar os investimentos,
por parte das empresas, e para financiar a aquisição de bens de consumo
duradouros, como a habitação, por parte dos particulares. Os bancos também fazem com os seus clientes, contratos dos quais podem vir a resultar
operações de crédito, sem que estas ocorram inevitavelmente. É o que
acontece quando um banco abre a uma empresa, uma linha de crédito com
um montante máximo, durante um determinado período, sendo que
a empresa apenas recorrerá ao crédito, no montante que necessitar, o qual
pode ficar aquém do limite estabelecido. Outro exemplo de contrato com
esta natureza é o que está associado à emissão de cartões de crédito, em
que o pagamento do débito ao banco, pela sua utilização em compras,
tem lugar numa data de cada mês previamente estabelecida. Quando emite um desses cartões, o banco disponibiliza ao seu cliente a possibilidade
de obter crédito até um certo limite. No entanto, o utilizador do cartão
apenas irá pagar juros se pretender adiar o pagamento para além da data
pré-estabelecida.

A literatura sobre os sistemas bancários faz, correntemente, a distinção
entre três grandes tipos de bancos de segunda ordem: o banco *comercial*
(«retail bank»), o banco *de investimento* («wholesale bank») e o banco
universal. Os bancos comerciais captam depósitos e concedem crédito tanto

a empresas como a indivíduos ou famílias. Daí resulta que os seus passivos são detidos por muitos depositantes, cada um dos quais tem, individualmente, um peso diminuto. O mesmo se passa do lado do activo, que é constituído por créditos a um número muito elevado de empresas e de particulares. Os bancos de investimento, pelo contrário, são caracterizados por captarem poupanças de montantes muito elevados, que canalizam para financiamento a empresas ou empreendimentos de grande dimensão. Outra actividade característica dos bancos de investimento é a de apoiarem a colocação, no mercado financeiro, das emissões de acções ou de obrigações, por parte das grandes empresas, através da venda desses títulos aos seus balcões. Estas operações podem ser acompanhadas pela detenção duma parte dos títulos emitidos na carteira do próprio banco (é a chamada *tomada firme* dos títulos não vendidos a outros investidores). Os bancos universais realizam as operações características de todos os tipos de bancos. Além disso, prestam aos clientes outros tipos de serviços financeiros, como a venda de seguros e a transmissão de ordens de operações em bolsa. Há, no entanto, pequenas diferenças de concepção deste tipo de banco, tanto na literatura como na realidade dos sistemas financeiros, o que se traduz nas seguintes definições alternativas de banco universal:

- a primeira concepção, sem tradução na realidade dos sistemas finan-ceiros, é a do banco que presta todo o tipo de serviços financeiros, bancários e não bancários, através duma única entidade;
- outra concepção é a de banco parcialmente integrado, que desenvol-ve conjuntamente actividades de banco comercial e de banco de investimento, e que dispõe de empresas subsidiárias para o desenvol-vimento de actividades financeiras não bancárias;
- outra perspectiva de banco universal é a duma instituição cuja carac-terística predominante é a de ser banco comercial, e que presta outros serviços financeiros através de empresas subsidiárias;
- uma quarta concepção de banco universal baseia-se na existência duma «holding» que detém várias instituições subsidiárias, cada uma das quais é especializada na banca comercial, na banca de investimento ou noutro tipo de actividades financeiras.

3.2. Evolução do sistema bancário português ao longo das últimas décadas

Em Portugal os bancos de segunda ordem foram, até 1992, classificados em três grandes grupos:

* os *bancos comerciais*, cujas operações activas consistiam, de forma predominante, no crédito de curto prazo (até um ano) a empresas e particulares;
* os *bancos de poupança,* cujas operações activas correspondiam, na sua maioria, a crédito de médio e de longo prazo;
* os *bancos de investimento*, cujas operações activas consistiam fundamentalmente na compra de títulos negociáveis nos mercados financeiros, como as acções e as obrigações.

A evolução, ao longo das últimas décadas, dos sistemas bancários de diversos países, incluindo Portugal, traduziu-se na tendência para se esbaterem, ou mesmo desaparecerem as fronteiras entre os três tipos de bancos acima descritos. Esta evolução foi tida em conta no Regime Geral das Instituições de Crédito e das Sociedades Financeiras, que entrou em vigor em 1992, e que consagra o princípio do *banco universal*, isto é, todos os bancos podem realizar os mesmos tipos de operações activas e passivas, deixando o sistema bancário de estar dividido em grupos de bancos especializados em operações pertencentes a determinado segmento de prazo. Por esse motivo, todos os bancos que fazem parte do sistema bancário português, onde se incluem a Caixa Geral de Depósitos e o Montepio Geral, estão autorizados a conceder crédito com diferentes prazos, e revestindo diferentes formas. Existem, no entanto, grupos bancários em Portugal que são compostos por mais do que uma instituição, algumas das quais desempenham a função de banco de investimento. A aplicação do princípio do banco universal vem na sequência da adesão de Portugal à Comunidade Económica Europeia[1] em 1986. Com efeito, dentro da CEE (União Europeia), iniciou-se na década de 80, o processo de liberalização

---

[1] A designação de Comunidade Económica Europeia foi substituída pela de *União Europeia em 1992, com a assinatura do Tratado de Maastricht.*

dos movimentos de capitais. Este processo foi acompanhado, na década de 90, pela liberalização da prestação de serviços bancários, para cuja concretização a segunda directiva comunitária de coordenação bancária fixou o modelo de banco universal.

As caixas de crédito agrícola mútuo e as caixas económicas são também instituições monetárias, dado que têm a capacidade de captar depósitos, tal como os bancos. No entanto, têm uma capacidade de concessão de crédito mais restrita que, no caso das caixas de crédito agrícola, apenas contempla o crédito ao sector agrícola e actividades com ele relacionadas, incluindo o *leasing* e o *factoring* a favor de associados. As caixas de crédito agrícola formam o Sistema Integrado de Crédito Agrícola Mútuo, cujo organismo de cúpula é a Caixa Central de Crédito Agrícola. Esta instituição, para além da actividade normal concessão de crédito aos seus associados, tem ainda a função de refinanciar as restantes caixas de crédito agrícola. As caixas económicas, por sua vez, têm a restrição de apenas poderem conceder crédito hipotecário ou sobre penhores. A Caixa Económica Montepio Geral constitui uma excepção, dado que, como foi referido atrás, está autorizada a realizar todo o tipo de operações bancárias.

Para além da concessão de crédito e da captação da poupança sob a forma de depósitos e de outras operações passivas, nomeadamente através da emissão de obrigações, os bancos prestam um elevado número de outros serviços. Um desses serviços consiste em efectuar pagamentos por ordem dos depositantes, quando estes emitem cheques ou dão ordens de transferência. Outros serviços por eles prestados são a emissão de cartões de débito e de crédito, a compra e venda de moeda estrangeira, a guarda de valores, a execução de ordens de compra e de venda de valores mobiliários, e a mediação de seguros. Os bancos prestam também, como referimos anteriormente, as funções de aconselhamento às empresas na emissão de acções e de obrigações e de apoio à colocação no mercado dos títulos emitidos, e participam no capital de empresas.

O sistema bancário português atravessou modificações significativas ao longo das últimas décadas, as quais se iniciaram com a nacionalização de toda a banca de segunda ordem (à excepção das filiais de bancos estrangeiros) em 1975, a qual havia sido antecedida pela nacionalização do Banco de Portugal em 1974. Existiam nessa época dezasseis bancos comerciais e um banco de poupança pertencentes ao sector privado nacional, três bancos comerciais de capital estrangeiro, e três bancos públicos: a Caixa Geral de Depósitos (banco de poupança), o Banco de Fomento Nacional (banco de investimento, que no ano de 1990 tomou a designação de Banco de Fomento e Exterior) e o Banco Nacional Ultramarino (banco comercial no território nacional e que tinha desempenhado a função de banco emissor em quase todas as antigas colónias, com a excepção de Angola, onde existia um banco emissor próprio: o Banco de Angola). Paralelamente existiam os subsistemas das caixas de crédito agrícola e das caixas económicas, que mantiveram a sua natureza mutualista, não tendo sido nacionalizadas. Uma das consequências da nacionalização foi um processo de concentração bancária que levou à redução do número de bancos. Em 1983, quando teve lugar a reabertura da banca à iniciativa privada, existiam nove bancos comerciais, dois bancos de poupança e um banco de investimento, pertencentes ao sector público. Pouco tempo depois, em 1984, foi também permitida a entrada de novos bancos estrangeiros. Ao longo das décadas de 80 e de 90, a banca privada tornou-se novamente predominante, em resultado da criação de novos bancos e da privatização dos bancos públicos existentes, sendo o Banco de Portugal e Caixa Geral de Depósitos as únicas instituições que se mantiveram no sector público.

A concentração das instituições bancárias prosseguiu após a reprivatização do sector bancário, através de diversas fusões e aquisições, e foi acompanhada do aumento da participação de capital estrangeiro em bancos nacionais. Existem actualmente cerca de três dezenas de bancos no sistema bancário português. No entanto, cinco grupos bancários dominam o mercado bancário nacional, detendo uma elevada quota de mercado, tanto do lado da captação de depósitos, como do lado da concessão de crédito: a Caixa Geral de Depósitos, o Millenium BCP, o Santander Totta, o Banco Português de Investimento e o Novo Banco. Para além de instituições bancárias, quase todos estes grupos englobam outras instituições de crédito e sociedades financeiras, empresas do sector dos seguros, e detêm filiais em países estrangeiros ou participações no capital de bancos estrangeiros.

3.3. As instituições de crédito não bancárias e outras sociedades financeiras

O sistema financeiro português engloba, para além dos bancos, outros tipos de instituições de financeiras, tais como instituições financeiras de crédito, sociedades de garantia mútua, sociedades gestoras de fundos de investimento, e sociedades financeiras de corretagem.

As instituições financeiras de crédito, em actividade desde 2002, realizam todas as operações de crédito permitidas aos bancos, mas não podem captar depósitos. Nalgumas destas instituições de crédito foram integradas as sociedades de locação financeira e de *factoring* que, até àquele ano, existiam como formas autónomas de instituições financeiras. A locação financeira (*leasing*) consiste na realização de contratos de aluguer, mediante os quais as instituições de crédito financiam a compra de bens móveis ou imóveis, sendo paga, pelo devedor, uma renda periódica, durante o período estabelecido no contrato. Uma característica peculiar dos contratos de locação financeira é a de permitirem financiar integralmente a compra dos bens, ao contrário do outro tipo de crédito, que apenas financia parcialmente as despesas a realizar pelos devedores. O *factoring* consiste no financiamento das empresas não financeiras com base nos seus créditos de curto prazo sobre clientes. As actividades de *locação financeira* e de *factoring* começaram a desenvolver-se em Portugal a partir do início da passada década de oitenta, através de empresas financeiras criadas para esses objectivos específicos: as sociedades de locação financeira (*leasing*) e as sociedades de *factoring*, quase todas elas ligadas a grupos bancários. Dado que os bancos passaram, essencialmente a partir de 2002, a desenvolver internamente este tipo de operações de crédito, uma parte significativa destas empresas acabou por ser integrada nos bancos a que pertenciam, ou noutras instituições de crédito.

As sociedades de garantia mútua realizam operações financeiras e prestam outros serviços a pequenas e médias empresas, como a concessão de garantias para a obtenção de crédito bancário.

No sistema financeiro português existem também sociedades financeiras sem capacidade de concessão de crédito, das quais se destacam os tipos descritos a seguir. As *sociedades gestoras de fundos de investimento* são intermediários financeiros que captam poupança através da emissão de *unidades de participação* por cada fundo que gerem, sendo essa poupança aplicada na compra de títulos (quando se trata de fundos de investimento mobiliário) ou de bens imóveis (no caso dos fundos de investimento imobi-liário). As *sociedades de capital de risco* destinam-se essencialmente ao apoio à constituição de novas empresas, em cujo capital podem participar, e financiam-se através da emissão de obrigações e do crédito bancário de médio e de longo prazo. As *sociedades de corretagem* são intermediários das bolsas de valores, que apenas podem realizar operações de compra e venda de títulos por conta de clientes, não estando autorizadas a conceder a estes qualquer tipo de financiamento. As *sociedades financeiras de corretagem* são intermediários que actuam nas bolsas de valores, comprando e vendendo títulos por conta dos clientes, mas que estão também autorizadas a realizar operações por sua própria conta, bem como a conceder crédito a clientes para a aquisição desses títulos.

3.4. Os bancos, a transformação da maturidade do crédito e o serviço de liquidez

A actividade de *intermediação financeira* não se define apenas pelo facto de permitir, aos agentes deficitários, a obtenção de fundos e, aos agentes excedentários, a aplicação das respectivas poupanças. No caso dos bancos, a intermediação traduz-se também no fenómeno de *transformação da maturidade (prazo) do crédito*, na medida em que o activo dos bancos tem um prazo médio superior ao do passivo, donde resulta que o seu activo tem também uma liquidez menor do que a do passivo. Embora possa ser observada, em menor grau, em alguns dos outros tipos de intermediários financeiros, é nos bancos que a transformação do prazo do crédito se verifica de maneira mais acentuada. Assim acontece porque os bancos têm a possibilidade de financiar, através de depósitos à ordem e outros depósitos de curto prazo, a concessão de crédito com prazo superior ao desses depósitos. As causas que possibilitam esta transformação, são as seguintes:

- a renovação de muitos depósitos, na data de vencimento, faz com que a sua estabilidade seja, em média, bastante mais elevada do que é sugerido, *a priori*, pelo seu grau de exigibilidade;
- a movimentação dos depósitos permite que, frequentemente, os levantamentos de depósitos sejam compensados por entradas de novos depósitos;
- existe uma tendência para os depósitos bancários aumentarem de forma permanente, a longo prazo.

É a transformação da maturidade do crédito que permite aos bancos prestarem à economia o *serviço de liquidez* que consiste em colocar, à disposição dos seus depositantes, meios com uma liquidez muito mais elevada do que a que estes conseguiriam se tivessem concedido crédito directamente aos agentes económicos deficitários. Simultaneamente, essa mesma transformação da maturidade do crédito é geradora do risco de iliquidez que está associado à probabilidade de os levantamentos dos depósitos serem excessivos, relativamente ao montante das reservas de caixa do banco. Para prevenir as situações de iliquidez causadas por excesso de levantamentos de depósitos, os bancos recorrem ao refinanciamento do banco central, ou a empréstimos dos outros bancos de segunda ordem, negociados nos mercados monetários interbancários.

3.5. Assimetria de informação, selecção adversa, risco moral e racionamento do crédito bancário

O risco de incumprimento ou de insolvência dos devedores dos bancos está associado ao risco dos investimentos em que estes aplicam os fundos que obtêm através do crédito bancário. Em relação a este tipo de crédito existe *assimetria de informação* entre o banco e os seus devedores. Com efeito, estes dispõem de mais informação do que o banco, para avaliar a possibilidade de sucesso dos seus projectos de investimento. A existência de assimetria de informação está na origem de dois tipos de problemas com os quais o crédito bancário se defronta: a *selecção adversa* e o *risco moral*. A selecção adversa pode ocorrer em resultado da dificuldade, por parte do banco, em distinguir os bons projectos (com baixo risco) dos maus projectos (com risco elevado). Imaginemos que um banco tem que escolher entre financiar a empresa A, com um bom projecto, e a empresa B, com um mau projecto. Se o banco não consegue identificar a qualidade de cada um dos projectos, propõe a mesma taxa de juro a ambas as empresas, a qual é igual à soma da taxa de juro sem risco com um prémio de risco de insolvência. Este prémio de risco é, tendencialmente, considerado mais elevado pela empresa A do que pela empresa B, o que leva a que esta aceite mais facilmente a taxa de juro proposta pelo banco, e seja seleccionada por este. Quando tal acontece, estamos na presença dum caso de selecção adversa. A assimetria de informação pode ainda ser causadora de *risco moral*, se o devedor realizar um investimento cujo risco seja superior ao que declarou ao banco. O risco moral pode surgir antes da concessão de crédito, quando o devedor dá informações que exageram a rentabilidade e a probabilidade de sucesso do projecto. Pode também surgir após a concessão de crédito, se o devedor aplicar os fundos obtidos em actividades com maior risco do que aquelas que tinha anunciado previamente. O problema de *risco moral* pode ser atenuado através de garantias dadas pelo devedor (por exemplo, hipotecas) ou mediante algum tipo de controlo por parte do banco, que esteja previsto no contrato de concessão de crédito. O controlo dos projectos reveste os seguintes aspectos:

- *análise prévia* do projecto, num contexto de selecção adversa;
- prevenção de comportamentos *oportunistas* do devedor durante a execução do projecto;
- penalização ou realização de auditorias a um devedor que não cumpre as obrigações contratuais.

A assimetria de informação, bem como a selecção adversa e o risco moral, também ocorre entre as empresas que emitem títulos negociáveis nos mercados financeiros e os compradores destes títulos. Cada investidor individual obtém mais informação sobre um banco do que sobre o elevado número de empresas com títulos cotados nos mercados financeiros. Por outro lado, os bancos, comparativamente com os investidores individuais, dispõem de condições para, com custos mais reduzidos, obterem informação sobre os seus devedores, e exercerem algum controlo sobre as actividades destes. É essa diferença entre bancos e investidores individuais, quanto à capacidade de obtenção de informação e de controlo das empresas, que explica que uma parte importante do financiamento da economia seja realizada através do sistema bancário.

A coexistência entre mercados financeiros e intermediários financeiros é explicada por várias razões, das quais podem destacar-se as seguintes:

- sendo, na prática, o endividamento directo menos custoso, para o devedor, do que aquele que é feito através dos intermediários, só as empresas que não conseguem financiar-se no mercado (normalmente as de menor dimensão) recorrem ao crédito junto dos bancos ou doutros intermediários financeiros;

- para as grandes empresas, quando necessitam de obter fundos de forma expedita, o recurso ao crédito bancário permite obter esses fundos mais rapidamente do que através da emissão de títulos;

- ao longo das últimas décadas ocorreu um fenómeno acentuado de desintermediação, que consistiu na diminuição do peso dos depósitos nas aplicações dos aforradores, e na sua substituição por unidades de participação em fundos de investimento, que são aplicados directamente em acções e em obrigações.

A selecção de devedores, por parte dos bancos tem igualmente em consideração o comportamento destes no passado. Assim, uma empresa que tenha cumprido pontualmente as suas responsabilidades por dívidas anteriores, tem um ganho de *reputação*, que lhe traz vantagens sobre devedores relativamente aos quais essa informação não exista, ou seja negativa. As vantagens do ganho de reputação consistem em ser prioritariamente seleccionada pelo banco e beneficiar duma taxa de juro mais favorável. Para além disso, torna-se mais fácil para essas empresas virem a ser reconhecidas por outros investidores e, deste modo, conseguirem colocar títulos no mercado financeiro. O objectivo de alcançar este tipo de vantagens, quando devidamente ponderado pelas empresas, é dissuasor do envolvimento em actividades que criem risco moral, pois que este prejudica a obtenção dos benefícios inerentes à boa reputação.

A assimetria de informação e os riscos dela decorrentes estão na origem do fenómeno designado por *racionamento do crédito*, que se traduz no facto de uma parte da procura de crédito não ser, em condições normais, satisfeita pelos bancos. O racionamento do crédito resulta do facto de o rendimento esperado dos bancos não ser uma função monótona crescente da taxa de juro. Na verdade, um aumento da taxa de juro do crédito não tem apenas um efeito positivo sobre o lucro do banco, mas também um efeito negativo. Tal acontece porque, à medida que a taxa de juro sobe, o risco dos projectos financiados torna-se também mais elevado, o que faz com que aumente também o risco de selecção adversa. A subida da taxa de juro é igualmente geradora de incentivos adversos relativamente à qualidade dos projectos. Isto é, pode induzir empresas a realizarem projectos de risco mais elevado do que aquele que anunciaram ao banco no momento do pedido de crédito. Há, deste modo, um aumento do risco moral associado à subida da taxa de juro. Estes efeitos negativos tornam-se mais acentuados à medida que a taxa de juro toma valores mais elevados. Podemos facilmente compreender que, para valores baixos da taxa de juro, os seus aumentos têm um efeito positivo sobre a taxa de lucro do banco superior ao eventual efeito negativo. No entanto, quando toma valores mais elevados, os efeitos negativos decorrentes do aumento do risco de selecção adversa e do risco moral começam a ter um impacto sobre o lucro do banco superior ao do efeito positivo da subida taxa de juro. Esta relação entre taxa de juro do crédito e lucro do banco está representada no quadrante esquerdo da Figura 1, onde, a curva convexa que relaciona a taxa de juro i com a taxa de lucro L, tem o ponto de inflexão na taxa de juro i*, a que corresponde o lucro máximo. A dependência estreita que a oferta de crédito tem com o lucro que propicia ao banco, faz com que esta aumente com a taxa de juro até que esta atinja o valor i*, e diminua a partir desse valor, como se vê pela curva de oferta de crédito, S, representada no quadrante direito da mesma figura. O racionamento de crédito verifica-se quando a curva da procura, D, cruza a curva de oferta acima do ponto de inflexão, no pressuposto que o banco vai aplicar aos seus clientes a taxa de juro que maximiza o lucro, i*. A parte da procura não satisfeita a essa taxa de juro traduz o montante de racionamento de crédito.

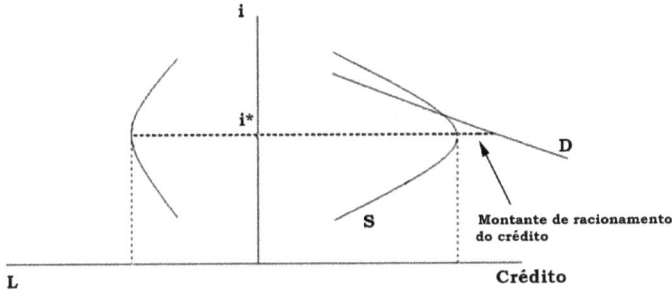

Fig. 1: Taxa de juro, lucro do banco e racionamento do crédito

O racionamento de crédito é atenuado quando o banco aplica taxas de juro diferentes a devedores que apresentam níveis de risco diferentes. A taxa de juro que permite maximizar o lucro do banco obtido com o crédito a devedores de maior risco é mais elevada do que aquela que permite atingir esse mesmo objectivo quando o crédito é concedido a devedores de baixo risco. Ao aplicar uma taxa de juro mais elevada aos devedores de maior risco, o banco faz com a parte da procura de crédito não satisfeita seja menor. Este procedimento por parte do banco pressupõe a obtenção de informação suficiente que torne possível a identificação do grau de risco de cada devedor ou, pelo menos, o agrupamento dos devedores em diferentes categorias de risco. A possibilidade de distinguir os níveis de risco dos clientes, por parte do banco, está associada ao facto de este, por força da natureza da sua actividade, ter vantagens na recolha deste tipo de informação, comparativamente com outros investidores.

3.6. A regulamentação e a supervisão da actividade bancária

A necessidade de prevenir as falências bancárias, dado o impacto negativo que estas têm sobre o funcionamento dos sistemas financeiros e sobre a actividade do sector real da economia, explica a importância que é dada à regulamentação e à supervisão da actividade bancária.

A primeira justificação para que a actividade bancária seja objecto de regulamentação decorre do facto de a falência dum banco gerar desconfiança no sistema financeiro e, eventualmente, a corrida aos levantamentos de depósitos noutros bancos. Junta-se a esta razão a existência de *assimetria de informação* entre cada banco e os seus depositantes, que se caracteriza pelo facto destes terem dificuldade em avaliar correctamente a solvabilidade do banco. Assim a regulamentação responde, em grande medida, ao objectivo de protecção dos depositantes.

O banco central contribui para a redução do risco de instabilidade e de desconfiança no sistema de pagamentos, na medida em que, enquanto refinanciador dos bancos de segunda ordem, cria condições para que, na sua actividade diária, estes dificilmente se deparem com situações em que não possam fazer face ao levantamento dos depósitos. No entanto, o refinanciamento do banco central não é suficiente para impedir que um banco entre em situação de falência, que ocorre quando, em resultado de perdas no valor dos seus activos ou da insolvência dos seus devedores, o valor do seu activo se torna inferior ao valor do passivo. Daí que, para assegurar a solvabilidade dos bancos, sejam aplicadas normas que regulam a adequação do capital do banco ao montante dos seus activos ponderados pelo risco que apresentam. Complementarmente, é desenvolvida uma actividade de supervisão dos bancos, com o objetivo de prevenir o incumprimento das regras de solvabilidade que lhes são aplicadas.

Os princípios orientadores dos regimes de regulamentação e supervisão bancária são os Acordos de Basileia, produzidos por uma comissão composta por representantes dos bancos centrais e outras autoridades de supervisão de 27 países e da União Europeia. As principais fases desses acordos são designadas por Basileia I (1988), Basileia II (primeira versão foi publicada em 1999 e a versão final em 2005) e Basileia III (2011). Segundo as normas de Basileia o capital do banco deve ser igual ou superior a uma determinada percentagem da soma dos seus activos ponderados por vários tipos de risco. Para esse efeito, Basileia I tinha em conta o risco de crédito, isto é, o risco de incumprimento por parte dos devedores do banco, e o risco de mercado, que consiste no risco de perda de valor de mercado dos ativos do banco, devendo o capital do banco respeitar um rácio mínimo relativamente ao valor dos activos ponderados pelos dois tipos de risco. Basileia II acrescentou a estes dois primeiros tipos de risco o risco operacional, o qual está associado à **falha ou inadequação de processos internos, das pessoas, ou a acontecimentos externos.** As componentes de capital relevantes para cumprimento destas regras são o capital accionista mais as reservas declaradas, que, em conjunto, constituem o *Tier* 1, e os instrumentos financeiros como dívida subordinada (dívida que perde prioridade de reembolso para outros tipos de dívida, em caso de falência), reservas ocultas e obrigações contingentes convertíveis em acções, que constituem o *Tier* 2. Em Basileia I e II , o conjunto de *Tier* 1 e *Tier* 2 deveria corresponder, no mínimo, a 8% da soma dos ativos ponderados pelos diferentes tipos de risco, não podendo *Tier* 1 ser inferior a 4%. Basileia III, que surgiu na sequência da crise financeira de 2007, alterou esta repartição, passando o mínimo de *Tier* 1 para 6%, mantendo em 8% o mínimo do conjunto de *Tier 1* e Tier 2. Além disso, Basileia III, introduziu restrições à composição de *Tier* 1, cuja componente de capital acionista, o *Capital Equity Tier 1* (CET1) passou a ter de cobrir pelo menos 4,5% dos activos ponderados pelo risco. Basileia III criou também requisitos de capital suplementares, constituídos apenas por capital acionista (*CET1*): uma almofada de conservação de capita de 2,5%, uma almofada de capital contra-cíclica, que pode variar entre 0% e 2,5%, e uma almofada *CET1* aplicada às instituições financeiras sistemicamente importantes que varia entre 1% e 2,5%. Para este efeito é considerada instituição financeira sistemicamente importante o banco cuja falência possa afetar gravemente a estabilidade do sistema financeiro:

- pelas elevadas perdas que traz aos depositantes devido à sua dimensão;
- pelo risco de contágio a outros bancos e instituições financeiras;
- pela desconfiança que pode criar em relação aos sistemas bancário e financeiro.

A supervisão das instituições financeiras adquiriu maior importância e inovação com Basileia II, cujos objetivos fundamentais consistiam em conduzir à convergência dos processos de supervisão nos países aderentes ao Acordos de

Basileia, e em incentivar as entidades de supervisão a acompanhar e avaliar os processos internos de avaliação do risco feitos pelos bancos, induzindo-os a operarem com rácios de solvabilidade superiores aos requeridos.

Na União Europeia entrou em funcionamento, no fim de 2014, o Mecanismo Único de Supervisão que integra o Banco Central Europeu, os bancos centrais nacionais e outros supervisores dos países da zona euro. No âmbito deste mecanismo cabe ao BCE a supervisão das *instituições de crédito significativas*, isto é, os bancos de grande dimensão e, por conseguinte, sistemicamente importantes, com peso significativo de activos e passivos em países da zona euro exteriores ao país do banco, ou que tenham recorrido a financiamento do Mecanismo Europeu de Estabilidade. Os restantes bancos estão sob supervisão directa das autoridades nacionais, e indirecta do Banco Central Europeu.

A supervisão levada a cabo através do Mecanismo Único de Supervisão incide sobre a aplicação de regras prudenciais uniformes aplicadas a todos os sistemas financeiras nacionais da zona euro, no âmbito do *Single Rule Book*, o qual abrange, entre outras, as seguintes vertentes:

- aplicação do regulamento *Capital Requirements Regulation* (CRR) e da directiva *Capital Requirements Directive IV* (CRD IV), através dos quais, em 2013, foram transpostas para a legislação da União Europeia, a regras de Basileia II e Basileia III;

- um sistema único de resolução de bancos, através da directiva *Bank Recovery and Resolution Directive (BRRD)*, que estabelece as regras para a recuperação e resolução de bancos e outras instituições financeiras que entrem em risco elevado de falência.

O CRR centra-se essencialmente na definição das regras de rácios de capital em função do risco dos activos, na fixação de rácios de liquidez e de limites de exposição ao risco. A CRD IV, por sua vez, incide sobre a definição das regras de acesso à actividade, por parte das instituições financeiras e das regras de supervisão.

A Autoridade Bancária Europeia (*European Bank Authority*), criada para apoiar a aplicação do Mecanismo Único de Supervisão, tem como principais funções elaborar as normas técnicas necessárias à aplicação das regras contidas no *Single Rule Book* e emitir orientações e esclarecimentos aos supervisores e às instituições financeiras supervisionadas.

As normas europeias de regulamentação e supervisão de bancos e outras instituições financeiras estão transpostas para a legislação portuguesa, através do Regime Geral das Instituições de Crédito e das Sociedades Financeiras, de avisos e instruções do Banco de Portugal, e de outra legislação específica para vários tipos de instituições de crédito como as caixas económicas e as caixas de crédito agrícola.

A supervisão prudencial é de dois tipos: a supervisão macroprudencial, que tem por objetivo prevenir riscos que ponham em causa a estabilidade do sistema financeiro no seu conjunto, e a supervisão microprudencial que visa evitar que cada instituição em particular apresente risco de crédito elevado, e assegurar que os seus rácios de capital e de liquidez são adequados.

Para além da supervisão prudencial exista ainda a supervisão comportamental, que tem por objectivo assegurar a transparência e o cumprimento das normas, por parte das instituições de crédito, nas suas relações com depositantes e devedores.

3.7. O seguro de depósitos

O seguro dos depósitos tem por principal objetivo assegurar o pagamento de uma parte mínima dos depósitos, no caso de falência de um banco. Destina-se essencialmente a proteger os pequenos depositantes, e cobre apenas uma parcela dos depósitos, sendo independente da dimensão do banco. Para esse efeito, em Portugal foi criado em 1992 o Fundo de Garantia de Depósitos, cuja gestão está atribuída ao Banco de Portugal, e que assegura actualmente os depósitos até ao montante de 100000 euros por depositante, em cada instituição bancária. A contribuição anual de cada banco para este fundo incide sobre o saldo médio dos depósitos elegíveis do ano anterior, O valor desta contribuição é ajustado ao perfil de risco do banco, o qual é medido pelo valor médio do rácio do capital accionista do banco em relação ao activo ponderado pelo risco. No âmbito do Mecanismo Europeu de Supervisão está prevista a criação de um sistema europeu de seguro de depósitos.

Capítulo IV

O BANCO CENTRAL E A OFERTA DE MOEDA

À emissão de notas, primeira função dos bancos centrais, vieram juntar-se outras funções que estão, directa ou indirectamente, relacionadas com esta. As mais importantes dessas funções são:

- gestão das reservas cambiais do país, que engloba o objectivo de assegurar a estabilidade do valor externo da moeda nacional, e a representação do país junto de instituições monetárias e financeiras internacionais;
- refinanciamento das outras instituições monetárias;
- a supervisão das instituições financeiras e dos mercados monetário e cambial;
- executar as políticas monetária e cambial, que na zona euro são levadas a cabo no âmbito do conjunto formado pelo Banco Central Europeu e pelos bancos centrais nacionais.

A moeda emitida pelo banco central é constituída pelas notas e moedas em circulação, as quais têm **curso legal** e são designadas, para fins estatísticos, por **circulação monetária**, e pelas **reservas de caixa** dos bancos de 2ª ordem. As reservas de caixa consistem, em grande medida, em depósitos no banco central, embora compreendam também as notas em cofre. Os bancos de 2ª ordem necessitam de deter moeda emitida pelo banco central porque cada um deles está sujeito aos levantamentos de depósitos, aos pagamentos de cheques ao balcão, e às transferências de reservas de caixa para outros bancos.

As notas em cofre destinam-se a fazer face aos levantamentos de depósitos por parte dos clientes, nos balcões dos bancos. As transferências de reservas entre bancos são motivadas fundamentalmente pelos pagamentos efectuados através de cheques que são depositados noutros bancos, e pelas ordens de transferência. Para vermos como se processa a transferência de reservas de caixa entre bancos de 2ª ordem, consideremos o seguinte exemplo.

Um depositante do Banco A dá ao seu banco uma ordem de transferência de 5000€ a favor dum depositante do Banco B. Esta operação implica o débito desse montante na conta de depósito à ordem do cliente do banco A, e o correspondente crédito na conta de depósito do cliente do Banco B. Implica também uma transferência do Banco A para o Banco B, através das suas contas no banco central. Estes débito e créditos traduzem-se nas alterações do lado do activo (A) e do passivo (P) dos bancos de segunda ordem e do banco central a seguir representadas.

A	Banco Central	P
	Depósito do Banco A	+5000
	Depósito do Banco B	- 5000

A	Banco de 2ª Ordem B	P
Reservas de caixa +5000 (depósitos no Banco Central)	Depósitos à ordem	+5000

A	Banco de 2ª Ordem A	P
Reservas de caixa -5000 (depósitos no Banco Central)	Depósitos à ordem	-5000

No sistema bancário português, a compensação de cheques, e as ordens de transferência de montante inferior a 15000 euros, são efectuadas através dum sistema de pagamentos interbancários centralizado no Banco de Portugal: o Sistema de Compensação Interbancária (SICOI). A liquidação de pagamentos entre bancos de países diferentes da área do euro, ou pagamentos nacionais de montante superior a 15000 euros, são feitas através do sistema TARGET2 (*Trans-European Automated Real-time Gross Express Transfer System*) que permite pagamentos em tempo real. Na primeira geração do TARGET os pagamentos eram processados de forma descentralizada pelos bancos centrais nacionais. O TARGET 2, que entrou em funcionamento em 2008, utiliza uma plataforma única que dispensa a intervenção dos bancos centrais nacionais, e é gerido conjuntamente pelos bancos centrais da Alemanha, da França e da Itália. Se a ordem de pagamento descrita no exemplo anterior envolvesse dois países, A e B, da zona euro, também o Banco Central Europeu seria envolvido, e os movimentos contabilísticos totais a que esta transferência daria lugar, tomariam a seguinte representação.

A	Banco Central Europeu	P
Crédito s/ Banco Central de A +5000	Dívida para c/ Banco Central de B +5000	

A	Banco Central A	P
	Dep. do Banco de 2ª ord. de A -5000	
	Dívida para c/ BCE +5000	

A	Banco Central do País B	P
Crédito s/ BCE +5000	Dep. do Banco de 2ª ord. de B +5000	

Nos balanços dos bancos de segunda ordem dos países A e B, o registo das operações seria igual ao do exemplo anterior.

Os desenvolvimentos anteriores permitem-nos ver que a moeda emitida pelo banco central desempenha um papel essencial no sistema monetário, assegurando o funcionamento de todo o mecanismo de pagamentos na economia.

4.1. O banco central e o refinanciamento dos bancos de segunda ordem

Já vimos anteriormente que a liquidez de que os bancos de segunda ordem necessitam para desenvolverem a sua actividade é constituída pelas suas reservas de caixa, compostas predominantemente por depósitos no banco central. O recurso ao *refinanciamento* do banco central é feito por um banco de 2ª ordem sempre que prevê que o volume das suas reservas não seja suficiente para fazer face aos levantamentos (fugas para a circulação) ou às transferências de depósitos para outros bancos, a que vai estar sujeito. Desta forma, a possibilidade de refinanciamento junto do banco central é fundamental para que os bancos de segunda ordem possam prestar o serviço de liquidez à economia.

Uma das formas tradicionais de refinanciamento consiste no *redesconto*, junto do banco central, de títulos de crédito sobre empresas e particulares, detidos pelos bancos. Para vermos em que consiste o redesconto, comecemos por caracterizar as operações de desconto. Suponhamos que um banco de 2ª ordem concede crédito a uma empresa, representado por um título de dívida cujo valor nominal é de 100000€, o qual corresponde ao valor a pagar pelo devedor na data de vencimento do título. Suponhamos ainda que os juros e comissões a cobrar pelo banco atingem o valor de 4500€. O montante efectivamente emprestado pelo banco é de 95500€. Isto é, o montante emprestado corresponde ao valor da dívida «descontado» dos juros e demais encargos a lançar pelo banco ao seu cliente. A operação de desconto traduz-se nas seguintes alterações na situação de balanço do banco de 2ª ordem:

A	Banco de 2ª Ordem B		P
Crédito a Empresas e Partic.	+ 100000	Depósitos à ordem	+ 95500
		Juros de comissões	+ 4500

O redesconto tem uma natureza idêntica à da operação acima descrita, mas é realizado entre um banco de segunda ordem e o banco central. Retomando o exemplo anterior, se o banco que efectuou o desconto daquele título pretender redescontá-lo junto do banco central, obtém um empréstimo correspondente ao valor nominal do título deduzido dos juros e outros encargos. O montante do redesconto tem, naturalmente, um valor inferior ao do desconto, isto é, os encargos lançados pelo banco central sobre o banco de segunda ordem, são inferiores aos 4500€ que este lançou sobre o seu cliente.

Quando o banco central refinancia um banco de segunda ordem, cria moeda, na medida em que lhe fornece as reservas de que este necessita para fazer face às suas necessidades de liquidez. Continuando a tomar como referência o exemplo anterior, suponhamos que o produto líquido do redesconto do título com o valor nominal de 100000€ é de 97000€. Esta operação traduz-se nas seguintes alterações nos balanços do banco central e do banco de segunda ordem:

A	Banco Central		P
Crédito s/Banco de 2ª Ordem	+ 100000	Moeda B. Central	+ 97000
		(res. dos bancos de 2ª ordem)	
		Juros (B.C.)	+ 3000

A	Banco de 2ª Ordem		P
Moeda B. Central	+ 97000	Crédito do B. central	+ 100000
(res. dos bancos de 2ª ordem)		Encargos do B. de 2ª ordem	− 3000

Através do refinanciamento, o banco central pode evitar crises graves de funcionamento do sistema bancário, que ocorreriam se um elevado número de depositantes dos bancos de segunda ordem levantasse, subitamente, os seus depósitos. O poder que o banco central tem de prevenir, ou de evitar este tipo de crises decorre do facto de a moeda que ele próprio emite ser inconvertível em qualquer outro tipo de moeda, o que lhe permite, sempre que considera adequado, fazê-la expandir, sob a forma de reservas de caixa dos bancos de segunda ordem.

4.2. As operações de refinanciamento e de absorção de liquidez do Banco Central Europeu

O Banco Central Europeu, que iniciou a sua actividade em 1998[1] e os bancos centrais nacionais dos países membros da União Europeia formam o Sistema Europeu de Bancos Centrais (SEBC). No entanto, como nem todos os países da União Europeia aderiram à moeda única, as funções de banco

---

[1] O Instituto Monetário Europeu, que foi criado em 1994 tendo como objectivo essencial a preparação da passagem à moeda única, deu lugar ao Banco Central Europeu em 1998.

central na área do euro são desempenhadas pelo Banco Central Europeu e pelos bancos centrais nacionais dos países aderentes, cujo conjunto é designado por Eurosistema. No momento presente o euro circula nos seguintes dezanove países: Alemanha, Áustria, Bélgica, Chipre, Eslovénia, Eslováquia, Espanha, Estónia, Finlândia, França, Grécia, Holanda, Irlanda, Itália, Letónia, Lituânia, Luxemburgo, Malta e Portugal.. Os onze membros fundadores, que aderiram ao euro no momento da sua criação, no início de 1999, são a Alemanha, a Áustria, a Bélgica, a Espanha, a Finlândia, a França, a Holanda, a Irlanda, a Itália, o Luxemburgo e Portugal. Os seguintes membros da União Europeia ainda não aderiram à moeda única: Bulgária, República Checa, Dinamarca, Hungria, Polónia, Roménia, Suécia e Reino Unido.

Três razões fundamentais levaram à criação deste sistema monetário em que as funções de banco central são partilhadas entre o Banco Central Europeu e os bancos centrais nacionais:

- as dificuldades de natureza política em fazer aceitar o fim dos bancos centrais nacionais, por parte dos países membros;
- a vantagem em tirar partido da experiência dos bancos centrais nacionais requeria a manutenção das suas infra-estruturas e pessoal;
- a dimensão geográfica da área do euro tornou recomendável que os bancos de segunda ordem mantivessem um meio de contacto com os serviços de banco central nos seus países.

Ao Banco Central Europeu foram atribuídos os seguintes objectivos pelo Tratado da União Europeia:

- definir e implementar a política monetária da UE;
- conduzir a política cambial da União, de acordo com o estabelecido no art. 105º do Tratado União Europeia, que atribui ao Conselho Europeu a competência para, ouvido o BCE, estabelecer acordos de sistemas de taxa de câmbio com países exteriores à União, bem como definir as orientações gerais quanto aos objectivos para o valor externo do euro.

A política monetária da área do euro é executada pelo Banco Central Europeu, a quem cabe a coordenação, e pelos bancos centrais nacionais dos países que fazem parte do Eurosistema. Essa política é levada a cabo através do conjunto de operações a seguir descritas, as quais dão lugar a variações da quantidade de moeda de banco central na área do euro.

4.2.1. As operações de mercado aberto

As operações de mercado aberto destinam-se a lançar ou a retirar liquidez do sistema monetário, e são realizadas sob a forma de leilão, aberto a todos os bancos de segunda ordem, ou sob a forma de procedimentos bilaterais. Estes procedimentos podem ter lugar entre os bancos centrais nacionais e um conjunto de bancos de segunda ordem cuja selecção se baseia em critérios de prudência (relacionados com a confiança de que essas instituições são merecedoras) e em critérios de eficiência (relacionados com a sua capacidade para realizarem operações de mercado de montantes elevados). Os procedimentos bilaterais podem, alternativamente, ser realizados pelos bancos centrais nacionais através das respectivas bolsas de valores ou outros agentes de mercado, sem contacto directo com os bancos de segunda ordem.

A) **Operações principais de refinanciamento**: são operações reversíveis de cedência de liquidez, normalmente pelo prazo de uma semana, realizadas com frequência semanal através de leilões.

B) **Operações de refinanciamento com prazo alargado**: são operações reversíveis de cedência de liquidez, normalmente pelo prazo de três meses, e realizadas com frequência mensal através de leilões.

C) **Operações ocasionais de regularização**: são operações sem frequência regular, que têm essencialmente como objectivo gerir a liquidez do sistema e controlar as taxas de juro. Tanto podem destinar-se a ceder como a absorver liquidez do sistema bancário, e podem ser reversíveis ou ter carácter definitivo. Estas operações podem ser realizadas através de leilões (cujo tempo de realização é mais rápido dos que nas operações de refinanciamento) ou através de procedimentos bilaterais. Podem também tomar a forma de constituição de depósitos a prazo junto dos bancos centrais (destinados à absorção de liquidez). Incluem-se neste grupo de operações os *swaps* cambiais, os quais são operações reversíveis que podem revestir duas formas alternativas, com objectivos opostos: 1) no primeiro momento os bancos centrais compram euros e vendem moeda estrangeira aos bancos de segunda ordem, realizando a operação inversa numa data posterior, 2) no primeiro momento os bancos centrais compram moeda estrangeira e vendem euros aos bancos de segunda ordem, realizando a operação inversa numa data posterior. Quando estas operações ocasionais de regularização são de carácter definitivo, têm um só sentido, isto é, os bancos centrais compram títulos aos bancos de segunda ordem, sem revenda, se pretendem lançar liquidez no sistema bancário ou fazer descer as taxas de juro, ou vendem títulos aos bancos de segunda ordem, sem recompra, se o objectivo consistir em absorver liquidez ou fazer com que as taxas de juro subam.

D) **Operações estruturais**: são operações que não têm carácter regular, destinadas a "modificar a posição estrutural do Eurosistema face ao sector financeiro". Estas operações podem ter carácter reversível, sob a forma de operações de cedência de liquidez, ou de emissão se certificados de dívida, destinados a absorver liquidez. As operações reversíveis são realizadas através de leilões normais. As operações estruturais podem ainda ter a forma de transacções definitivas, destinadas a ceder ou a absorver liquidez, as quais são realizadas sob a forma de procedimentos bilaterais.

4.2.2. As facilidades permanentes de cedência de liquidez e de depósito

O Sistema Europeu de Bancos Centrais mantém abertos dois tipos de facilidades permanentes aos bancos de segunda ordem, às quais estes recorrem por sua iniciativa. Uma é a facilidade permanente de cedência de liquidez, que permite aos bancos de segunda ordem obter refinancia-mento pelo prazo de 24 horas. A outra é a facilidade permanente de depósito, que permite aos bancos de segunda ordem aplicar liquidez, também pelo prazo de 24 horas.

4.2.3. O funcionamento dos leilões nas operações de mercado aberto

Nas operações de mercado aberto realizadas através de leilão, o Banco Central Europeu anuncia publicamente o montante total de liquidez que está disposto a ceder, quando se trata de uma operação de refinanciamento, ou a absorver, quando se trata de uma operação de absorção de liquidez. A colocação em leilão pode ser a *taxa fixa* ou a *taxa variável*. No primeiro caso, a taxa de juro é fixada unilateralmente pelo BCE, e não é afectada pela quantidade procurada. No segundo caso, o BCE anuncia também a taxa de juro mínima se for uma operação de refinanciamento, ou a taxa de juro máxima se for uma operação de absorção de liquidez. Em seguida os bancos centrais nacionais recebem as propostas dos bancos de segunda ordem, contendo o montante e a taxa de juro pretendidos, e canalizam-nas para o BCE, que as compila. Nos leilões de cedência de liquidez a taxa fixa os pedidos de refinanciamento de todos os bancos de segunda ordem são adicionados. Se não excederem o montante máximo de colocação anunciado pelo BCE, esses pedidos são totalmente satisfeitos. No caso contrário, cada um deles é parcialmente satisfeito, na proporção do montante máximo a colocar relativamente ao montante total pedido. Nos leilões de cedência de liquidez a taxa variável, as propostas são satisfeitas por ordem decrescente de taxa de juro proposta pelo banco de segunda ordem, até se esgotar o montante total que o BCE está disposto a ceder, ou até ser atingida a taxa de juro mínima. Vejamos como se executa este processo, através da representação gráfica da Figura 1. Nesta figura o segmento OM representa o montante máximo, em euros, que o BCE irá ceder nesta operação de refinanciamento, e i_{min} é a taxa de juro mínima que está disposto a aceitar. O segmento Oq_1 representa o montante dos pedidos de refinanciamento, à taxa de juro i_1. O segmento q_1q_2 representa o montante dos pedidos de refinanciamento à taxa de juro i_2. Finalmente, o segmento q_2q_3 representa o montante dos pedidos de refinanciamento à taxa de juro i_3. O Banco Central Europeu satisfará todos os pedidos de refinanciamento a taxas de juro superiores a i_3, começando pelos pedidos que são feitos à taxa de juro mais elevada, i_1, seguindo-se-lhes os pedidos feitos à taxa de juro i_2. Os pedidos de refinanciamento feitos à taxa de juro i_3 apenas são parcialmente satisfeitos, tendo em conta que os pedidos totais ultrapassam o montante máximo de refinanciamento a ser concedido. Por isso, i_3 é a taxa de juro marginal, e a percentagem de colocação (pc), que corresponde à percentagem satisfeita de cada um dos pedidos de refinanciamento feitos a esta taxa, é obtida dividindo o montante que sobra dos pedidos satisfeitos a taxas de juro superiores, representado pelo segmento q_2M, pelo total dos pedidos que aceitam a taxa de juro marginal:

$$pc = \frac{q_2M}{q_2q_3} \qquad (1)$$

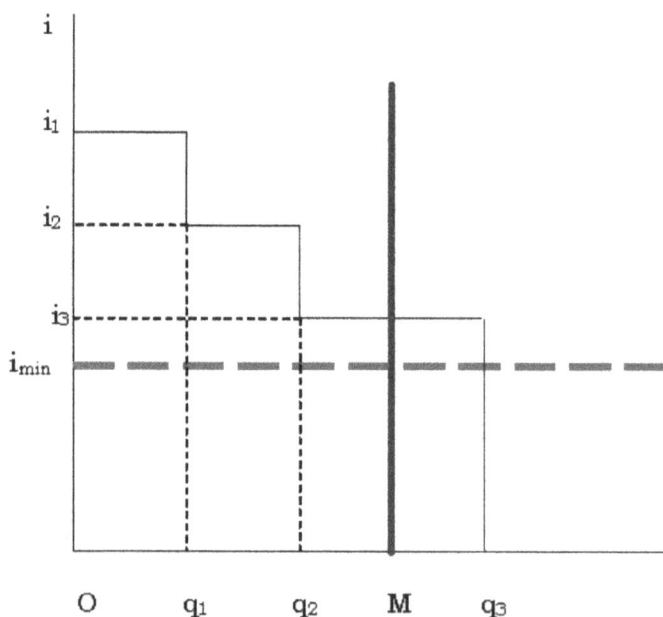

Fig. 1: Leilão de cedência de liquidez

Quanto à determinação da taxa de juro a pagar por cada montante de pedido de refinanciamento satisfeito, o leilão pode ser de taxa única (*leilão holandês*) ou de taxa múltipla (*leilão americano*). No leilão holandês, a taxa de juro marginal é aplicada à totalidade do refinanciamento concedido. No leilão americano são aplicadas taxas de juro diferentes aos diversos pedidos de refinanciamento que foram satisfeitos. Neste segundo caso os bancos de segunda ordem pagam a taxa de juro i_1 pelo montante Oq_1, a taxa de juro i_2 pelo montante q_1q_2, e a taxa de juro i_3 pelo montante q_2M.

Nos leilões de absorção de liquidez, as propostas de oferta de liquidez para aplicação, por parte dos bancos de 2ª ordem, são satisfeitas por ordem crescente da taxa de juro, até serem atingidos, ou o montante máximo que o BCE está disposto a absorver, ou a taxa de juro máxima. Na representação gráfica da Figura 2, OM é o montante máximo de liquidez que o BCE está disposto a absorver, enquanto o segmento O q_1 representa o montante da oferta de liquidez para aplicação em títulos ou em depósitos a prazo do BCE, à taxa de juro i_1, o segmento q_1q_2 representa o montante da oferta de liquidez à taxa de juro i_2, e o segmento q_2 q_3 representa o montante da oferta de liquidez à taxa de juro i_3. O montante de absorção estabelecido pelo Banco Central Europeu é atingido com as propostas a taxas não superiores a i_2, que é, nesta representação gráfica, a taxa de juro marginal. Por isso, o BCE começará por satisfazer todas as propostas feitas à taxa de juro i_1. As propostas feitas à taxa de i_2 apenas são parcialmente satisfeitas, tendo em conta o montante máximo de absorção por parte do BCE. A percentagem de colocação (pc) é calculada dividindo o excedente das propostas satisfeitas à taxa de juro i_1, representado pelo segmento q_1M, pelo total das propostas feitas à taxa de juro i_2:

$$pc = \frac{q_1M}{q_1q_2} \qquad (2)$$

Também neste caso o leilão pode ser do tipos holandês ou americano. No primeiro caso, todas as propostas satisfeitas são remuneradas à taxa de juro marginal. No segundo caso, o montante Oq_1 é remunerado à taxa de juro i_1, e o montante q_1M é remunerado à taxa de juro i_2.

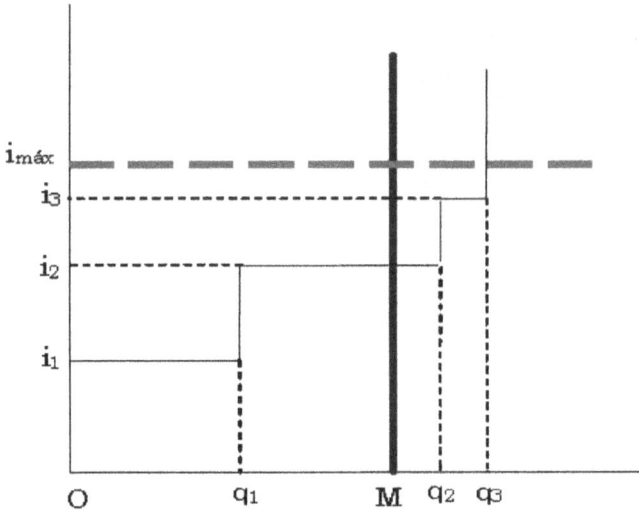

Fig. 2: Leilão de absorção de liquidez

4.3. O banco central e a gestão das reservas cambiais

Ao intervir no mercado de câmbios, o banco central faz aumentar ou diminuir a quantidade de moeda que emite, no mesmo montante em que aumentam ou diminuem as suas disponibilidades em moeda estrangeira. Consideremos o caso em que no mercado de câmbios ocorre um aumento da oferta de moeda estrangeira, implicando um aumento da procura de moeda nacional, cujo valor externo tende a aumentar. Se o banco central intervier no mercados de câmbios, no sentido de contrariar a pressão para a subida de valor da moeda nacional, a sua acção consiste em comprar moeda estrangeira, que paga emitindo a sua própria moeda. O pagamento de moeda estrangeira aos bancos de 2ª ordem, pelo banco central, tem como consequência o aumento das reservas de caixa (depósitos no banco central) daqueles bancos. Consideremos o exemplo de uma compra de divisas por parte do banco central, a um banco de segunda ordem, no valor de 100000€. Esta transacção traduz-se nas seguintes modificações nos balanços do banco central e do banco de segunda ordem:

A		Banco Central	P
Reservas Cambiais	+ 100000	Moeda B. Central	+ 100000
		(reservas dos bancos de 2ª ordem)	

A		Banco de 2ª Ordem	P
Reservas Cambiais	− 100000		
Moeda B. Central	+ 100000		
(reservas dos bancos de 2ª ordem)			

Se a situação observada no mercado de câmbios for oposta da anterior, isto é, se ocorrer um aumento da procura de divisas, daí resulta uma tendência para a depreciação da moeda nacional. A intervenção do banco central no mercado de câmbios consiste, neste caso, na venda de uma parte das suas reservas cambiais. Estas operações implicam a «destruição» de parte das reservas de caixa dos bancos de 2ª ordem, ao serem utilizadas por estes em pagamento das divisas ao banco central. Uma venda de moeda estrangeira, no valor de 50000€, por parte do banco central, a um banco de 2ª ordem, traduz-se nas seguintes modificações nos respectivos balanços:

A		Banco Central	P
Reservas Cambiais	− 50000	Moeda B. Central	− 50000
		(reservas dos bancos de 2ª ordem)	

A		Banco de 2ª Ordem	P
Reservas Cambiais	+ 50000		
Moeda B. Central	− 50000		
(reservas dos bancos de 2ª ordem)			

4.4. As reservas mínimas obrigatórias

O banco central obriga, normalmente, os bancos de segunda ordem a deterem reservas de caixa não inferiores a uma determinada percentagem dos seus depósitos e outros passivos de exigibilidade elevada, as quais são designadas por *reservas mínimas obrigatórias*. A fixação das reservas de caixa obrigatórias teve o objectivo inicial de assegurar que os bancos dispunham de um montante mínimo de liquidez suficiente para fazer face aos levantamentos de depósitos. Actualmente, o requisito das reservas mínimas serve essencialmente outros objectivos como o de condicionar a capacidade de concessão de crédito por parte dos bancos de segunda ordem. Com efeito, quanto maior for a percentagem mínima de reservas de caixa requerida aos bancos de segunda ordem, menor é a capacidade destes para expandirem o crédito, dado que este envolve fugas de reservas para os outros bancos. Presentemente o Banco Central Europeu impõe reservas mínimas correspondentes ao rácio de 2% sobre o valor dos depósitos à ordem, depósitos a prazo até 2 anos, depósitos com pré-aviso até 3 meses e títulos de dívida com prazo original até 2 anos. Fazem igualmente parte da base de incidência para reservas mínimas, embora com um rácio de reserva zero no momento presente, os depósitos a prazo superior a 2 anos, os depósitos com pré-aviso superior a 2 anos, os títulos de dívida com prazo original superior a dois anos e os acordos de recompra. Estão excluídos da base de incidência para as reservas mínimas, as responsabilidades para com outras instituições também sujeitas ao regime de reservas mínimas do Eurosistema, bem como as responsabilidades para com o BCE e os bancos centrais nacionais.

Por outro lado, como veremos mais adiante, a gestão de liquidez por parte dos bancos de segunda ordem pode levá-los a desejar deter reservas de caixa acima do montante requerido pelo banco central.

4.5. O mercado monetário interbancário

Os mercados monetários são definidos como o conjunto da oferta e da procura de títulos de curto prazo. No Mercado Monetário Interbancário (MMI), criado em Portugal em 1977, são realizadas operações de empréstimos entre bancos de 2ª ordem, por prazos entre 1 e 365 dias. Estas operações constituem, para os bancos com falta de liquidez, uma alternativa ao refinanciamento junto do banco central. Simultaneamente elas permitem aos bancos com excesso de reservas a sua aplicação rentável, sob uma forma acentuadamente líquida. Deste modo, o MMI permite um melhor aproveitamento das reservas do conjunto dos bancos de 2ª ordem. Em 1978 foi também criado o Mercado Interbancário de Títulos, que na década de 90 passou a ser designado por Mercado das Operações de Intervenção, e cuja actividade cessou com a passagem ao euro e a entrada do Banco de Portugal no Sistema Europeu de Bancos Centrais. Nesse mercado eram realizadas operações de mercado aberto, entre o Banco de Portugal e as Outras Instituições Monetárias. Essas operações começaram por incidir sobre títulos da dívida pública que o Banco de Portugal detinha em carteira e que cedia aos bancos de segunda ordem, através de acordos de recompra com o prazo de algumas semanas. Posteriormente estas operações passaram a incidir sobre títulos emitidos pelo próprio Banco de Portugal: os Títulos de Intervenção Monetária, emitidos com prazos que iam de 4 a 52 semanas, e os Títulos de Regularização Monetária, emitidos com prazo muito curto que ia de 1 dia até ao máximo de 14 dias.

Entre os mercados monetários dos países que aderiram ao euro ocorreu, a partir de 1999, uma integração muito rápida, que se manifestou através da uniformização das taxas de juro neles observadas.

4.6. A definição dos agregados monetários nas economias contemporâneas

A quantidade de meios de pagamento existentes na economia, num dado momento, define o agregado monetário ou massa monetária. Como foi referido no Capítulo I, os meios de pagamento existentes nas economias actuais são constituídos pelas seguintes componentes:

- notas de banco e moedas metálicas, designadas por **circulação monetária**, e que iremos representar por C;
- depósitos à ordem nos bancos, mobilizáveis por cheque e ordens de transferência, que representaremos por DO.

Na área do euro, seguindo uma prática corrente há muitas décadas na generalidade dos sistemas monetários, o agregado composto pela circulação monetária e pelos depósitos à ordem designa-se por massa monetária em sentido **estrito**, e tem a seguinte representação:

$$M_1 = C + DO \tag{3}$$

Embora os meios de pagamento sejam compostos exclusivamente pela circulação monetária e pelos depósitos à ordem, são definidos outros agregados que englobam activos que, não sendo meios de pagamento, apresentam um grau de liquidez elevado. A definição desses agregados monetários é determinada pelo elevado grau de substituibilidade entre os activos monetários e financeiros que os compõem, e pela capacidade desses activos para influenciarem, conjuntamente, as variáveis do sector real da economia. Os depósitos a prazo nos bancos (DP) são o exemplo mais importante desse tipo de activos, e a sua junção com os componentes de M_1 define um agregado mais extenso, M_2, ao qual damos a seguinte representação genérica:

$$M_2 = M_1 + DP \tag{4}$$

e que, na área do euro, inclui, para além das componentes de M_1, os depósitos a prazo com vencimento inferior a dois anos e os depósitos com pré-aviso, quando este não for superior a três meses.

A inovação financeira ocorrida ao longo das últimas décadas tem contribuído para o aparecimento de novos tipos de aplicações da poupança, com liquidez elevada, como é o caso das unidades de participação em fundos de investimento aplicados em títulos de curto prazo. Em resultado dessa inovação, a maior parte dos bancos centrais definem agregados que, para além das componentes de M_2, incluem estes novos tipos de aplicações. No caso da área do euro, o Banco Central Europeu definiu, como agregado mais extenso, M_3 que engloba, para além das componentes de M_2:

- os títulos de dívida emitidos por bancos, com prazo não superior a dois anos;
- os acordos de recompra de títulos por parte dos bancos aos seus clientes;
- as unidades de participação em fundos de investimento mobiliário aplicados em títulos de curto prazo.

Por outro lado, na área do euro, os passivos bancários com prazo superior a dois anos estão excluídos de todos os agregados monetários.

4.7. A base monetária, balanços sintéticos do banco central e das outras instituições monetárias, e síntese da situação monetária

A moeda emitida pelo banco central é universalmente aceite como meio de pagamento por todos os agentes económicos do sector não bancário, e é também utilizada pelos bancos de segunda ordem para os pagamentos interbancários. Este tipo de moeda toma, como vimos atrás, as seguintes formas:

- circulação monetária, que passaremos a representar por C;
- reservas de caixa dos bancos de segunda ordem, também designadas por reservas primárias, que representamos por R, e que são constituídas por depósitos dos bancos de 2ª ordem junto do banco central e por notas e moedas metálicas detidas nos cofres dos bancos.

A moeda emitida pelo banco central serve de suporte à criação de moeda pelos bancos de segunda ordem, pelo que é designada por base monetária (BM):

$$BM = C + R \quad (5)$$

O balanço do banco central tem a seguinte representação sintética, a qual permite pôr em evidência as componentes da Base Monetária como principais rubricas do passivo.

A	Balanço Sintético do Banco Central	P
DLX		C
COIM		R
CSP		
OAF		Div. Liq.

As rubricas do activo deste balanço, ou contrapartidas da Base Monetária, são:

- as Disponibilidades Líquidas sobre o Exterior (DLX), isto é, a diferença entre as Disponibilidades sobre o Exterior (DX), que são activos emitidos por entidades não residentes no país, e as Responsabilidades face ao Exterior do banco central (RX);
- o refinanciamento aos bancos de segunda ordem, também designado por Crédito às Outras Instituições Monetárias (COIM);
- o crédito ao sector público (CSP) que abrange todos os títulos da dívida pública na posse do banco central;
- outros activos financeiros, como acções e obrigações de empresas (OAF)

A rubrica residual Diversos Líquido (Div. Liq.) corresponde à diferença entre as restantes rubricas do passivo e do activo, acrescida do capital próprio. Para além de pôr em destaque as componentes da base monetária, este balanço sintético permite igualmente evidenciar que é através da compra de activos externos, representada por DLX, e do refinanciamento aos bancos de segunda ordem, representado por COIM, que o banco central procede à emissão da Base Monetária.

O balanço sintético dos bancos de segunda ordem (OIM), por sua vez, toma a seguinte representação:

A	Balanço Sintético das OIM	P
R		DO
DLX		DP
CEP		CBC
CSP		Div. Liq.
OAF		

onde DLX representa as disponibilidades líquidas sobre o exterior destes bancos, CEP representa o Crédito a Empresas e Particulares, CSP representa os títulos da dívida pública detidos pelas OIM, e OAF representa outros activos financeiros, como acções e obrigações de empresas. Do lado do passivo, DO representa os Depósitos à ordem, DP representa os Depósitos a prazo, CBC (=COIM) representa o Crédito do Banco Central, e a rubrica residual Div. Liq. corresponde, tal como no balanço sintético do banco central, à diferença entre as restantes rubricas do passivo e do activo, acrescida do capital próprio. Note-se que as duas primeiras rubricas do passivo do balanço sintético das outras instituições monetárias, os Depósitos à Ordem e os Depósitos a Prazo, são duas das componentes dos agregados monetários.

A consolidação dos balanços sintéticos do banco central e das outras instituições monetárias permite-nos construir a Síntese da Situação Monetária, que nos informa sobre os activos e passivos do sector monetário face ao sector não monetário. Note-se que no passivo da Síntese da Situação Monetária encontramos o agregado M2.

A	Síntese da Situação Monetária	P
DLX_{BC+OIM}		C
CEP		DO
CSP_{BC+OIM}		DP
OAF_{BC+OIM}		Div. Liq.

4.8. O multiplicador monetário

O multiplicador monetário é o rácio entre a massa monetária e a base monetária. Esse multiplicador é função de parâmetros cujos valores dependem do comportamento dos bancos e do sector não bancário. Um desses parâmetros refere-se à preferência do sector não bancário pela moeda do banco central relativamente aos depósitos à ordem nos bancos de 2ª ordem. A taxa de reservas obrigatórias é fixada pelo banco central, e corresponde à percentagem mínima dos depósitos, que os bancos de segunda ordem são obrigados a deter sob a forma de moeda do banco central. O outro parâmetro igualmente determinado pelo sector bancário é o montante de reservas excedentárias desejadas pelos bancos de 2ª ordem, por razões de liquidez. Para efeitos de cálculo do multiplicador, tanto as reservas obrigatórias como as reservas excedentárias são apresentadas em percentagem dos depósitos à ordem.

Vamos analisar várias definições do multiplicador monetário, apoiados num modelo de sistema bancário composto por banco central e bancos de segunda ordem, e considerando, sucessivamente, várias hipóteses quanto às preferências do sector não bancário pelas diferentes formas de moeda, bem como quanto às preferências dos bancos de segunda ordem por reservas excedentárias.

4.8.1. O multiplicador monetário quando não há circulação monetária e os bancos de segunda ordem não pretendem reservas excedentárias

Imaginemos uma economia onde não há circulação monetária. A massa monetária em sentido estrito é constituída apenas por depósitos à ordem, isto é, M_1=DO. Admitamos adicionalmente que os bancos de segunda ordem não pretendem deter reservas excedentárias. Deste modo, a base monetária é constituída apenas pelas reservas obrigatórias dos bancos: BM = RO, as quais resultam da aplicação da taxa de reservas obrigatórias imposta pelo banco central, r_o, ou seja, RO = r_oDO. Daqui resulta, substituindo, nesta igualdade, RO por BM e DO por M1, a seguinte relação entre a massa monetária e a base monetária:

$$M_1 = \frac{1}{r_o} BM \qquad (6)$$

onde $\frac{1}{r_o}$ é o multiplicador monetário ou multiplicador da base monetária. Analisemos a expansão da moeda numa economia cujo sector monetário apresenta este tipo de características. Imaginemos uma situação inicial em que cada um dos bancos apenas detém reservas obrigatórias, pelo que o sistema bancário está impossibilitado de expandir o crédito. Suponhamos que o banco central concede um acréscimo de refinanciamento ao conjunto do sistema bancário. No momento inicial, as reservas excedentárias totais passam de zero para um valor igual ao do montante desse refinanciamento adicional. Cada um dos bancos vai procurar expandir o crédito até esgotar as suas novas reservas excedentárias, o que acontece quando estas se transferiram na totalidade para reservas obrigatórias e para os outros bancos. Ao mesmo tempo, cada banco sabe que irá captar depósitos provenientes do aumento do crédito concedido pelos outros bancos, os quais se traduzem em entrada de reservas. A conjugação do comportamento de todos os bancos fará com que o crédito se expanda até que todas as reservas excedentárias se transfiram para reservas obrigatórias, por força do aumento dos depósitos. Quando tal tiver acontecido, a relação entre os novos valores da base monetária e dos depósitos será:

$$BM + \Delta BM = r_0 \, (DO + \Delta DO) \qquad (7)$$

onde a variação da base monetária, ΔBM, é igual ao montante de refinanciamento concedido pelo banco central. Por outro lado, a massa monetária é constituída exclusivamente por depósitos, donde resulta:

$$M_1 + \Delta M_1 = DO + \Delta DO \tag{8}$$

Fazendo, na igualdade (7) a substituição de $DO + \Delta DO$ por $M_1 + \Delta M_1$ a partir de (8), e tendo em conta a relação entre M_1 e BM, através do multiplicador, tal como está representada na igualdade (6), podemos facilmente concluir que o multiplicador monetário explica também a relação entre as variações da massa monetária e da base monetária, isto é:

$$\Delta M = \frac{1}{r_o} \Delta BM \tag{9}$$

No Apêndice I é apresentado um quadro com a representação de sucessivas vagas de crédito, baseado neste modelo, e no qual se admite que, em cada uma dessas vagas de crédito, os bancos expandem o crédito em montante igual ao das reservas que ficaram disponíveis da vaga anterior, até esgotarem completamente as reservas excedentárias.

4.8.2. O multiplicador monetário quando há circulação monetária e os bancos de segunda ordem não pretendem reservas excedentárias

Consideremos agora a existência de circulação monetária. A intensidade com que esta é utilizada pelo sector não bancário, ou seja, a preferência pela moeda do banco central, pode ser medida pelo rácio entre a circulação monetária e os depósitos à ordem:

$$c = \frac{C}{DO} \tag{10}$$

Se continuarmos a admitir que os bancos de segunda ordem não desejam deter reservas excedentárias, a base monetária é constituída por circulação monetária e reservas obrigatórias:

$$BM = C + RO = (c + r_0)\, DO \tag{11}$$

Tendo em conta a definição de massa monetária em sentido estrito:

$$M_1 = C + DO = (1 + c) \, DO \qquad (12)$$

se dividirmos M_1 por BM, obtemos a seguinte representação para o multiplicador da base monetária:

$$m = \frac{M_1}{BM} = \frac{1+c}{c+r_0} \qquad (13)$$

Para vermos como esta segunda definição do multiplicador permite explicar o efeito das alterações da base monetária sobre a massa monetária, vamos tomar novamente, como ponto de partida, a situação inicial em que as reservas excedentárias surgem através duma operação de refinanciamento, por parte do banco central. Os bancos de segunda ordem darão início a um processo de expansão do crédito que só terminará quando este acréscimo de base monetária (reservas excedentárias) se tiver dispersado, na totalidade, por aumentos da circulação monetária e das reservas obrigatórias, isto é, quando se verifica:

$$\Delta BM = \Delta C + r_0 \, \Delta DO \qquad (14)$$

o que, tendo em conta que $\Delta C = c\Delta DO$, implica:

$$\Delta BM = c\Delta DO + r_0 \, \Delta DO = (c + r_0) \, \Delta DO \qquad (15)$$

Uma apresentação ligeiramente diferente desta igualdade permite pôr em evidência o multiplicador dos depósitos à ordem:

$$\Delta BM \, \frac{1}{\left(c + r_o\right)} = \Delta DO \qquad (16)$$

Por outro lado, tendo em conta que o acréscimo da massa monetária se reparte entre aumentos da circulação monetária e dos depósitos à ordem, obtemos:

$$\Delta M_1 = \Delta C + \Delta DO = (1 + c) \, \Delta DO \qquad (17)$$

Substituindo, nesta igualdade, ΔDO pela expressão equivalente dada pela equação (16) obtemos a seguinte igualdade:

$$\Delta M_1 = \frac{1+c}{c+r_0} \Delta BM \qquad (18)$$

a qual nos permite verificar, tal como no primeiro modelo, que o aumento da massa monetária é igual ao produto do multiplicador pelo acréscimo da base monetária.

No Apêndice II é apresentado um quadro com a representação de sucessivas vagas de crédito, baseado nesta definição de multiplicador, e no qual se admite que, em cada uma dessas vagas de crédito, os bancos expandem o crédito em montante igual ao das reservas que ficaram disponíveis da vaga anterior, até que estas se distribuam, na totalidade, pelas reservas obrigatórias e pela circulação monetária.

4.8.3. *O multiplicador monetário quando há circulação monetária, depósitos à ordem e depósitos a prazo, e os bancos de segunda ordem pretendem deter algum montante de reservas excedentárias*

Consideremos agora o caso em que o sector não bancário reparte a liquidez fornecida pelo sistema bancário em circulação monetária, depósitos à ordem e depósitos a prazo, tomando a proporção destes, relativamente aos depósitos à ordem, a seguinte representação:

$$p = \frac{DP}{DO} \tag{19}$$

a qual podemos designar por preferência do sector não bancário por depósitos a prazo.

Este procedimento permite-nos representar todas as componentes do agregado monetário M_2 através da sua relação com dos depósitos à ordem, donde resulta:

$$M_2 = C + DO + DP = (1 + c + p)\, DO \tag{20}$$

Dado que os depósitos a prazo têm um grau de exigibilidade menor do que o dos depósitos à ordem, é admissível que o banco central imponha, sobre os primeiros, uma taxa de reservas obrigatórias, r_p, diferente da que impõe sobre os segundos. Neste caso, as reservas obrigatórias, RO, terão duas componentes, representadas na expressão seguinte:

$$RO = r_0\, DO + r_p\, DP = (r_0 + r_p p)\, DO \qquad (21)$$

Consideremos também a hipótese de que os bancos de segunda ordem desejam deter, permanentemente, um montante de reservas excedentárias, RE, na proporção r_x dos depósitos à ordem. Neste caso, desdobrando a base monetária na soma de todas as suas componentes obtemos a seguinte expressão:

$$BM = C + RO + RE = (c + r_0 + r_p\, p + r_x)\, DO \qquad (22)$$

Dividindo M_2 por BM, obtemos a seguinte expressão para o multiplicador da base monetária, associado a M2:

$$m_2 = \frac{1 + c + p}{c + r_0 + p r_p + r_x} \qquad (23)$$

Se pretendermos ver apenas a expansão do agregado M_1 que é permitida pela base monetária, podemos calcular um multiplicador parcial para este agregado, que é dado pela seguinte expressão:

$$m_1 = \frac{1 + c}{c + r_0 + p r_p + r_x} \qquad (24)$$

Tendo em conta, mais uma vez, por um lado, a igualdade entre a expansão do crédito e a variação da massa monetária e, por outro, a igualdade entre a variação inicial das reservas dos bancos e a variação da base monetária, obtém-se a expressão que relaciona o acréscimo de M_2, com o acréscimo da base monetária através do multiplicador. Tomemos, mais uma vez como ponto de partida uma situação inicial em que a capacidade de expansão da massa monetária se encontra esgotada, e em que um novo processo de expansão do crédito e da moeda tem início através duma operação de refinanciamento do banco central, criadora de novas reservas excedentárias. Os bancos de segunda ordem darão início a um processo de expansão do crédito que só terminará quando este acréscimo de base monetária se tiver dispersado por aumentos da circulação monetária, das reservas obrigatórias, e das reservas excedentárias desejadas pelos bancos, isto é:

$$\Delta BM = \Delta C + r_0\, \Delta DO + r_p\, \Delta DP + r_x\, \Delta DO \qquad (25)$$

donde resulta

$$\Delta BM \, \frac{1}{\left(c + r_o + r_x + pr_p\right)} = \Delta DO \tag{26}$$

Tendo em conta que:

$$\Delta M_2 = (1 + c + p)\,\Delta DO \tag{27}$$

se substituirmos, nesta igualdade, ΔDO pela expressão equivalente dada pela equação (26), concluímos que a relação entre as variações da massa monetária e da base monetária também neste caso é dada pelo multiplicador, isto é:

$$\Delta M_2 = \frac{1 + c + p}{c + r_o + pr_p + r_x} \, \Delta BM \tag{28}$$

No Apêndice III é apresentado um quadro com a representação de sucessivas vagas de crédito, baseado nesta definição de multiplicador, e no qual se admite que, em cada uma dessas vagas de crédito, os bancos expandem o crédito em montante igual ao das reservas excedentárias não desejadas que ficaram da vaga anterior.

O multiplicador pode facilmente ser estendido ao agregado monetário M_3. Basta, para o efeito, que representemos também como proporção dos depósitos à ordem, os activos que se juntam a M_2 para definir o agregado M_3. Devemos ainda ter em conta que uma parte desses activos são dívida dos bancos, que representaremos por DB_3, que pode igualmente estar sujeita a uma taxa de reservas mínimas obrigatórias, que representaremos por r_3, enquanto os restantes activos, que representaremos por OA_3 não são dívida bancária, e como tal não estão sujeitos àquela taxa. Se representarmos as proporções de DB_3 e OA_3 relativamente aos depósitos à ordem, respectivamente por d_3 e o_3, e seguirmos os mesmos passos da dedução dos multiplicadores anteriores, verificamos facilmente que o multiplicador de M_3 toma a seguinte representação:

$$m_3 = \frac{1 + c + p + d_3 + o_3}{c + r_0 + pr_p + d_3 r_3 + r_x} \tag{29}$$

4.9. Análise dos factores que afectam a dimensão e a composição da massa monetária

Os valores dos parâmetros que determinam o multiplicador monetário resultam, como vimos, das decisões do banco central, e do comportamento dos bancos de segunda ordem e do sector não bancário. O banco central influencia o multiplicador através da fixação da taxa de reservas obrigatórias, enquanto a influência dos bancos de segunda ordem se exerce através das reservas excedentárias que desejam deter, as quais estão estritamente associadas com o montante de crédito que querem disponibilizar. O sector não bancário, por sua vez, influencia o multiplicador através da procura de crédito, e da preferência relativa que manifesta pelas diferentes componentes da massa monetária.

A taxa de reservas obrigatórias é fixada pelo banco central com um duplo objectivo:

- em primeiro lugar, assegurar que cada banco mantém um nível mínimo de reservas suficiente para fazer face aos levantamentos de notas e às transferências para outros bancos;
- em segundo lugar, condicionar a capacidade de expansão do crédito bancário e da massa monetária.

A preferência do público pela moeda do banco central é determinada pelos hábitos de pagamento, pelo nível do rendimento e da riqueza, e pelo comportamento dos bancos no que diz respeito à captação de depósitos. A mudança dos hábitos de pagamento tem, a longo prazo, sido caracterizada pelo crescimento significativo da utilização dos depósitos à ordem nos pagamentos, através dos cheques, ordens de transferência, cartões de débito e cartões de crédito, daí resultando uma utilização cada vez menor da moeda do banco central, por parte do sector não bancário. O aumento do rendimento e o consequente aumento da despesa e do valor médio das transacções são duas das causas principais desse fenómeno. As mudanças de tecnologia na prestação de serviços bancários são outro factor que tem contribuído de forma significativa para essa substituição da utilização de notas e moedas metálicas por depósitos à ordem. No Gráfico I está representada a evolução da preferência do público pela moeda do banco central relativamente aos depósitos à ordem em Portugal e no conjunto da zona euro. No Gráfico II está representada a evolução da preferência do público pela moeda do banco central também em Portugal e no conjunto da zona euro, medida em relação aos depósitos totais (à ordem, a prazo e com pré-aviso).

Gráfico I: Evolução da preferência pela moeda do banco central, relativamente aos depósitos à ordem em Portugal (P) e no conjunto da zona euro (E)

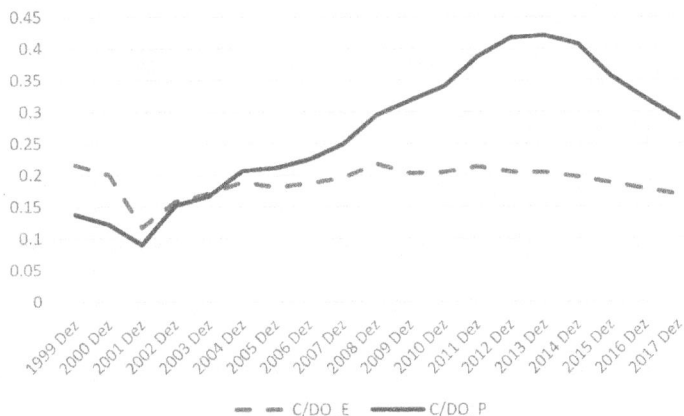

Elaborado a partir de dados do Banco Central Europeu e do Banco de Portugal

Gráfico II: Evolução da preferência pela moeda do banco central, relativamente aos depósitos totais em Portugal (P) e no conjunto da zona euro (E)

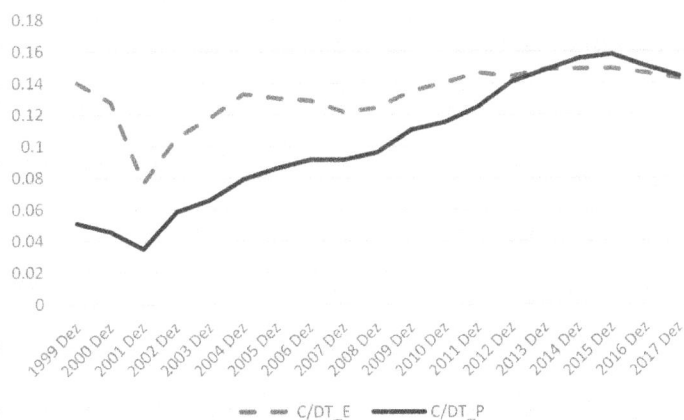

Elaborado a partir de dados do Banco Central Europeu e do Banco de Portugal

93

As diferentes componentes da base monetária e da massa monetária são sensíveis às variações das taxas de juro. Já antes vimos, a este propósito, que as reservas excedentárias desejadas pelos bancos são influenciadas pelas taxas de juro de curto prazo. As variações das taxas de juro também afectam a procura das diferentes componentes do agregado monetário. Esse efeito verifica-se de forma mais evidente quando se altera o rendimento relativo dos diferentes tipos de depósitos. Por exemplo, quando aumenta o diferencial entre a taxa de juro dos depósitos a prazo e a dos depósitos à ordem, aumenta a preferência pelos primeiros. No entanto, também as taxas de juro de outros activos afectam a procura de depósitos. Assim, por exemplo, se a taxa de juro das obrigações tiver um aumento que se traduza num acréscimo significativo da sua diferença relativamente à dos depósitos a prazo, pode haver uma deslocação das aplicações da poupança destes depósitos para aqueles títulos de longo prazo, afectando o montante e a composição do agregado M_2. A disponibilidade de outros activos de liquidez elevada, e respectivo diferencial de rendimento relativamente aos depósitos a prazo, também afecta a procura relativa dos diferentes componentes dos agregados monetários. Assim, por exemplo, se a remuneração das unidades de participação em fundos de investimento de curto prazo (que entram no agregado M_3) aumentar, relativamente à remuneração dos depósitos a prazo, os aforradores tenderão a transferir depósitos a prazo para aquelas aplicações. Daí resulta, de maneira indirecta, uma diminuição da preferência por depósitos a prazo relativamente aos depósitos à ordem. Em contrapartida, aumenta a preferência pelas unidades de participação nos fundos relativamente aos depósitos à ordem.

Gráfico III: Evolução da preferência por depósitos a prazo relativamente aos depósitos
à ordem em Portugal (P) e no conjunto da zona euro (E)

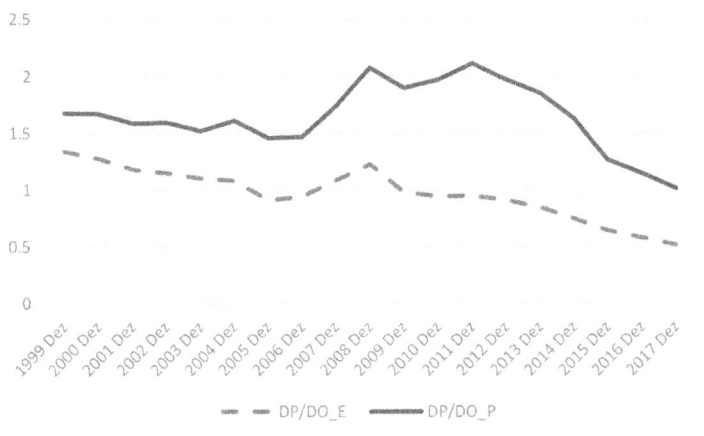

Elaborado a partir de dados do Banco Central Europeu e do Banco de Portugal

No Gráfico III está representada, para Portugal e para o conjunto da zona euro, a evolução da preferência por depósitos a prazo relativamente aos depósitos à ordem. O gráfico permite constatar que a preferência pelos depósitos a prazo tem sido mais elevada em Portugal do que no conjunto da zona euro.

APÊNDICE I

EXPANSÃO DA MOEDA NUM MODELO DE MULTIPLICADOR
SEM CIRCULAÇÃO MONETÁRIA E SEM RESERVAS EXCEDENTÁRIAS
DESEJADAS PELOS BANCOS

Partindo duma situação em que o bancos não dispõem de reservas excedentárias, o processo de expansão do crédito inicia-se com uma operação de refinanciamento, por parte do banco central, que fornece aos bancos reservas excedentárias no montante ΔBM. O bancos desencadeiam a primeira vaga de crédito, nesse mesmo montante, da qual resulta um acréscimo dos depósitos à ordem, de igual valor. Como o acréscimo dos depósitos apenas requer reservas obrigatórias adicionais no montante $r_o\Delta BM$, ficam disponíveis para uma segunda vaga de crédito reservas excedentárias no montante $(1-r_o)\Delta BM$. As vagas de crédito vão-se sucedendo, em montantes cada vez menores, dados que as reservas excedentárias que ficam disponíveis no fim de cada uma delas vão diminuindo. Assim, à medida que o número de vagas de crédito vai aumentando, o montante do crédito concedido em cada uma delas tende para zero.

Nº da vaga de crédito	$\Delta Cred=\Delta DO=\Delta M$	ΔRO	RE Disponíveis
1	ΔBM	$r_o\Delta BM$	$(1-r_o)\Delta BM$
2	$(1-r_o)\Delta BM$	$(1-r_o)r_o\Delta BM$	$(1-r_o)^2\Delta BM$
3	$(1-r_o)^2\Delta BM$	$(1-r_o)^2r_o\Delta BM$	$(1-r_o)^3\Delta BM$
.....	.....	.....	.....
i	$(1-r_o)^{i-1}\Delta BM$	$(1-r_o)^{i-1}r_o\Delta BM$	$(1-r_o)^i\Delta BM$
....	....	....	....
n	$(1-r_o)^{n-1}\Delta BM$	$(1-r_o)^{n-1}r_o\Delta BM$	$(1-r_o)^n\Delta BM$
Soma quando $n = \infty$	$\Delta BM/r_o$	ΔBM	-------

Somando todos os termos da coluna 2 obtemos

$$\sum \Delta CRED = \sum \Delta DO = \Delta BM\left[1+\left(1-r_0\right)+...+\left(1-r_0\right)^i+\left(1-r_0\right)^{n-1}\right]$$

$$\sum \Delta CRED\left(1-r_0\right) = \sum \Delta DO\left(1-r_0\right) = \Delta BM\left[\left(1-r_0\right)+...+\left(1-r_0\right)^i+\left(1-r_0\right)^n\right]$$

(A1.1)

donde resulta

$$\left(\sum \Delta DO\right) - \left(\sum \Delta DO\right)\left(1 - r_0\right) = \Delta BM\left[1 - \left(1 - r_0\right)^{n-1}\right] \qquad \text{(A1.2)}$$

Tendo em conta que a expansão da moeda, é igual à soma dos acréscimos dos depósitos registados ao longo das sucessivas vagas de crédito, a igualdade (A1.2) permite-nos escrever:

$$\Delta M = \left(\Sigma \Delta DO\right) = \frac{\Delta BM\left[1 - \left(1 - r_0\right)^{n}\right]}{r_0} \qquad \text{(A1.3)}$$

cujo limite, quando o número de vagas de crédito tende para infinito é:

$$\Delta M = \lim_{n \to \infty} \frac{\Delta BM\left[1 - \left(1 - r_0\right)^{n}\right]}{r_0} = \frac{\Delta BM}{r_0}$$

APÊNDICE II

EXPANSÃO DA MOEDA NUM MODELO DE MULTIPLICADOR
COM CIRCULAÇÃO MONETÁRIA E DEPÓSITOS À ORDEM,
MAS SEM DEPÓSITOS A PRAZO E SEM RESERVAS EXCEDENTÁRIAS
DESEJADAS PELOS BANCOS

.

Vaga de crédito	ΔCred $=\Delta$M1	ΔDO	ΔC	ΔRO	RE Disponíveis no fim da vaga de crédito
1	ΔBM	$\dfrac{\Delta BM}{1+c}$	$\dfrac{c\Delta BM}{1+c}$	$\dfrac{r_o \Delta BM}{1+c}$	$\Delta BM \dfrac{1-r_o}{1+c}$
2	$\Delta BM \dfrac{1-r_o}{1+c}$	$\Delta BM \dfrac{1-r_o}{(1+c)^2}$	$\Delta BM \dfrac{c(1-r_o)}{(1+c)^2}$	$\Delta BM \dfrac{r_o(1-r_o)}{(1+c)^2}$	$\Delta BM \dfrac{(1-r_o)^2}{(1+c)^2}$
3	$\Delta BM \dfrac{(1-r_o)^2}{(1+c)^2}$	$\Delta BM \dfrac{(1-r_o)^2}{(1+c)^3}$	$\Delta BM \dfrac{c(1-r_o)^2}{(1+c)^3}$	$\Delta BM \dfrac{r_0(1-r_o)^2}{(1+c)^3}$	$\Delta BM \dfrac{(1-r_o)^3}{(1+c)^3}$
.....					.....
i	$\Delta BM \dfrac{(1-r_o)^{i-1}}{(1+c)^{i-1}}$	$\Delta BM \dfrac{(1-r_o)^{i-1}}{(1+c)^i}$	$\Delta BM \dfrac{c(1-r_o)^{i-1}}{(1+c)^i}$	$\Delta BM \dfrac{r_o(1-r_o)^{i-1}}{(1+c)^i}$	$\Delta BM \dfrac{(1-r_o)^i}{(1+c)^i}$
.....					.....
n	$\Delta BM \dfrac{(1-r_o)^{n-1}}{(1+c)^{n-1}}$	$\Delta BM \dfrac{(1-r_o)^{n-1}}{(1+c)^n}$	$\Delta BM \dfrac{c(1-r_o)^{n-1}}{(1+c)^n}$	$\Delta BM \dfrac{r_0(1-r_o)^{n-1}}{(1+c)^n}$	$\Delta BM \dfrac{(1-r_o)^n}{(1+c)^n}$
Soma quando $n \rightarrow \infty$	$\Delta BM \dfrac{(1+c)}{(c+r_0)}$	$\Delta BM \dfrac{1}{(c+r_0)}$	$\Delta BM \dfrac{c}{(c+r_0)}$	$\Delta BM \dfrac{r_0}{(c+r_0)}$	-----

Partindo duma situação em que o bancos não dispõem de reservas excedentárias, o processo de expansão do crédito inicia-se com uma operação de refinanciamento, por parte do banco central, que fornece aos bancos reservas excedentárias no montante ΔBM. O bancos desencadeiam a primeira vaga de crédito, nesse mesmo montante. A moeda criada, de montante igual ao da vaga de crédito, vai repartir-se entre Depósitos à Ordem (coluna 3) e Circulação Monetária (coluna 4), numa proporção determinada pela preferência do público pela circulação monetária (c=C/DO). Como o acréscimo dos depósitos requer reservas obrigatórias adicionais (coluna 5), ficam disponíveis, para uma segunda vaga de crédito, reservas excedentárias num montante igual ao das reservas excedentárias iniciais, deduzidas da fuga para a circulação monetária e do acréscimo das reservas obrigatórias. As vagas de crédito vão-se sucedendo, em montantes cada vez menores, dado que as reservas excedentárias que ficam disponíveis no fim de cada uma delas vão diminuindo, em resultado das sucessivas fugas para a circulação monetária e aumentos das reservas obrigatórias. Assim, à medida que o número de vagas de crédito vai aumentando, o montante do crédito concedido em cada uma delas tende para zero.

Somando todos os termos da coluna 2 do quadro obtemos:

$$\sum \Delta CRED = \Delta BM \left[1 + \frac{(1-r_0)}{(1+c)} + ... + \frac{(1-r_0)^i}{(1+c)^i} + \frac{(1-r_0)^{n-1}}{(1+c)^{n-1}} \right] \qquad (A2.1)$$

e

$$\Sigma \Delta CRED \frac{(1-r_0)}{(1+c)} = \Delta BM \left[\frac{(1-r_0)}{(1+c)} + ... + \frac{(1-r_0)^i}{(1+c)^i} + \frac{(1-r_0)^n}{(1+c)^n} \right] \qquad (A2.2)$$

cuja diferença é:

$$\left(\sum \Delta Cred \right) - \left(\sum \Delta Cred \right) \frac{(1-r_0)}{(1+c)} = \Delta BM \left[1 - \frac{(1-r_0)^n}{(1+c)^n} \right] \qquad (A2.3)$$

o que permite verificar que:

$$\lim_{n\to\infty} \left(\Sigma\Delta Cred\right)\left[1 - \frac{\left(1 - r_0\right)}{\left(1 + c\right)}\right] = \Delta BM \tag{A2.4}$$

a que corresponde o seguinte limite para a expansão do crédito

$$\lim_{n\to\infty} \left(\Sigma\Delta Cred\right) = \Delta M_1 = \Delta BM \left(\frac{1 + c}{c + r_o}\right) \tag{A2.5}$$

APÊNDICE III

EXPANSÃO DA MOEDA NUM MODELO DE MULTIPLICADOR
COM CIRCULAÇÃO MONETÁRIA E DEPÓSITOS À ORDEM,
DEPÓSITOS A PRAZO E RESERVAS EXCEDENTÁRIAS

	ΔCrédito	ΔBM
1ª Vaga de crédito	ΔDO	$\Delta BM \dfrac{1}{1+c+p}$
	ΔDP	$\Delta BM \dfrac{p}{1+c+p}$
	ΔC	$\Delta BM \dfrac{c}{1+c+p}$
	ΔR	$\Delta BM \dfrac{r_o + pr_p + r_x}{1+c+p}$
2ª Vaga de Crédito	ΔCrédito	$\Delta BM \dfrac{1 + p - r_o - pr_p - r_x}{1+c+p}$
	ΔDO	$\Delta BM \dfrac{1 + p - r_o - pr_p - r_x}{\left(1+c+p\right)^2}$
	ΔDP	$\Delta BM \dfrac{p\left(1 + p - r_o - pr_p - r_x\right)}{\left(1+c+p\right)^2}$
	ΔC	$\Delta BM \dfrac{c\left(1 + p - r_o - pr_p - r_x\right)}{\left(1+c+p\right)^2}$
	ΔR	$\Delta BM \dfrac{\left(r_o + pr_p + r_x\right)\left(1 + p - r_o - pr_p - r_x\right)}{\left(1+c+p\right)^2}$
.....	.....	
iª Vaga de Crédito	ΔCrédito	$\Delta BM \dfrac{\left(1 + p - r_o - pr_p - r_x\right)^{i-1}}{\left(1+c+p\right)^{i-1}}$

	ΔDO	$\Delta BM \dfrac{\left(1 + p - r_o - pr_p - r_x\right)^{i-1}}{\left(1 + c + p\right)^i}$
	ΔDP	$\Delta BM \dfrac{p\left(1 + p - r_o - pr_p - r_x\right)^{i-1}}{\left(1 + c + p\right)^i}$
	ΔC	$\Delta BM \dfrac{c\left(1 + p - r_o - pr_p - r_x\right)^{i-1}}{\left(1 + c + p\right)^i}$
	ΔR	$\Delta BM \dfrac{\left(r_o + pr_p + r_x\right)\left(1 + p - r_o - pr_p - r_x\right)^{i-1}}{\left(1 + c + p\right)^i}$
.....	.....	.....
n^a Vaga de Crédito	ΔCrédito	$\Delta BM \dfrac{\left(1 + p - r_o - pr_p - r_x\right)^{n-1}}{\left(1 + c + p\right)^{n-1}}$
	ΔDO	$\Delta BM \dfrac{\left(1 + p - r_o - pr_p - r_x\right)^{n-1}}{\left(1 + c + p\right)^n}$
	ΔDP	$\Delta BM \dfrac{p\left(1 + p - r_o - pr_p - r_x\right)^{n-1}}{\left(1 + c + p\right)^n}$
	ΔC	$\Delta BM \dfrac{c\left(1 + p - r_o - pr_p - r_x\right)^{n-1}}{\left(1 + c + p\right)^n}$
	ΔR	$\Delta BM \dfrac{\left(r_o + pr_p + r_x\right)\left(1 + p - r_o - pr_p - r_x\right)^{n-1}}{\left(1 + c + p\right)^n}$

Partindo duma situação em que o bancos apenas dispõem de reservas excedentárias que desejam deter, o processo de expansão do crédito inicia-se com uma operação de refinanciamento, por parte do banco central, que fornece aos bancos reservas excedentárias no montante ΔBM. O bancos desencadeiam a primeira vaga de crédito, nesse mesmo montante. A moeda criada por essa vaga de crédito é repartida pelos agentes económicos do sector não bancário em circulação monetária, depósitos à ordem e depósitos a prazo, de acordo com as suas preferências, representadas pelos parâmetros c e p. Entretanto, uma parte das reservas excedentárias criadas pela operação de refinamento vai repartir-se por aumentos da circulação monetária, das reservas obrigatórias e das reservas excedentárias desejadas pelos bancos, ficando apenas a parte restante disponível para a vaga de crédito seguinte. O processo vai-se repetindo ao longo de sucessivas vagas de crédito, cujos montantes vão sendo cada vez menores, e tendem para zero à medida que o número de vagas de crédito tende para infinito.

Somando os montantes de crédito concedidos ao longo das sucessivas vagas (representadas na primeira linha da caixa correspondente à respectiva vaga) obtemos:

$$\sum \Delta CRED = \Delta BM \left[1 + \frac{1 + p - r_0 - pr_p - r_x}{1 + c + p} + \ldots + \frac{\left(1 + p - r_0 - pr_p - r_x\right)^i}{\left(1 + c + p\right)^i} + \ldots + \frac{\left(1 + p - r_0 - pr_p - r_x\right)^{n-1}}{\left(1 + c + p\right)^{n-1}} \right] \quad (A3.1)$$

e

$$\sum \Delta CRED \frac{1 + p - r_0 - pr_p - r_x}{1 + c + p} = \Delta BM \left[\frac{1 + p - r_0 - pr_p - r_x}{1 + c + p} + \ldots + \frac{\left(1 + p - r_0 - pr_p - r_x\right)^i}{\left(1 + c + p\right)^i} + \ldots + \frac{\left(1 + p - r_0 - pr_p - r_x\right)^n}{\left(1 + c + p\right)^n} \right] \quad (A3.2)$$

cuja diferença é

$$\sum \Delta CRED - \sum \Delta CRED \frac{1 + p - r_0 - pr_p - r_x}{1 + c + p} =$$

$$= \Delta BM \left[1 - \frac{\left(1 + p - r_0 - pr_p - r_x\right)^n}{\left(1 + c + p\right)^n} \right] \tag{A3.3}$$

o que permite verificar que:

$$\lim_{n \to \infty} \sum \Delta CRED \left(1 - \frac{1 + p - r_0 - pr_p - r_x}{1 + c + p} \right) = \Delta BM \tag{A3.4}$$

a que corresponde o seguinte limite para a expansão do crédito e do agregado monetário M2:

$$\lim_{n \to \infty} \sum \Delta CRED = \Delta M_2 = \Delta BM \left(\frac{1 + c + p}{c + r_0 + pr_p + r_x} \right) \tag{A3.5}$$

PARTE II

Avaliação dos activos financeiros;
equilíbrio e eficiência dos mercados financeiros

Capítulo V

Os princípios fundamentais da decisão financeira

5.1. A actividade financeira e a afectação intertemporal de recursos

O problema central da decisão financeira é o da afectação intertemporal de recursos económicos, tanto pelos indivíduos como pelas empresas. Essa afectação é determinada, em primeiro lugar, pela preferência que os agentes económicos manifestam pelo consumo presente relativamente ao consumo futuro. Por outro lado, a aplicação de recursos em diferentes tipos de activos, tendo em vista a obtenção de rendimentos futuros, depende das oportunidades de investimento existentes, e da relação entre a rentabilidade esperada e o risco desses activos.

Na análise desta questão começaremos por ver como o objectivo da maximização da função de utilidade do indivíduo determina a substituição de consumo presente por consumo futuro, ou vice-versa, cuja possibilidade é aberta através da existência dum sistema financeiro. Em seguida, incluiremos nesta análise a existência de oportunidades de investimento produtivo, e debruçar-nos-emos sobre o modo como a afectação dos recursos poupados no presente se reparte entre investimento produtivo e investimento financeiro. Nesta primeira fase, os modelos que iremos analisar pressupõem um quadro de previsão perfeita quanto aos resultados de ambos os tipos de investimento. A existência de risco, associada à incapacidade de prever com exactidão os resultados, será incluída numa análise posterior.

Os conceitos em que se baseia a hipótese de que a maximização da função de utilidade individual é o objectivo a que obedece a escolha das combinações entre consumo presente e consumo futuro, são idênticos aos utilizados na teoria do consumidor, quando nos referimos à escolha entre diferentes combinações de dois bens. Admitimos que o investidor toma a sua decisão com base num horizonte temporal de dois períodos[1], designados por Ano 1 e Ano 2. O consumo efectuado em cada um desses anos pode ser encarado como um bem composto por todos os bens consumidos nesse ano. Designemos o consumo no Ano 1 e no Ano 2 respectivamente por C_1 e C_2. A escolha do consumidor faz-se entre diferentes combinações destes dois bens «complexos».

A função de utilidade intertemporal obedece aos axiomas a seguir enunciados, os quais são idênticos aos considerados na função de utilidade referente a um único período.

1°) *Axioma da comparabilidade*: perante duas combinações diferentes entre consumo presente e consumo futuro, designadas por A e B, o consumidor sabe dizer se prefere A a B, B a A, ou se as duas combinações lhe são indiferentes.

2°) *Axioma da transitividade*: considerando três combinações diferentes entre consumo presente e consumo futuro, A, B e C, se o consumidor prefere A a B, e B a C, também prefere A a C.

3°) *Axioma da não saciedade*: o aumento da quantidade de um dos bens, C_1 ou C_2, faz aumentar o grau de satisfação do consumidor (a utilidade marginal é positiva).

4°) A*xioma da convexidade*: os aumentos sucessivos de uma unidade consumida de um dos bens, C_1 ou C_2, vão-se traduzindo em acréscimos cada vez menores do grau de satisfação do indivíduo (a utilidade marginal é decrescente).

O conjunto destes quatro axiomas permite-nos representar o mapa das *curvas de indiferença* relativas às combinações entre os consumos no Ano 1 e no Ano 2, tal como são apresentadas na Figura 1. Existem diferentes

---

[1] Esta abordagem, apesar do seu carácter aparentemente simplificador, pode ser generalizada para qualquer horizonte temporal.

combinações possíveis de consumo no Ano 1 e no Ano 2 que conferem ao agente económico a mesma utilidade. Cada uma das curvas U_0, U_1, e U_2, da Figura 1, representa um conjunto dessas combinações, por isso elas são designadas por *curvas de indiferença*. À medida que nos deslocamos de uma curva de indiferença para outra situada mais acima, o nível de utilidade alcançado torna-se mais elevado. Cada ponto da curva U_1, quando comparado com um ponto da curva U_0, representa um consumo mais elevado em cada um desses anos, para um consumo pelo menos igual, no outro ano. Assim, de acordo com o princípio da *não saciedade*, a curva de indiferença U_1 corresponde a um nível de utilidade mais elevado do que o da curva U_0, e de igual modo, a curva U_2 traduz um nível de satisfação mais elevado do que os das duas curvas à sua esquerda.

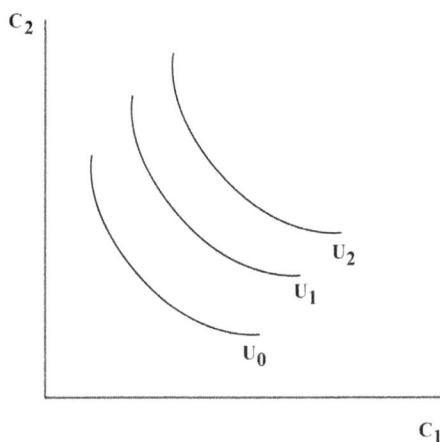

Fig. 1: Curvas de indiferença entre consumo presente
e consumo futuro

Qualquer deslocação ao longo de uma curva de indiferença implica a renúncia a um dado montante de consumo num dos anos, para se obter um consumo maior no outro. A convexidade das curvas de indiferença em relação à origem decorre do pressuposto de que a utilidade marginal é decrescente.

5.1.1. A escolha entre consumo e investimento financeiro

Uma das hipóteses de base desta análise é a de que a taxa de rentabilidade do investimento, ou seja, a taxa de juro, é independente do montante investido pelo agente económico individual. Por outro lado, neste mercado financeiro, o investidor pode escolher entre comprar activos financeiros, se poupa uma parte do seu rendimento no primeiro ano, ou endividar-se, se tem, nesse ano, o objectivo de efectuar um consumo superior aos recursos de que dispõe. Representemos o rendimento do investidor proveniente do trabalho, respectivamente, por Y_1, no Ano 1, e por Y_2, no Ano 2, tal como está na Figura 2. O rendimento é recebido no início de cada período, e o rendimento do Ano 1 é também a riqueza inicial do investidor. Admitamos também que existe uma única taxa de juro na economia, i, a qual remunera os títulos comprados pelos agentes económicos que realizam poupança, e que é também a taxa de juro paga pelos que se endividam.

As combinações possíveis de consumo nos dois anos estão representadas, na Figura 2, ao longo da *recta de restrição orçamental*, cuja inclinação é – (1+i). O ponto desta recta definido pelos valores (Y_1, Y_2) corresponde a uma situação em que o agente económico consome, em cada ano, o respectivo rendimento. Suponhamos que o investidor opta por constituir uma poupança, Y_1-C_1, no início do Ano 1, que aplica em obrigações. O valor dessa poupança, acrescida dos juros, vai permitir que, no Ano 2, o investidor efectue um consumo superior ao seu rendimento desse ano, tal como a igualdade seguinte representa:

$$(Y_1 - C_1)(1 + i) = C_2 - Y_2 \qquad (1)$$

Uma pequena modificação nesta igualdade permite representar o consumo no Ano 2, como a soma do rendimento desse ano com os resultados da aplicação da poupança do ano anterior:

$$C_2 = Y_2 + (Y_1 - C_1)(1 + i) \qquad (2)$$

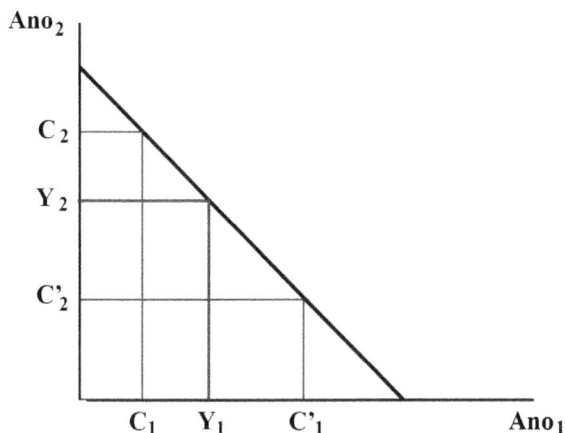

Fig. 2: Recta da restrição orçamental

Vejamos agora a situação contrária, em que o investidor opta por consumir a quantidade C'_1, superior ao seu rendimento no Ano 1, para o que contrai um empréstimo de valor igual a C'_1-Y_1, pelo qual paga a taxa de juro i. O montante de consumo que ele poderá efectuar, no Ano 2, é igual ao rendimento desse ano, menos o valor da dívida contraída no ano anterior acrescida dos juros:

$$C'_2 = Y_2 + (Y_1 - C'_1)(1 + i) \tag{3}$$

Todos os pontos à esquerda do ponto (Y_1, Y_2) traduzem situações em que o agente económico poupa uma parte do seu rendimento no primeiro ano, o qual aplica na compra de obrigações, cujo rendimento lhe permite alcançar um consumo acrescido no futuro. Pelo contrário, os pontos situados à direita do ponto (Y_1, Y_2) correspondem às situações em que o agente económico se endivida para poder aumentar o consumo presente. A partir das equações (1), (2) e (3) concluímos que, em qualquer ponto da recta de restrição orçamental se verifica a seguinte relação:

$$C_1 + \frac{C_2}{(1+i)} = Y_1 + \frac{Y_2}{(1+i)} \tag{4}$$

a qual põe em evidência que a soma dos valores actuais (i. e. no início do Ano 1) dos consumos que o agente económico vai realizar nos dois anos é igual à soma dos valores actuais dos rendimentos de que vai dispor ao longo desses dois anos. Dado que qualquer combinação entre consumo presente e consumo futuro se situa necessariamente sobre a recta de restrição orçamental, para maximizar a sua função de utilidade, a combinação escolhida pelo investidor é aquela onde uma curva de indiferença é tangente a essa recta, como a situação que está representada na Figura 3, e que traduz o caso do agente excedentário. A situação correspondente ao agente deficitário está representada na Figura 4.

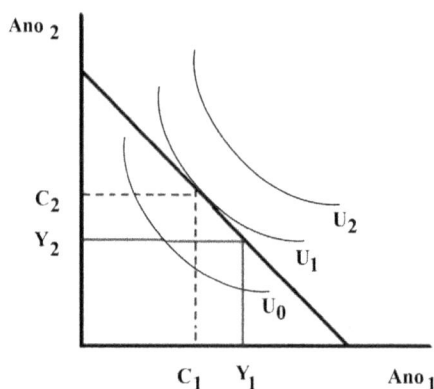

Fig. 3: Maximização da função de utilidade
do agente económico excedentário

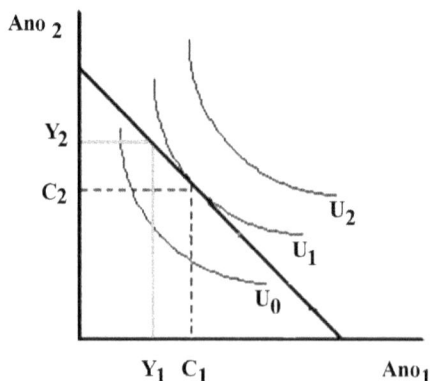

Fig. 4: Maximização da função de utilidade
do agente económico deficitário

As conclusões quanto aos fundamentos da decisão financeira dos agentes económicos não são alteradas se admitirmos que a taxa de juro a que o agente económico se pode endividar, i_e, é superior à taxa de juro dos títulos em que pode aplicar a sua poupança, i_o. Essa diferença resulta dos custos da intermediação financeira. Nessa situação, a linha das possibilidades de consumo, AB, à direita do ponto definido pelas coordenadas (Y_1, Y_2), tem uma inclinação, $\alpha_1 = -(1+i_e)$, superior à inclinação que tem à esquerda desse ponto, $\alpha_2 = -(1+i_o)$, tal como está representado na Figura 5.

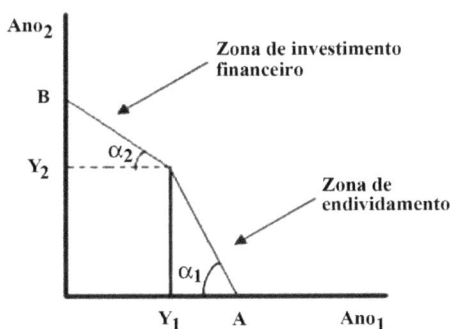

Ano$_2$

B

Zona de investimento financeiro

Y_2 | α_2

Zona de endividamento

α_1

Y_1 A Ano$_1$

Fig. 5: Recta de restrição orçamental quando a taxa de juro das aplicações financeiras é menor do que a taxa de juro do endividamento

5.1.2. A escolha entre consumo e investimento produtivo

Na análise da escolha entre consumo e investimento produtivo serão consideradas as seguintes hipóteses:

1ª) o investimento produtivo obedece à lei dos rendimentos decrescentes;

2ª) o investidor procura maximizar a utilidade do seu consumo, tal como no modelo anterior.

De acordo com a primeira hipótese, todas as combinações entre o investimento produtivo efectuado no Ano 1 e o valor da riqueza no Ano 2, se situam ao longo da curva representada na Figura 6, designada por *fronteira das possibilidades de produção*.

Nessa mesma figura, os rendimentos do trabalho de que o investidor dispõe no início do Ano 1 e no início do Ano 2 são, respectivamente, Y_1 e Y_2. Dado que todas as combinações de consumo em cada um dos anos, que o investidor pode alcançar, se situam sobre a fronteira das possibilidades de produção, a combinação que permite ao investidor maximizar a sua função de utilidade corresponde ao ponto de tangência de uma curva de indiferença com aquela fronteira. Na Figura 6, o consumo efectuado no Ano 1 é C_1, e o investimento produtivo efectuado nesse ano é igual à diferença Y_1-C_1. Este montante de investimento, acrescido do rendimento que produz, e somado ao rendimento do trabalho no Ano 2, Y_2, permite ao investidor alcançar o consumo C_2, nesse ano.

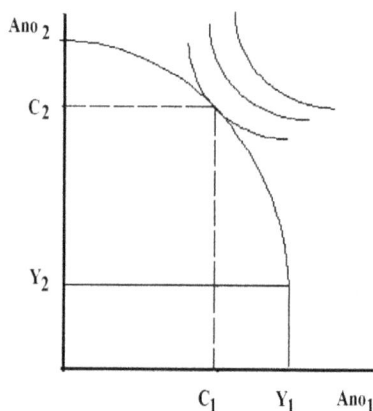

Fig. 6: O investimento produtivo e a fronteira
das possibilidades de produção

5.1.3. A afectação intertemporal de recursos quando existem oportunidades de investimento produtivo e financeiro

Quando o investidor tem a possibilidade de realizar, simultaneamente, investimento produtivo e financeiro ou endividamento, tornam-se admissíveis as seguintes hipóteses:

- o montante do investimento produtivo realizado é aquele cuja taxa de rentabilidade marginal é igual à taxa de juro;
- a escolha entre consumo presente e futuro é feita, tendo em conta as suas preferências, e sujeitas à suas possibilidades de investimento financeiro ou de endividamento.

Na Figura 7 os rendimentos do trabalho de que o investidor dispõe no início do Ano 1 e no início do Ano 2 são, respectivamente Y_1 e Y_2. A recta tangente à fronteira das possibilidades de produção tem a inclinação $-(1+i)$, sendo i a taxa de juro do mercado financeiro. Essa recta representa também o limite superior das combinações entre consumo presente e consumo futuro que o investidor pode escolher, pelo que corresponde à *recta do orçamento* neste modelo em que há, simultaneamente, investimento produtivo e financeiro. O montante de investimento produtivo que o investidor deve realizar, corresponde ao segmento de recta I_1Y_1, pois a rentabilidade marginal desse montante de investimento é igual à taxa de juro. Se o montante de investimento produtivo escolhido fosse inferior a este, a sua rentabilidade marginal seria superior à taxa de juro, pelo que o investidor estaria a desperdiçar esse diferencial de rendimento. Se, pelo contrário, o montante de investimento produtivo fosse superior a I_1Y_1, estaríamos também na presença duma má escolha, pois o rendimento marginal seria inferior à taxa de juro, o que torna o investimento financeiro mais atractivo. O valor do investimento produtivo, acrescido do respectivo rendimento no Ano 2 está representado pelo segmento de recta Y_2I_2. Dado que o investidor cujo caso está representado nesta figura, pretende realizar um consumo C_1 no Ano 1, menor do que a parte do seu rendimento que não é aplicada no investimento produtivo, a sua poupança adicional, representada pelo segmento de recta C_1I_1, é aplicada em activos financeiros, e o seu valor no Ano 2 é representada pelo segmento de recta I_2C_2. Deste modo, o consumo do segundo ano, C_2, corresponde à soma do rendimento do trabalho desse ano com os valores finais dos investimentos produtivo e financeiro. A combinação dos consumos nos dois anos escolhida pelo investidor, C_1 e C_2, corresponde ao ponto de tangência entre a recta de restrição orçamental e uma das suas curvas de indiferença, que, por esse motivo, é aquela que lhe permite maximizar a sua função de utilidade.

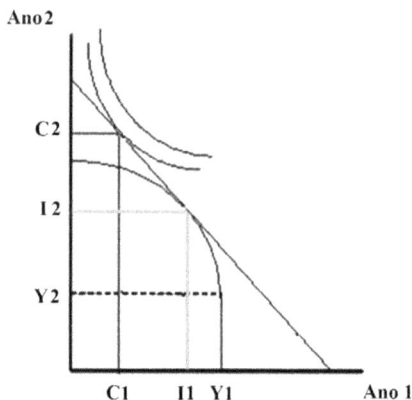

Fig. 7: A afectação intertemporal de recursos quando o investidor
realiza investimento produtivo e financeiro

O caso que acabámos de analisar põe em evidência o facto de que a decisão relativa ao montante de investimento produtivo é determinada pelas condições existentes no mercado financeiro, representadas pelo valor da taxa de juro. Essa decisão é também independente da combinação escolhida de consumo presente e consumo futuro. Essa independência mantém-se no caso do investidor com uma preferência acentuada pelo consumo presente, que analisamos a seguir.

O investidor cujo caso está representado na Figura 8 dispõe dos rendimentos do trabalho Y_1 e Y_2, respectivamente no Ano 1 e no Ano 2. Tendo possibilidade de realizar investimento produtivo, o montante escolhido, representado pelo segmento de recta I_1Y_1, é aquele cuja rentabilidade marginal é igual à taxa de juro do mercado financeiro, i. Esse investimento produtivo tem, no Ano 2, o valor Y_2I_2, que se irá somar aos rendimentos do trabalho desse ano. Dado que o consumo que pretende efectuar no Ano 1 excede, no montante I_1C_1, os recursos que lhe restam depois de realizar o investimento produtivo, contrai uma dívida nesse montante para alcançar o consumo desejado. O valor da dívida acrescido dos juros, a pagar no Ano 2, está representado pelo segmento de recta C_2I_2, o qual, depois de subtraído ao montante de recursos de que dispõe nesse ano, provenientes do rendimento do trabalho e do investimento produtivo, lhe permite aceder ao montante de consumo C_2, cuja combinação com o montante de consumo efectuado no Ano 1, C_1, corresponde igualmente ao ponto de tangência da recta da restrição orçamental com curva de indiferença, o que lhe permite maximizar a função de utilidade intertemporal do consumo.

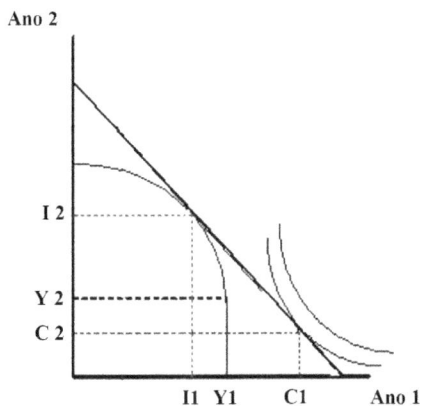

Fig. 8: A afectação intertemporal de recursos quando o investidor realiza investimento produtivo e se endivida

5.2. A decisão financeira em ambiente de incerteza, a utilidade esperada e as atitudes face ao risco

A impossibilidade de prever com exactidão os valores futuros faz com que o investidor tenha que fazer as suas escolhas com base nos resultados possíveis que cada investimento apresenta, e respectivas probabilidades. Complementarmente podemos também aceitar a hipótese de que as suas escolhas são condicionadas ao objectivo de maximizar a utilidade esperada. A configuração da função de utilidade do investidor está, por sua vez, dependente da sua atitude face ao risco, relativamente à qual podemos considerar que existem três grandes tipos: a *aversão*, a *indiferença* e a *atracção*, dos quais o primeiro é o mais representativo. Se considerarmos o caso dum investidor com aversão pelo risco, que tem à sua disposição dois investimentos com o mesmo custo inicial e o mesmo resultado (ou valor final) esperado, mas riscos diferentes, ele escolherá o que apresenta

125

o menor risco. O investidor indiferente face ao risco terá dificuldade em fazer a sua escolha entre esses mesmos dois investimentos. Só quando estiver em presença de investimentos com resultados esperados diferentes, é que este tipo de investidor manifestará a sua preferência, escolhendo sempre o que apresenta o resultado esperado mais elevado, independentemente do risco que apresenta. Por último, se colocarmos um investidor com atracção pelo risco perante dois investimentos com igual resultado esperado e riscos diferentes, ele escolherá o que apresenta o risco mais elevado.

A escolha dum investidor com aversão pelo risco, em relação a dois investimentos, A e B que têm o mesmo custo inicial e apresentam o mesmo resultado esperado, é ilustrada com o exemplo apresentado no Quadro I. Neste exemplo considera-se que a economia pode vir a apresentar um de três estados: bom, médio e mau, cujas probabilidades são, respectivamente, ¼, ½ e ¼. Os investimentos apresentam resultados (valores finais) diferentes, conforme o estado da economia que se verificar. Os valores da utilidade obtida com cada um desses resultados são também apresentados no mesmo quadro. Nas duas últimas linhas do quadro são apresentados o resultado esperado e a utilidade esperada de cada investimento. O resultado esperado é soma dos resultados possíveis ponderados pelas respectivas probabilidades, tal como está representado na fórmula seguinte:

$$E(R) = \sum_{k=1}^{3} prob(k)R_k \qquad (5)$$

onde E(R) representa o resultado esperado, R_k é um dos três resultados possíveis, e *prob(k)* é a respectiva probabilidade. Complementarmente calculamos a variância do resultado, com a qual representamos o respectivo risco, e cuja expressão matemática é a seguinte:

$$\sigma^2 = \sum_{k=1}^{3} prob_k \left[R_k - E(R) \right]^2 \qquad (6)$$

A utilidade esperada é a soma dos valores da utilidade associados a cada um dos resultados possíveis, ponderados pelas respectivas probabilidades, de forma análoga à do resultado esperado:

$$E(U) = \sum_{k=1}^{3} prob(k)U_k \qquad (7)$$

Quadro I: Exemplo de escolha do investidor com aversão pelo risco entre dois investimentos com o mesmo resultado esperado e riscos diferentes

Estado da Economia	Prob	Investimento A		Investimento B	
		Res.	Util.	Res.	Util.
Mau	¼	8	20	6	10
Médio	½	10	28	10	28
Bom	¼	12	32	14	34
Resultado Esperado		10		10	
Variância do Resultado		2		8	
Utilidade Esperada		27		25	

O investimento A é o de menor risco e o que tem, para este investidor, a maior utilidade esperada. Portanto, é o que ele escolhe. Se ordenarmos os valores da utilidade representados no Quadro I em função do resultado final do investimento, verificamos que o acréscimo de utilidade, por cada unidade de acréscimo no resultado final é sempre positivo, traduzindo o facto de que a utilidade marginal do investidor é sempre positiva. No entanto, esses acréscimos de utilidade vão sendo cada vez menores, o que é característico da utilidade marginal decrescente, tal como está representado graficamente na Figura 9, onde o resultado final do investimento, R, está no eixo horizontal, e a função de utilidade U, está no eixo vertical. Isto significa também que um desvio negativo, relativamente ao resultado esperado, causa uma perda de utilidade superior ao ganho de utilidade que o investidor obteria se ocorresse um desvio com a mesma dimensão, mas positivo.

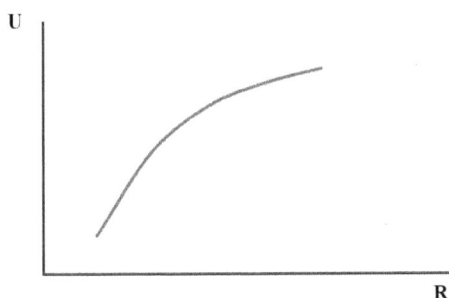

Fig. 9: Função de utilidade do investidor com aversão pelo risco
(utilidade marginal decrescente)

No Quadro II está representado o caso dum investidor que atribui a mesma utilidade esperada aos dois investimentos referidos no exemplo anterior. Se, tal como no exemplo anterior, fizermos a representação gráfica da utilidade em função do resultado, a qual está na Figura 10, verificamos que este investidor tem uma utilidade marginal constante. Tomando mais uma vez o resultado esperado dos dois investimentos como ponto de partida, a representação gráfica da função de utilidade permite-nos verificar que cada unidade de variação do resultado do investimento tem efeitos sobre a função de utilidade deste investidor, com a mesma dimensão em valor absoluto, quer se trate de um aumento ou duma diminuição relativamente ao rendimento esperado.

Quadro II: Exemplo de situação do investidor indiferente face ao risco perante dois investimentos com o mesmo resultado esperado e riscos diferentes

Estado da Economia	Prob	Investimento A		Investimento B	
		Res.	Util.	Res.	Util.
Mau	¼	8	24	6	18
Médio	½	10	30	10	30
Bom	¼	12	36	14	42
Resultado Esperado		10		10	
Variância do Resultado		2		8	
Utilidade Esperada		30		30	

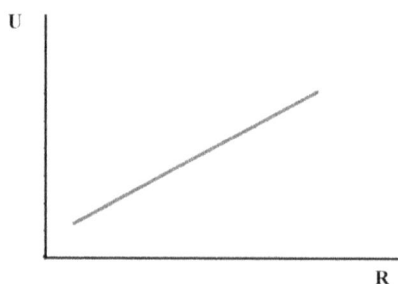

Fig. 10: Função de utilidade do investidor indiferente face risco (utilidade marginal constante)

128

Por último, temos, no Quadro III, um exemplo do investidor com atracção pelo risco, incidindo também sobre os investimentos já considerados nos exemplos anteriores. O investimento B é o que mais satisfaz este investidor, apesar de apresentar o risco mais elevado, e ter o mesmo resultado esperado que o investimento A.

A preferência deste investidor pelo risco é consequência do facto de a sua utilidade marginal ser crescente, tal como está representada graficamente na Figura 11. Assim, ele valoriza mais os possíveis acréscimos relativamente ao resultado esperado do que os possíveis decréscimos relativamente a esse mesmo resultado.

Quadro III: Exemplo de escolha do investidor com atracção pelo risco entre dois investimentos com o mesmo resultado esperado e riscos diferentes

Estado da Economia	Prob	Investimento A		Investimento B	
		Res.	Util.	Res.	Util.
Mau	¼	8	15	6	10
Médio	½	10	24	10	24
Bom	¼	12	36	14	50
Resultado Esperado		10		10	
Variância do Resultado		2		8	
Utilidade Esperada		24,75		27	

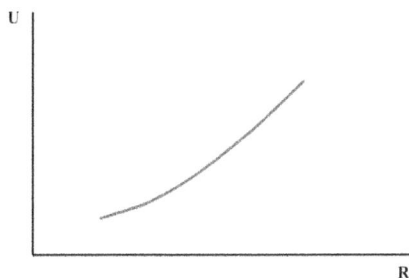

Fig. 11: Função de utilidade do investidor com atracção pelo risco (utilidade marginal crescente)

5.3. O modelo da média-variância e a fronteira dos portefólios eficientes

A importância da variância como medida do risco assenta no facto de que, quanto mais elevada ela for, maior é a probabilidade de o resultado efectivo se afastar do resultado esperado. A sua aplicação ao risco dos activos financeiros iniciou-se com o modelo da *média-variância* de Markowitz (1952)[2], o qual pressupõe que a rentabilidade desses activos segue uma distribuição normal, e que a decisão do investidor é tomada com base no confronte entre os respectivos valor esperado e variância (ou, em alternativa, o desvio-padrão).

A rentabilidade dum activo financeiro que é comprado no momento t, pelo preço P_t e vendido no momento t+1, pelo preço P_{t+1}, e que paga ainda rendimentos nesta data, no montante d_{t+1} (no caso das acções esses rendimentos designam-se, como sabemos, por dividendos) é calculada recorrendo à seguinte expressão:

$$R_t = \frac{P_{t+1} + d_{t+1} - P_t}{P_t} \tag{8}$$

Quando toma a decisão de compra no momento t, o investidor apenas conhece o preço P_t. Para calcular a rentabilidade esperada ele baseia-se num conjunto de valores que considera possíveis para o preço e dividendo a observar em t+1, a cada um dos quais pode associar um valor para a rentabilidade. Designando por *m* o número de valores possíveis para a rentabilidade um dado activo financeiro, cada uma com uma dada probabilidade, a rentabilidade esperada desse activo, E(R), é dada pela seguinte expressão:

$$E(R) = \sum_{k=1}^{m} R_k prob_k \tag{9}$$

e a variância, por sua vez, é:

$$\sigma^2 = \sum_{k=1}^{m} prob_k \left[R_k - E(R) \right]^2 \tag{10}$$

---

[2] Markowitz, H.M. (1952), «Portfolio Selection», *The Journal of Finance*, Março, p. 71-91.

Outros dois conceitos fundamentais que servem como indicadores do grau de proximidade da variação das rentabilidades de dois activos, são a co-variância:

$$\sigma_{ij} = \sum_{k=1}^{m} prob_k \left[\left(R_{i,k} - E\left(R_i\right) \right)\left(R_{j,k} - E\left(R_j\right) \right) \right] \tag{11}$$

e o coeficiente de correlação:

$$\rho_{ij} = \frac{\sigma_{ij}}{\sigma_i \sigma_j} \tag{12}$$

Este último, que toma valores entre -1 e +1, é a relação entre co-variância e o produto dos desvios-padrão dos activos em questão.

Com base no modelo de Markowitz demonstra-se que a diversificação das carteiras de activos permite reduzir o risco, e também que é possível fazer a selecção dos *portefólios eficientes* (carteiras de activos financeiros cujo risco é mínimo, para cada nível de rentabilidade esperada).

A rentabilidade esperada duma carteira é a soma das rentabilidades esperadas dos activos que a compõem, ponderadas pelas respectivas proporções. Assim, a rentabilidade esperada duma carteira composta por 2 activos, cujas proporções no valor da carteira são X_1 e X_2, toma a seguinte representação:

$$E\left(R_P\right) = X_1 E\left(R_1\right) + X_2 E\left(R_2\right) \tag{13}$$

Demonstra-se facilmente que a variância desta carteira corresponde à soma ponderada das suas variâncias e co-variância[3], tomando a seguinte representação:

$$\sigma_P^2 = X_1^2 \sigma_1^2 + X_2^2 \sigma_2^2 + 2X_1 X_2 \sigma_{12} \tag{14}$$

ou, ainda, tendo em conta a relação entre a co-variância, o coeficiente de correlação e os desvios-padrão:

$$\sigma_P^2 = X_1^2 \sigma_1^2 + X_2^2 \sigma_2^2 + 2X_1 X_2 \rho_{12} \sigma_1 \sigma_2 \tag{15}$$

---

[3] Ver Apêndice I.

Tendo em conta que $X_1+X_2=1$, podemos substituir X_2 por $1-X_1$ em (15), donde resulta a seguinte representação alternativa para a variância da carteira:

$$\sigma_P^2 = X_1^2\sigma_1^2 + \left(1-X_1\right)^2\sigma_2^2 + 2X_1\left(1-X_1\right)\rho_{12}\sigma_1\sigma_2 \tag{16}$$

Sendo a minimização do risco da carteira um dos objectivos do investidor, é possível determinar a combinação das proporções entre os dois activos que permite minimizar esta variância, derivando a equação (16) em ordem a X_1, e igualando esta derivada a zero:

$$\frac{\partial\sigma_P^2}{\partial X_1} = 2X_1\sigma_1^2 - 2\left(1-X_1\right)\sigma_2^2 + 2\rho_{12}\sigma_1\sigma_2 - 4X_1\rho_{12}\sigma_1\sigma_2 = 0$$

$$\Rightarrow X_1\sigma_1^2 - \left(1-X_1\right)\sigma_2^2 + \rho_{12}\sigma_1\sigma_2 - 2X_1\rho_{12}\sigma_1\sigma_2 = 0$$

$$\Rightarrow X_1\left(\sigma_1^2 + \sigma_2^2\right) - \sigma_2^2 - 2X_1\rho_{12}\sigma_1\sigma_2 = -\rho_{12}\sigma_1\sigma_2 \tag{17}$$

$$\Rightarrow X_1\left(\sigma_1^2 + \sigma_2^2 - 2X_1\rho_{12}\sigma_1\sigma_2\right) = \sigma_2^2 - \rho_{12}\sigma_1\sigma_2$$

donde resulta:

$$X_1 = \frac{\sigma_2\left(\sigma_2 - \rho_{12}\sigma_1\right)}{\left(\sigma_1^2 + \sigma_2^2 - 2\rho_{12}\sigma_1\sigma_2\right)} \tag{18}$$

O grau de minimização do risco depende do valor do coeficiente de correlação. Se este for igual a 1, a relação entre a rentabilidade esperada e o risco da carteira é linear, tal como está representada pelo segmento de recta, assinalado com $\rho=1$, na Figura 12. Neste caso, o risco mínimo é obtido comprando apenas o activo cuja variância é menor. No caso em que o coeficiente de correlação é igual -1, a relação entre a rentabilidade esperada e o risco da carteira está representada, na mesma figura, pelos dois segmentos de recta assinalados com $\rho=-1$, e a variância da carteira anula-se quando:

$$X_1 = \frac{\sigma_2}{\left(\sigma_1 + \sigma_2\right)} \tag{19}$$

Para valores do coeficiente de correlação situados entre -1 e $+1$ é possível encontrar uma combinação dos dois activos que permite minimizar o risco sem, contudo, anular a variância da carteira. Esse ponto de risco mínimo corresponde ao ponto mais à esquerda da curva convexa representada na Figura 12.

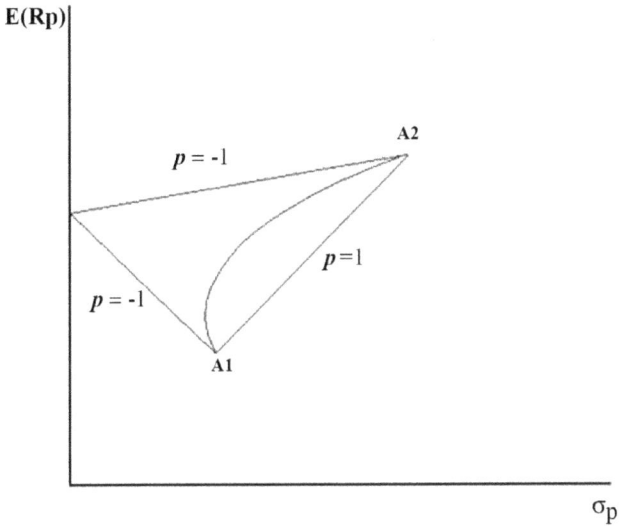

Fig. 12: Combinações entre rentabilidade esperada e risco dum portefólio composto por dois activos

Quando um portefólio é composto por mais do que dois activos com risco, existem várias combinações possíveis das respectivas proporções que satisfazem o mesmo valor para a rentabilidade esperada. As combinações possíveis entre rentabilidade esperada e risco situam-se numa região do plano, delimitada à esquerda por uma curva convexa, como a que passa pelos pontos *a* e *b*, na Figura 13. A convexidade dessa curva resulta de os coeficientes de correlação se situarem entre –1 e +1. O ponto *a*, o mais à esquerda dessa curva, representa o portefólio de menor risco. Todos os pontos sobre a curva, situados acima do ponto *a*, representam os portefólios cujo risco é o mais reduzido, para cada valor da rentabilidade esperada. Podemos, alternativamente, definir todos os pontos da curva, acima do ponto *a*, como representativos dos portefólios cuja rentabilidade esperada é a mais elevada, para cada valor do risco. Por essa razão, a parte ascendente desta curva é a *fronteira de eficiência*[4] do mercado de capitais, e os portefólios situados sobre ela designam-se por *portefólios eficientes*. O conjunto dos portefólios *não eficientes* situa-se à direita, e para baixo, da fronteira de eficiência (zona a sombreado, na Figura 13). Para qualquer portefólio situado nessa zona, existe outro, situado sobre a fronteira de eficiência, que apresenta a mesma rentabilidade esperada, e um risco menor. A selecção dos portefólios eficientes consiste, assim, na determinação do portefólio cujo risco é mínimo, para cada valor da rentabilidade esperada.

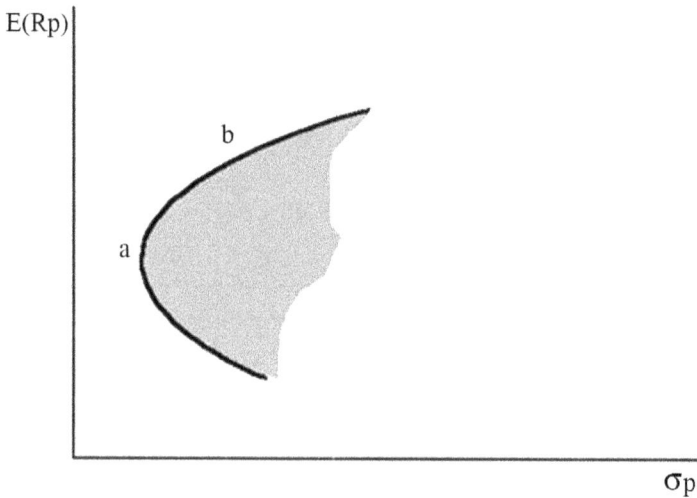

Fig. 13: A fronteira de eficiência

O portefólio eficiente escolhido por um investidor depende da sua função de utilidade individual. Um investidor com aversão pelo risco requer acréscimos da rentabilidade, sempre que o risco aumente, para manter o mesmo grau de satisfação. Esta situação está representada pelas curvas de indiferença ascendentes U_0, U_1 e U_2 da Figura 14, ao longo de cada uma das quais a rentabilidade esperada e o risco variam no mesmo sentido. Para

---

[4] Ver a dedução matemática da fronteira de eficiência no Apêndice II.

cada nível de risco, o grau de utilidade do investidor é tanto mais elevado quanto mais elevada for a rentabilidade esperada. Assim, naquela representação gráfica, quanto mais para cima se situar uma curva de indiferença, mais elevado é o nível de satisfação que ela representa. Dado que o investidor não pode alcançar uma combinação entre rentabilidade esperada e risco acima da fronteira de eficiência, ele maximiza a sua utilidade, escolhendo o portefólio situado no ponto de tangência de uma das suas curvas de indiferença com essa fronteira.

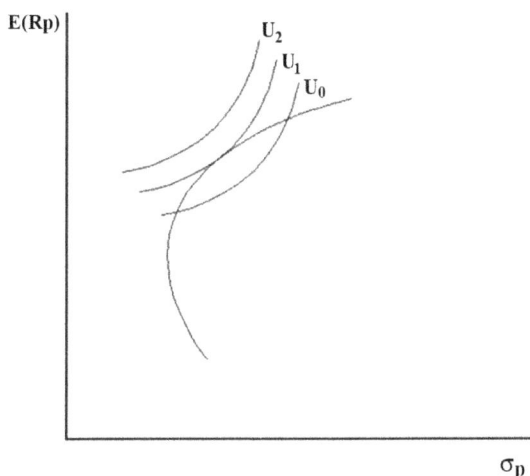

Fig. 14: Fronteira de eficiência e curvas de indiferença do investidor
com aversão pelo risco

Quando existe um activo sem risco, os investidores têm a possibilidade de alcançar cada nível de rentabilidade esperada, correndo um risco ainda menor do que o que decorre da análise precedente. Esse objectivo é atingido através da combinação do activo sem risco com um portefólio de activos com risco.

O risco dos activos financeiros tem duas componentes: uma é relativa à qualidade do devedor, e a outra está associada às condições do mercado. A primeira dessas componentes implica que o activo sem risco seja necessariamente um título da dívida pública. A exigência de que o preço futuro do título seja um valor certo, para que não haja risco de mercado, implica que, apenas os títulos da dívida pública cujo vencimento ocorra a muito curto prazo, possam ser tidos em conta quando definimos o activo sem risco.

Pela observação da Figura 15 vemos que as melhores combinações entre rentabilidade esperada e risco se situam sobre a recta que é tangente à fronteira de eficiência no ponto M, e que intercepta o eixo das rentabilidades no ponto correspondente à taxa de juro sem risco, R_F. Todos os portefólios situados sobre essa tangente são combinações do activo sem risco com o portefólio M, cuja taxa de rentabilidade esperada e risco são, respectivamente, $E(R_M)$ e σ_M. Isto significa que todos os investidores com aversão pelo risco devem escolher combinações entre o activo sem risco e o portefólio M que, por essa razão, é designado por *portefólio de mercado*. Esta situação corresponderia à existência, no mercado financeiro, de dois fundos de investimento, um aplicado no activo sem risco e o outro no portefólio M. Dado que, de acordo com este modelo, os portefólios individuais de todos os investidores se deveriam situar sobre a recta que une aqueles dois fundos, ela toma a designação de *recta do mercado de capitais*.

O portefólio individual de cada investidor, isto é, a combinação por ele escolhida entre o activo sem risco e o portefólio M, tendo em conta o pressuposto da maximização da utilidade esperada, situa-se no ponto de tangência de uma das suas curva de indiferença com a *recta do mercado de capitais*. Designando respectivamente, por X_M, a percentagem do portefólio de mercado, e por $X_F = 1-X_M$, a percentagem do activo sem risco, na carteira dum investidor individual, a taxa de rentabilidade esperada dessa carteira é:

$$E\left(R_p\right) = X_M E\left(R_M\right) + \left(1 - X_M\right) R_F \qquad (20)$$

e o risco é:

$$\sigma_P = X_M \sigma_M \qquad (21)$$

o que permite, substituindo X_M por σ_P/σ_M na primeira destas duas equações, obter a seguinte equação para a recta R_FM:

$$E\left(R_P\right) = R_F + \sigma_P \frac{E\left(R_M\right) - R_F}{\sigma_M} \tag{22}$$

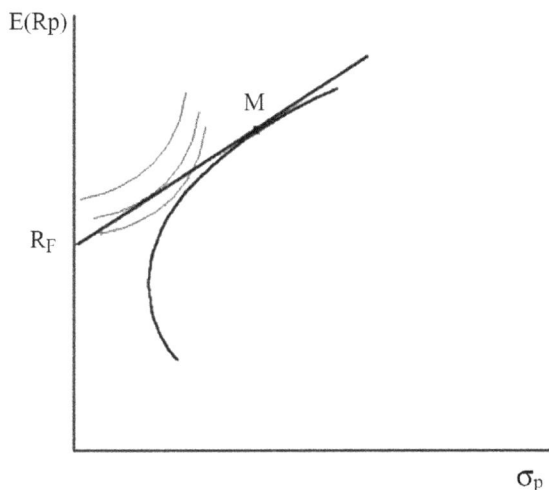

Fig. 15: Fronteira de eficiência e recta do mercado de capitais

A equação (22) mostra que cada portefólio situado sobre a recta do mercado de capitais apresenta um prémio proporcional ao respectivo risco, sendo o factor de proporcionalidade a inclinação dessa recta (a qual é igual ao excesso da rentabilidade do portefólio de mercado sobre a taxa de juro sem risco, dividido pelo desvio-padrão do portefólio de mercado)[5].

5.4. O modelo de equilíbrio de avaliação dos activos de capital[6]

O modelo de equilíbrio de avaliação dos activos de capital traduz uma relação entre a rentabilidade esperada e o risco válida para todos

---

[5] Ver a dedução matemática da composição do portefólio de mercado no Apêndice III.

[6] Entende-se por activo de capital as acções ou outros activos, cujo rendimento periódico esteja dependente dos lucros da empresa.

os activos de capital. De acordo com essa relação de equilíbrio[7], o excesso da rentabilidade esperada de cada activo relativamente ao activo sem risco, é um prémio de risco proporcional ao coeficiente de sensibilidade do activo às variações do portefólio de mercado, tal como representada pela seguinte igualdade[8]:

$$E\left(R_i\right) = R_F + \beta_i\left(E\left(R_M\right) - R_F\right) \qquad (23)$$

onde

$$\beta_i = \frac{\sigma_{iM}}{\sigma_M^2}$$

é o coeficiente de sensibilidade do activo i às variações do portefólio de mercado, e o excesso da rentabilidade esperada do portefólio de mercado relativamente à taxa de rentabilidade do activo sem risco é o preço de mercado do risco.

Um dos métodos utilizados para estimar empiricamente este modelo consiste na regressão linear de uma variável constituída pela série das diferenças entre a rentabilidade do activo com risco e a taxa de juro sem risco, sobre a variável explicativa constituída pela série das diferenças entre a rentabilidade de um índice de mercado e a taxa de juro sem risco. Esta regressão está representada na equação seguinte, onde $\varepsilon_{i,t}$ representa o termo de erro:

$$R_{i,t} - R_{F,t} = \alpha_i + \beta_i\left(R_{M,t} - R_{F,t}\right) + \varepsilon_{i,t} \qquad (24)$$

Através desta regressão estima-se o coeficiente beta do activo e, simultaneamente, testa-se a validade do modelo de equilíbrio. Essa validade é

---

[7] A teoria sobre este modelo de equilíbrio foi desenvolvida, primeiramente, pelos seguintes autores:

SHARPE, W. (1964), «Capital Asset Prices: A Theory of Market Equilibrium under Conditions of Risk», *The Journal of Finance*, Vol. XIX, n° 3 (September) pp. 425-42.

LINTNER, J. (1965), «The Valuation of Risky Assets and the Selection of Risky Investments in Stock Portfolios and Capital Budgets», *Review of Economics and Statistics*, Fev., p. 13-37.

MOSSIN, J. (1966), «Equilibrium in a Capital Asset Market», *Econometrica*, Outubro, p. 768-783.

[8] Ver a dedução desta equação de equilíbrio no Apêndice IV.

confirmada no caso de o coeficiente α_i não ser significativamente diferente de zero. Outra metodologia utilizada para testar este modelo é composta por duas etapas. A primeira consiste em estimar os coeficientes beta de um conjunto de activos, através de regressões lineares das respectivas rentabilidades sobre a rentabilidade do portefólio de mercado, tal como é representado na equação seguinte[9]:

$$R_{i,t} = \alpha_i + \beta_i R_{M,t} + \varepsilon_{i,t} \qquad (25)$$

A segunda etapa consiste em efectuar uma regressão linear da variável constituída pelas médias da rentabilidade desse conjunto de activos, sobre a variável constituída pelos respectivos coeficientes beta, tal como está representado na equação seguinte, onde ε_i é o termo de erro relativo ao activo i:

$$E\left(R_i\right) = a + b\beta_i + \varepsilon_i \qquad (26)$$

O estimador do parâmetro *a*, obtido através da regressão representada na equação (26), deve ser próximo da taxa de juro sem risco, e o estimador do parâmetro *b* deve ser igual ou bastante próximo da diferença entre a rentabilidade esperada do índice de mercado e a taxa de juro sem risco, para que se possa aceitar que o modelo é confirmado pelos dados empíricos.

5.5. A eficiência dos mercados financeiros

A eficiência dos mercados financeiros pode ser encarada sob dois pontos de vista fundamentais. O primeiro, designa-se por *eficiência operacional*, e diz respeito aos custos suportados com a realização das transacções, os quais são tanto mais reduzidos quanto melhor for a organização do mercado e mais acentuado o recurso à inovação tecnológica para o seu funcionamento.

---

[9] A partir da estimação dos coeficientes beta é possível fazer a decomposição do risco total dum activo em risco sistemático e risco específico. Ver a demonstração dessa decomposição no Apêndice V.

O outro ponto de vista trata da *eficiência informacional*, a qual corresponde à rapidez com que a informação que chega ao mercado se reflecte nos preços dos títulos. É este o aspecto mais importante da eficiência dos mercados financeiros, e é sobre ele que nos debruçaremos nesta secção.

5.5.1. As fontes e os tipos de informação financeira

A informação que um investidor considera relevante para decidir sobre a compra de um determinado activo, ou de uma carteira de activos financeiros é aquela que, do seu ponto de vista, lhe permite ter a ideia mais adequada possível sobre a rentabilidade esperada e o risco do activo, ou da carteira que pretende adquirir. De acordo com o que foi estudado nas secções anteriores deste capítulo, um tipo de informação que o investidor deverá utilizar é a dos preços e dos rendimentos distribuídos no passado, por cada activo financeiro, para neles basear o cálculo dos valores da rentabilidade esperada e do risco. Este tipo de informação, só por si, não dá, no entanto, garantias seguras quanto à fiabilidade dos valores estimados para a rentabilidade esperada e para o risco de um activo financeiro. Pode acontecer que a rentabilidade média e o desvio-padrão da amostra de observações utilizada se tenham afastado dos verdadeiros valores da rentabilidade esperada e do risco do activo financeiro, porque ocorreram alterações relativas à qualidade do devedor, à situação do mercado financeiro, ou de outra natureza.

Como exemplo da primeira das destas duas causas de falta de representatividade dos dados recolhidos no mercado financeiro, tomemos o caso de uma empresa que distribuiu regularmente dividendos aos seus accionistas, ao longo de vários anos, e cujas acções apresentavam cotações na bolsa com oscilações pouco significativas. A variância da rentabilidade das acções da empresa apresenta, nestas circunstâncias, um valor diminuto, o que poderá induzir os investidores a considerar que estes títulos apresentam um risco reduzido. Suponhamos, no entanto, que, subitamente, o volume de vendas da empresa diminui de forma abrupta, em resultado de uma crise no sector a que pertence. Este facto irá provocar uma diminuição dos lucros da empresa e dos dividendos pagos aos accionistas, bem como a descida das cotações na bolsa das suas acções. Um investidor que compre acções desta empresa baseado na rentabilidade esperada e no risco calculados a partir de dados observados na bolsa em períodos anteriores, atribui a esses títulos uma relação entre rentabilidade esperada e risco mais favorável do que a real. Outro tipo de informação que, conjuntamente com os dados relativos ao volume de negócios, é relevante para a tomada de decisão do investidor, diz respeito à situação financeira da empresa. Consideremos o caso de uma empresa cuja administração decidiu realizar um investimento recorrendo de forma excessiva ao crédito bancário, o que poderá comprometer a manutenção, no futuro, do nível dos dividendos pagos nos anos passados. Um investidor que compre as acções desta empresa desconhecendo esta informação, estará a subestimar o risco.

Um exemplo da influência das modificações das condições gerais do mercado sobre o risco dos títulos, é o caso de uma descida súbita das transacções em bolsa, que afecta as cotações da generalidade dos títulos e põe em causa a avaliação das probabilidades de ganho que os investidores inicialmente haviam esperado.

As situações que acabámos de analisar permitem ver que os investidores têm interesse em utilizar, nas suas decisões de investimento, vários tipos de informação, provenientes de diversas fontes. Assim temos, em primeiro lugar, a informação proveniente do próprio mercado financeiro, constituída pela divulgação pública das cotações dos títulos. Em segundo lugar, a informação sobre a situação económica e financeira das empresas, proveniente dos balanços, contas de exploração e relatórios de gestão da empresa, que pode ser complementada com a respectiva apreciação por empresas especializadas na avaliação do risco. Faz também parte da informação proveniente da empresa que emite os títulos, a que diz respeito aos anúncios de distribuição de dividendos, às intenções de investimento da empresa, e outras, como os aumentos de capital ou a emissão de obrigações. O conhecimento da situação do sector a que a empresa pertence constitui outro tipo de informação determinante para que o investidor possa avaliar da rentabilidade das suas acções. Também o conhecimento de previsões sobre a evolução da economia nacional e da economia mundial é importante para o investidor, dado que os factores de ordem macroeconómica condicionam fortemente a rentabilidade das empresas. Entre as principais fontes, onde podem ser obtidos os diversos tipos de informação sobre a empresa, o mercado financeiro e a situação da economia, destacam-se as seguintes:

- os relatórios da própria empresa e das associações da empresas do sector;
- dados sobre o sector a que empresa pertence;
- dados estatísticos elaborados pelas bolsas de valores, referentes aos títulos do conjunto das empresas cotadas;
- a informação publicada pelas bolsas de valores, com destaque para a que se encontra sintetizada através dos índices de cotações, e para os relatórios das bolsas;
- a análise da evolução dos índices de mercados financeiros estrangeiros e a outros elementos que permitam fazer previsões sobre a evolução futura desses mercados;
- as estatísticas económicas e relatórios elaborados pelos bancos centrais e entidades de supervisão, instituições financeiras internacionais e outras, com o objectivo de fazer previsões sobre a evolução da situação económica nacional e internacional.

5.5.2. Os conceitos de eficiência fraca, semi-forte e forte de Fama

Na perspectiva informacional diz-se que um mercado é eficiente quando os preços dos activos financeiros reflectem **totalmente** a informação disponível em cada momento. De acordo com a análise de Fama[10], devem ter-se em conta três concepções de eficiência informacional: *fraca, semi-forte e forte*, as quais estão relacionadas, respectivamente, com os seguintes níveis de informação nos mercados:

- a informação contida nos preços dos activos financeiros;

---

[10] Fama, E. (1970), «Efficient Capital Markets: a Review of Theory and Empirical Work», *Journal of Finance*, Março, p. 383-41.

• a outra informação disponível publicamente;

• a informação privada (ou privilegiada).

É a partir da medida em que cada um daqueles níveis de informação é utilizado, que se define o grau de eficiência do mercado financeiro.

O estudo da eficiência de um mercado financeiro deve começar pela análise da utilização, por parte dos investidores, da informação contida nos preços. Dizemos que um mercado utiliza de forma eficiente a informação contida nos preços ou, de outra forma, que apresenta *eficiência fraca*, quando não é possível obter ganhos anormais, de forma sistemática, utilizando o histórico dos preços dos activos em períodos passados para fazer previsões acerca dos preços futuros.

Suponhamos que, através da análise do comportamento das cotações ao longo do tempo, se verifica que as cotações manifestam uma tendência para subir, em cada ano, de Janeiro a Setembro, e que apresentam uma ligeira queda no mês de Outubro. Um analista financeiro, ou outro investidor, que constate a ocorrência frequente desta situação, apercebe-se de que tem uma probabilidade bastante elevada de obter ganhos comprando acções antes do mês de Setembro, e vendendo-as antes do fim do mês de Outubro. Este exemplo traduz uma prática muito frequente entre analistas financeiros, que consiste em estudar a tendência de evolução das cotações, para, a partir daí, tomar decisões quanto à compra ou venda dos títulos. Este procedimento procura tirar partido da correlação entre as variações das cotações ocorridas em períodos diferentes. Nesta situação, os investidores não estão, como lhes seria mais conveniente, a tomar as suas decisões com base nas variáveis que devem determinar o preço, e a partir delas fazer a avaliação do activo. A decisão de comprar activos financeiros, só porque os seus preços estiveram a subir num período recente, esquece que essa subida pode ser excessiva relativamente a uma correcta avaliação do activo, assente no conhecimento da situação económica e financeira da entidade que emitiu o título, e na sua capacidade para pagar rendimentos nos períodos futuros. Uma das consequências deste tipo de comportamentos é a formação de *bolhas especulativas*, que consistem em subidas muito acentuadas dos preços dos activos financeiros, os quais ficam muito acima do seu valor fundamental. A falta de sustentabilidade dos preços de mercado durante as bolhas especulativas, faz com que, em determinado momento estas «rebentem», o que se traduz na queda abrupta dos preços dos activos financeiros. Assim, para que exista eficiência na utilização da informação contida nos preços, a variação esperada no preço, em cada momento, deve ser independente dos preços observados anteriormente.

Os dois métodos utilizados mais frequentemente para verificar se, num determinado mercado financeiro se verifica, ou não, a eficiência fraca, são o teste de correlação e o teste de «run». O teste de correlação consiste em estimar a dependência do preço corrente relativamente aos preços de períodos anteriores, tal como está representado na equação seguinte:

$$P_{i,t} = a + b_1 P_{i,t-1} + b_2 P_{i,t-2} + ... + b_n P_{i,t-n} + \varepsilon_{i,t} \qquad (27)$$

onde os estimadores de b_1, b_2, ...,b_n, traduzem os coeficientes de correlação do preço corrente do activo com os preços em períodos anteriores, e onde ε_{it} é o termo de erro, cuja média é nula. Se aqueles coeficientes não forem, regra geral, diferentes de zero, isso significa que a utilização, pelo mercado, da informação contida em cada variação dos preços, se propaga ao longo dos n períodos seguintes, o que traduz uma situação de ineficiência.

Os testes de «run» consistem em analisar o número de sequências do mesmo sinal (positivo ou negativo) nas variações dos preços dos activos financeiros, comparativamente com o número de mudanças de sinal. Se o número de sequências do mesmo sinal for elevado, significa que existe uma forte interdependência temporal nos preços, ou seja, o mercado não é eficiente. Se, pelo contrário, o número de mudanças de sinal das variações dos preços, ao longo do tempo, for muito elevado, isso significa que existe uma maior independência de cada preço relativamente aos anteriores, pelo que o mercado é mais eficiente.

A eficiência *semi-forte* está relacionada com a utilização pelo mercado, de outra informação publicamente disponível, para além dos preços. Esta informação engloba os anúncios públicos relativos à distribuição de dividendos e a aumentos de capital, à realização de investimentos, e outra informação pública sobre a empresa, que seja susceptível de influenciar as cotações. Os testes sobre a eficiência semi-forte consistem em estudar o comportamento das cotações após o anúncio público de distribuições de dividendos, de aumentos de capital, ou de outro tipo de informação relevante para os investidores. A hipótese de eficiência semi-forte confirma-se quando o efeito sobre os preços se esgota imediatamente após esse anúncio. Quando, pelo contrário se verifica que a variação das cotações, causada pelo anúncio, se prolonga durante algum tempo, estamos em presença de uma situação reveladora de ineficiência.

Tomemos como exemplo o anúncio público relativo à distribuição de dividendos. O mercado apresenta eficiência semi-forte se a subida de preços decorrente desse anúncio ocorrer de imediato. Quando, pelo contrário, essa subida se prolonga por um determinado período, maior ou menor, este tipo eficiência não se verifica, dado que o mercado não utilizou totalmente aquela informação no momento em que foi divulgada.

Diz-se que existe *eficiência forte* quando a informação privada, como a informação técnica utilizada pelas instituições financeiras ou outros investidores importantes, e a informação interna sobre as empresas, a que têm acesso os administradores e os grandes accionistas[11], não lhes permite obter, por regra, ganhos superiores aos dos restantes intervenientes no mercado. A hipótese da eficiência forte pressupõe, naturalmente, que as decisões de investimento daqueles tipos de investidores, revelam ao mercado essa informação de natureza técnica e (ou) privada, da qual todos os outros investidores passam a poder beneficiar.

Os testes normalmente utilizados para avaliar a eficiência forte consistem em verificar se os investidores mais importantes do mercado, como os fundos de investimento, ou aqueles que dispõem de informação interna sobre as empresas, obtêm, com frequência, rentabilidades superiores às que são normais no mercado. Se esses investidores obtiverem, regra geral, ganhos superiores à média do mercado, a hipótese de eficiência forte é rejeitada.

---

[11] Na maioria dos sistemas financeiros a regulamentação do funcionamento dos mercados financeiros proíbe o «inside trading» (possibilidade que alguns investidores têm de tirar partido da informação interna das empresas).

APÊNDICE I

O CÁLCULO DA VARIÂNCIA DUM PORTEFÓLIO

Na apresentação do modelo da média-variância designamos por m o número de rentabilidades possíveis de um dado activo financeiro, i, cada uma com uma dada probabilidade, e demos à rentabilidade esperada desse activo e à variância, as seguintes representações, respectivamente:

$$E(R_i) = \sum_{t=1}^{m} R_{i,t}\, prob_t \qquad (A1.1)$$

e

$$\sigma_i^2 = \sum_{t=1}^{m} prob_t \left[R_{i,t} - E\left(R_i\right) \right]^2 \qquad (A1.2)$$

Dado que não é fácil, na prática, identificar as probabilidades dos resultados possíveis, recorre-se, normalmente, a dados históricos para calcular a rentabilidade esperada e a variância. Assim, no momento em que pretendemos calcular a rentabilidade esperada e a variância do activo, podemos recorrer a m observações passadas da rentabilidade desse activo e tomar a média dessa amostra como representativa da rentabilidade esperada, a qual será, neste caso, representada pela seguinte expressão:

$$E\left(R_i\right) = \sum_{t=1}^{m} \frac{1}{m} R_{i,t} \qquad (A1.3)$$

e

$$\sigma_i^2 = \sum_{t=1}^{m} \frac{1}{m} \left(R_{i,t} - E\left(R_i\right)\right)^2 \qquad (A1.4)$$

Quando pretendemos calcular a variância de um portefólio temos de ter em conta não apenas as variâncias dos activos que o compõem, mas também as co-variâncias entre esses activos, tomados dois a dois. A co-variância entre as rentabilidades de dois activos, que designaremos por Activo 1 e Activo 2, é uma medida estatística da variação conjuntadas rentabilidades dos dois activos. Esta medida estatística, que representamos por $\sigma_{1,2}$, quando calculada a partir das rentabilidades observadas para esses activos durante m períodos, é dada pela seguinte expressão:

$$\sigma_{1,2} = \sum_{t=1}^{m} \frac{1}{m} \left(R_{1,t} - E\left(R_1\right)\right)\left(R_{2,t} - E\left(R_2\right)\right) \qquad (A1.5)$$

A expressão da variância de um portefólio, P, por sua vez, é idêntica à de qualquer activo financeiro individual:

$$\sigma_P^2 = \sum_{t=1}^{m} \frac{1}{m} \left(R_{P,t} - E\left(R_P\right) \right)^2 \tag{A1.6}$$

Se esse portefólio for composto pelos activos 1 e 2, a sua rentabilidade é, em cada período, igual à soma das rentabilidades observadas dos activos que o compõem, ponderadas pelas respectivas proporções na composição do portefólio, isto é:

$$R_{P,t} = X_1 R_{1,t} + X_2 R_{2,t} \tag{A1.7}$$

De forma idêntica, o rendimento médio (ou esperado) do portefólio é soma ponderada dos rendimentos médios dos dois activos:

$$E\left(R_P\right) = X_1 E\left(R_1\right) + X_2 E\left(R_1\right) \tag{A1.8}$$

Se efectuarmos, na equação (A1.6), a substituição do rendimento corrente e do rendimento médio (ou esperado) do portefólio, pelas expressões dadas, respectivamente, pelas equações (A1.7)) e (A1.8), obtemos a seguinte representação para a variância:

$$\sigma_P^2 = \sum_{t=1}^{m} \frac{1}{m} \left[\left(X_1 R_{1,t} + X_2 R_{2,t} \right) - \left(X_1 E\left(R_1\right) + X_2 E\left(R_2\right) \right) \right]^2 =$$
$$\sum_{t=1}^{m} \frac{1}{m} \left[\left(X_1 R_{1,t} - X_1 E\left(R_1\right) \right) - \left(X_2 R_{2,t} - X_2 E\left(R_2\right) \right) \right]^2 \tag{A1.9}$$

Desenvolvendo os quadrados de diferenças representados em cada termo da equação (A1.9), e tendo em conta as definições de variância e de co-variância, concluímos que a variância do portefólio toma a seguinte representação:

$$\sigma_P^2 = X_1^2 \sigma_1^2 + 2 X_1 X_2 \sigma_{12} + X_2^2 \sigma_2^2 \tag{A1.10}$$

Generalizando para qualquer número, N, de activos que constituam um portefólio, obtemos a seguinte expressão para a variância:

$$\sigma_P^2 = \sum_{i=1}^{N} X_i^2 \sigma_i^2 + \sum_{i=1}^{N} \sum_{\substack{j=1 \\ j \neq i}}^{N} X_i X_j \sigma_{ij} \qquad (A1.11)$$

onde o primeiro somatório é a soma das variâncias ponderadas pelo quadrado das proporções dos activos a que respeitam, no valor do portefólio, e o segundo (somatório duplo) é a soma das co-variâncias ponderadas pelo produto das proporções dos respectivos activos.

APÊNDICE II

A determinação da fronteira de eficiência

A selecção dos portefólios eficientes tem por objectivo determinar a composição dos portefólios cujo risco é mínimo, para cada valor da rentabilidade esperada[12].

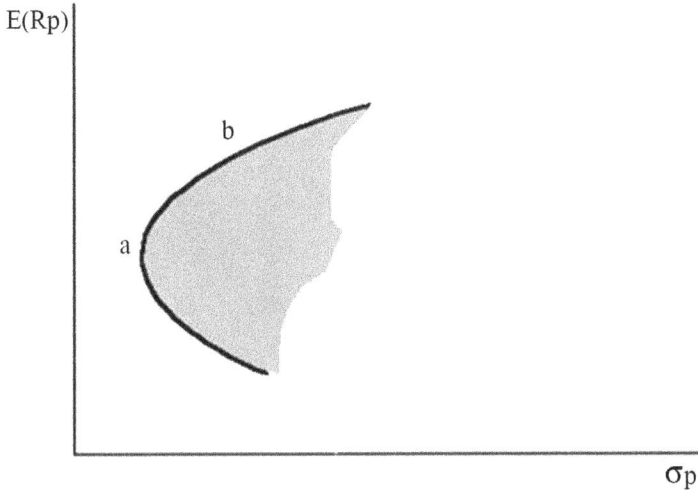

Para encontrarmos o portefólio eficiente, correspondente a um dado valor da rentabilidade esperada, $E(R_P)=K$, tendo em conta que existem N activos no mercado financeiro, definimos a seguinte função de Lagrange a minimizar:

$$L = \sigma_P^2 + \lambda_1 \left(\sum_{i=1}^{N} X_i E\left(R_i \right) - K \right) + \lambda_2 \left(\sum_{i=1}^{N} X_i - 1 \right) \qquad (A2.1)$$

onde

$$\sigma_P^2 = \sum_{i=1}^{N} X_i^2 \sigma_i^2 + \sum_{i=1}^{N} \sum_{\substack{j=1 \\ j \neq i}}^{N} X_i X_j \sigma_{ij}$$

O multiplicador λ_1 tem por objectivo assegurar que as proporções calculadas para os diferentes activos respeitam a condição de o portefólio encontrado ter uma rentabilidade esperada igual a K. O multiplicador λ_2, por sua vez, tem o objectivo de assegurar que a soma das proporções de

---

[12] Um procedimento alternativo a este consiste em maximizar a racio $E(R_P)/\sigma_P$.

todos os activos no portefólio é igual a 1. Para minimizar a função L, igualamos a zero as suas derivadas parciais de primeira ordem relativas a X_1, X_2,..., X_i,...,X_N, λ_1 e λ_2, a partir das quais formamos o seguinte sistema de equações:

$$\frac{\partial L}{\partial X_1} = 2X_1\sigma_1^2 + ... + 2X_i\sigma_{1i} + ... + 2X_N\sigma_{1N} + \lambda_1 E\left(R_1\right) + \lambda_2 = 0$$

....

$$\frac{\partial L}{\partial X_i} = 2X_1\sigma_{1i} + ... + 2X_i\sigma_i^2 + ... + 2X_N\sigma_{iN} + \lambda_1 E\left(R_i\right) + \lambda_2 = 0$$

...

$$\frac{\partial L}{\partial X_N} = 2X_1\sigma_{1N} + ... + 2X_i\sigma_{iN} + ... + 2X_N\sigma_N^2 + \lambda_1 E\left(R_N\right) + \lambda_2 = 0$$

$$\frac{\partial L}{\partial \lambda_1} = X_1 E\left(R_1\right) + ... + X_i E\left(R_i\right) + ... + X_N E\left(R_N\right) = K$$

$$\frac{\partial L}{\partial \lambda_2} = X_1 + ... + X_i + ... + X_N = 1$$

(A2.2)

A resolução deste sistema de equações permite calcular as proporções X_1, ..., X_i,...,X_N, que minimizam a variância do portefólio para uma rentabilidade esperada igual a K. Se algumas das soluções deste sistema de equações apresentarem valores negativos isso significa que os activos a que dizem respeito devem participar no portefólio como origens, e não como aplicações, de fundos. Isso é conseguido mediante a venda a descoberto desses activos ("short-selling"), a qual consiste em receber, no momento t, o preço desses activos, e em entregá-los ao comprador no momento t+1, conjuntamente com os rendimentos por eles pagos, durante esse período. As vendas a descoberto são habitualmente objecto de regulamentação que vai da interdição à imposição de restrições quando à aplicação dos fundos daí provenientes. Quando existe qualquer regulamentação sobre este tipo de operações, a determinação dos portefólios eficientes tem de fazer-se com recurso a um método de programação quadrática, conhecido como método de Khun-Tucker, que permite a introdução de restrições quanto às proporções dos activos no portefólio.

Se conhecermos dois portefólios eficientes, a e b, com rentabilidades esperadas K_a e K_b, respectivamente, podemos obter os restantes portefólios eficientes a partir de combinações lineares destes dois. Consideremos outro portefólio c, em que o vector das proporções dos activos que o compõem, é uma combinação linear dos vectores correspondentes referentes aos portefólios a e b:

$$\begin{bmatrix} X_1^c \\ \dots \\ X_i^c \\ \dots \\ X_N^c \end{bmatrix} = \alpha \begin{bmatrix} X_1^a \\ \dots \\ X_i^a \\ \dots \\ X_N^a \end{bmatrix} + \left(1 - \alpha\right) \begin{bmatrix} X_1^b \\ \dots \\ X_i^b \\ \dots \\ X_N^b \end{bmatrix} \tag{A2.3}$$

As proporções dos activos no portefólio c satisfazem igualmente o sistema de equações (A2.2), para uma rentabilidade esperada $K_c = \alpha K_a + (1-\alpha)K_b$, pelo que este é, também, um portefólio eficiente.

APÊNDICE III

A determinação da composição do portefólio de mercado

A determinação da composição do portefólio de mercado pode fazer-se tendo em conta a existência do activo sem risco. Um investidor que procure o portefólio situado sobre um ponto da recta R_FM, correspondente a uma dada rentabilidade esperada K, adopta o procedimento que consiste em minimizar a seguinte função de Lagrange:

$$L = \sigma_P^2 + \lambda \left[K - \sum_{i=1}^{N} X_i E(R_i) - \left(1 - \sum_{i=1}^{N} X_i \right) R_F \right] \qquad (A3.1)$$

onde $\sigma_P^2 = \sum_{i=1}^{N} X_i^2 \sigma_i^2 + \sum_{i=1}^{N} \sum_{\substack{j=1 \\ j \neq i}}^{N} X_i X_j \sigma_{ij}$ é a variância da carteira do investidor.

O multiplicador de Lagrange λ tem por objectivo assegurar, por um lado, que o portefólio encontrado tem uma rentabilidade esperada igual a K, e por outro, que a soma das proporções dos activos com risco com a proporção do activo sem risco é igual a 1. Para minimizar a função L, igualam-se a zero derivadas parciais de primeira ordem relativas a X_1, ..., X_i,...,X_N, , formando o seguinte sistema de equações:

$$\frac{\partial L}{\partial X_1} = 2X_1 \sigma_1^2 + ... + 2X_i \sigma_{1i} + ... + 2X_N \sigma_{1N} - \lambda \left(E(R_1) - R_F \right) = 0$$

....

$$\frac{\partial L}{\partial X_i} = 2X_1 \sigma_{1i} + ... + 2X_i \sigma_i^2 + ... + 2X_N \sigma_{iN} - \lambda \left(E(R_i) - R_F \right) = 0 \qquad (A3.2)$$

...

$$\frac{\partial L}{\partial X_N} = 2X_1 \sigma_{1N} + ... + 2X_i \sigma_{iN} + ... + 2X_N \sigma_N^2 - \lambda \left(E(R_N) - R_F \right) = 0$$

Este sistema de equações pode ser resolvido com eliminação de λ, através da substituição de cada variável X_i, por uma nova variável $Y_i = 2X_i/\lambda$.

Deste modo, obtemos um novo sistema de equações:

$$Y_1\sigma_1^2 + \ldots + Y_i\sigma_{1i} + \ldots + Y_N\sigma_{1N} = E\left(R_1\right) - R_F$$

....

$$Y_1\sigma_{1i} + \ldots + Y_i\sigma_i^2 + \ldots + Y_N\sigma_{iN} = E\left(R_i\right) - R_F \qquad \text{(A3.3)}$$

...

$$Y_1\sigma_{1N} + \ldots + Y_i\sigma_{iN} + \ldots + Y_N\sigma_N^2 = E\left(R_N\right) - R_F$$

A soluções $Y_1,\ldots, Y_i,\ldots, Y_N$, deste sistema de equações não dão directamente a composição do portefólio M. No entanto, podemos determinar a composição do portefólio M, isto é das proporções X_1^*, ..., X_i^*, X_N^*, em que nele participam os N activos com risco, cuja soma é igual à unidade. Tendo em conta que os valores $Y_1,\ldots, Y_i,\ldots, Y_N$, têm, entre si, a mesma relação de proporcionalidade que existe entre os valores X_1^*, ..., X_i^*, X_N^*, cada um destes pode ser calculado a partir da seguinte relação:

$$X_i^* = \frac{Y_i}{\displaystyle\sum_{i=1}^{N} Y_i} \qquad \text{(A3.4)}$$

APÊNDICE IV

DEDUÇÃO DO MODELO DE EQUILÍBRIO DE SHARPE, LINTNER E MOSSIN

Na Figura A4.1 estão representadas a recta do mercado de capitais, a fronteira de eficiência e a curva iM, das combinações entre o activo i e o portefólio de mercado. Dado que o activo individual pode não ser eficiente, essa curva situa-se normalmente abaixo da fronteira de eficiência, mas é necessariamente tangente a esta no ponto M.

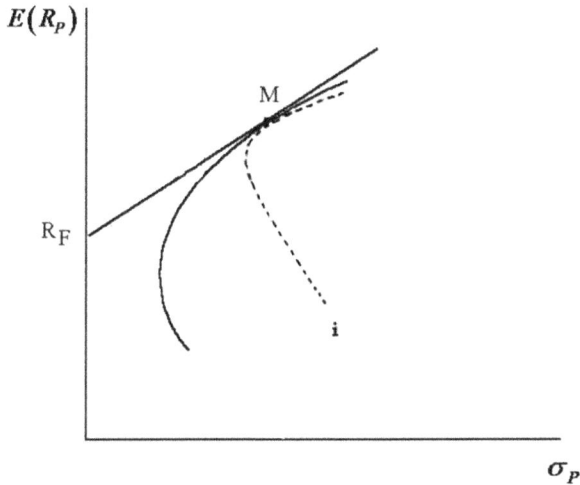

Fig. A4.1: As combinações entre um activo individual
e o portefólio de mercado

A rentabilidade esperada de qualquer portefólio composto pelo activo i e pelo portefólio de mercado é dada pela seguinte expressão:

$$E(R_P) = X_i E(R_i) + (1 - X_i) E(R_M) \qquad \text{(A4.1)}$$

A variância desse portefólio toma, por sua vez, a seguinte representação:

$$\sigma_P^2 = X_i^2 \sigma_i^2 + 2X_i (1 - X_i) \sigma_{iM} + (1 - X_i)^2 \sigma_M^2 \qquad \text{(A4.2)}$$

A derivada da rentabilidade esperada deste portefólio, em ordem ao seu desvio-padrão, pode ser representada como a relação das derivadas de ambos em ordem a X_i:

$$\frac{\partial E\left(R_P\right)}{\partial \sigma_P} = \frac{\partial E\left(R_P\right)/\partial X_i}{\partial \sigma_P /\partial X_i} \qquad (A4.3)$$

A derivada da rentabilidade esperada em ordem a X_i é:

$$\frac{\partial E\left(R_P\right)}{\partial X_i} = E\left(R_i\right) - E\left(R_M\right) \qquad (A4.4)$$

enquanto a derivada do desvio-padrão é:

$$\frac{\partial \sigma_P}{\partial X_i} = \frac{\partial \left(\sqrt{\sigma_P^2}\right)}{\partial X_i} = \frac{X_i\left(\sigma_i^2 + \sigma_M^2 - 2\sigma_{iM}\right) + \sigma_{iM} - \sigma_M^2}{\sigma_P} \qquad (A4.5)$$

Substituindo estas duas derivadas em ordem a X_i na derivada da rentabilidade esperada em ordem ao desvio-padrão, e tomando o valor desta no ponto M (onde $X_i = 0$) chegamos à seguinte igualdade:

$$\frac{\partial E\left(R_P\right)}{\partial \sigma_P} = \frac{\left(E\left(R_i\right) - E\left(R_M\right)\right)\sigma_M}{\sigma_{iM} - \sigma_M^2} \qquad (A4.6)$$

Por outro lado, a inclinação da curva iM, no ponto M, é igual à inclinação da recta do mercado de capitais. Isto é, verifica-se a igualdade:

$$\frac{\left(E\left(R_i\right) - E\left(R_M\right)\right)\sigma_M}{\sigma_{iM} - \sigma_M^2} = \frac{E\left(R_M\right) - R_F}{\sigma_M} \qquad (A4.7)$$

a que pode ser dada a seguinte representação simplificada:

$$E\left(R_i\right) = R_F + \frac{\sigma_{iM}}{\sigma_M^2}\left(E\left(R_M\right) - R_F\right) \qquad (A4.8)$$

Tendo em conta a definição do coeficiente beta, a equação (A4.8) é equivalente à do modelo de equilíbrio de avaliação dos activos de capital:

$$E\left(R_i\right) = R_F + \beta_i\left(E\left(R_M\right) - R_F\right) \qquad (A4.9)$$

APÊNDICE V

DECOMPOSIÇÃO DO RISCO TOTAL DUM ACTIVO INDIVIDUAL EM RISCO SISTEMÁTICO E RISCO ESPECÍFICO

O coeficiente beta pode ser obtido através da regressão linear representada pela seguinte equação:

$$R_{i,t} = \alpha_i + \beta_i R_{M,t} + \varepsilon_{i,t} \qquad (A5.1)$$

Este coeficiente traduz a sensibilidade da rentabilidade do activo i às variações da rentabilidade do portefólio de mercado, ou seja, diz-nos qual a variação da rentabilidade do activo, que resulta de uma variação de 1% na rentabilidade do portefólio de mercado. Essa relação linear é perturbada, em cada período t, por um termo de erro, $\varepsilon_{i,t}$, que se pressupõe ter média zero e cuja variância é $E(\varepsilon_i)^2 = \sigma_\varepsilon^2$, razão pela qual não está correlacionado com o portefólio de mercado. Em referência aos valores médios das rentabilidades do activo e do portefólio de mercado, a relação linear anterior toma a seguinte expressão:

$$\bar{R}_i = \alpha_i + \beta_i \bar{R}_M \qquad (A5.2)$$

onde $\bar{R}_i$ e $\bar{R}_M$ são os valores médios das observações utilizadas, respectivamente para o activo i e para o portefólio de mercado. Subtraindo a igualdade (A5.2) da igualdade (A5.1) obtém-se:

$$\varepsilon_{i,t} = \left(R_{i,t} - \bar{R}_i \right) - \beta_i \left(R_{M,t} - \bar{R}_M \right) \qquad (A5.3)$$

Se escrevermos o somatório de todos os m valores observados da equação (A5.3) elevados ao quadrado, e dividirmos por m, obtemos:

$$\sum_{t=1}^{m} \frac{1}{m} \varepsilon_{i,t}^2 = \sum_{t=1}^{m} \frac{1}{m} \left[\left(R_{i,t} - \bar{R}_i \right) - \beta_i \left(R_{M,t} - \bar{R}_M \right) \right]^2 \qquad (A5.4)$$

Derivando esta última equação em ordem a β_i, e igualando a derivada a zero, para obter o valor daquele coeficiente que minimiza a soma dos quadrados dos erros, obtemos:

$$\beta_i = \frac{\sum_{t=1}^{m} \frac{1}{m} \left[\left(R_{i,t} - \bar{R}_i \right) \left(R_{M,t} - \bar{R}_M \right) \right]}{\sum_{t=1}^{m} \frac{1}{m} \left(R_{M,t} - \bar{R}_M \right)^2} \qquad (A5.5)$$

o que significa que $\beta_i = \sigma_{iM} / \sigma_M^2$.

Podemos ainda, a partir das equações (A5.1) e (A5.2), dar a seguinte representação à variância do activo i:

$$\sigma_i^2 = \sum_{i=1}^{m} \frac{1}{m} \left(R_{i,t} - \bar{R}_i \right)^2 = \sum_{i=1}^{m} \frac{1}{m} \left[\beta_i \left(R_{M,t} - \bar{R}_M \right) + \varepsilon_{i,t} \right]^2 \qquad (A5.6)$$

a qual, depois de desenvolvermos as somas de quadrados contidas em cada termo, podemos ainda representar da seguinte forma:

$$\sigma_i^2 = \beta_i^2 \left(\sum_{i=1}^{m} \frac{1}{m} \left[\left(R_{M,t} - \bar{R}_M \right) \right]^2 \right) + \beta_i \sum_{i=1}^{m} \frac{1}{m_i} \left(R_{M,t} - \bar{R}_M \right) \varepsilon_{i,t} + \sum_{i=1}^{m} \frac{1}{m} \varepsilon_{i,t}^2 \qquad (A5.7)$$

Tendo em conta que o somatório contido no segundo termo do lado direito da igualdade (A5.7) é nulo, e que o somatório contido no terceiro termo é a variância dos termos residuais, conclui-se que a variância tem duas componentes:

$$\sigma_i^2 = \beta_i^2 \sigma_M^2 + \sigma_\varepsilon^2 \qquad (A5.8)$$

A primeira das componentes da variância da rentabilidade do activo é o produto do quadrado do respectivo coeficiente beta pela variância do portefólio de mercado. É esta componente do risco que se designa por *risco sistemático* ou de *risco de mercado*. A outra componente é a variância dos termos de erro, e corresponde ao *risco residual* ou *risco específico*.

Capítulo vi

OS INSTRUMENTOS FINANCEIROS DERIVADOS E A GESTÃO DO RISCO FINANCEIRO

Os instrumentos financeiros derivados caracterizam-se por terem o seu valor associado ao de outro activo, designado por *activo subjacente*, ou a carteiras de activos, tais como índices accionistas. Podem ser utilizados para gerir o risco do activo subjacente, quando combinados com este em proporções adequadas. São também negociados por investidores que não detêm o activo subjacente, mas que tomam uma atitude especulativa em relação à evolução do valor do instrumento derivado, ou que consideram que o seu valor corrente no mercado não corresponde à avaliação adequada.

Os dois grandes tipos de instrumentos financeiros derivados são os contratos de futuros e as opções financeiras, os quais representam as principais formas de inovação que tem ocorrido, ao longo dos últimos trinta anos, num número crescente de mercados financeiros.

6.1. Os contratos de futuros

A característica essencial dum contrato de futuros é de corresponder a uma transacção diferida no tempo. Os contratos de futuros incidem sobre activos financeiros como acções, obrigações, moeda estrangeira e outros activos financeiros, bem como sobre activos físicos. Os antecedentes históricos dos contratos de futuros são os contratos a prazo (ou contratos *forward*) nos quais as partes intervenientes fixam o preço e a quantidade para uma transacção sobre um determinado activo, que será realizada numa data futura. No entanto, os mercados a prazo dificilmente podem atingir uma dimensão significativa, tanto no que respeita ao número de investidores, como no que respeita aos montantes transaccionados, devido ao risco de incumprimento que comportam, e à iliquidez dos contratos. Essas duas limitações dos contratos a prazo podem ser ultrapassadas através da criação dos mercados de futuros.

6.1.1. As características dos contratos de futuros

Os contratos de futuros apresentam, para além do diferimento temporal entre o momento da negociação e o momento em que a transacção é realizada, as seguintes características:

- a normalização dos contratos, de forma que cada contrato corresponde à mesma quantidade do activo subjacente para todos os investidores, sendo a sua data de vencimento estipulada pela entidade que regula o funcionamento do mercado;
- a realização de depósitos de garantia (*margens*) junto dos intermediários que actuam no mercado, obrigatória tanto para os compradores como para os vendedores dos contratos, e cujo montante é ajustado diariamente à evolução da cotação dos contratos (*marked to market*).

A normalização dos contratos de futuros é importante para assegurar a sua liquidez, na medida em que as características do contrato deixam de estar dependentes das conveniências individuais de cada uma das partes. Deste modo, cada um dos intervenientes consegue mais facilmente ceder, a um terceiro, a sua posição. O depósito de garantia, por sua vez, serve para eliminar o risco de incumprimento. Vejamos, através dum exemplo, este aspecto do funcionamento dos mercados de futuros. Suponhamos que um investidor comprou um contrato de futuros sobre um activo financeiro, pelo valor de 100€, 3 dias antes do último dia de negociação, e que foi obrigado a realizar uma margem de 3€. Se a evolução da cotação de fecho do contrato, do dia t até ao dia t+3, for a que se encontra representada na segunda coluna do Quadro I, terá consequências sobre valor a margem do comprador, que também se encontram representadas no mesmo quadro. A evolução da margem do investidor que vende o mesmo contrato, também no dia t, e que é igualmente obrigado a um depósito inicial de 3€, está representada no Quadro II.

Quadro I: Cotação do contrato de futuros e evolução da margem do comprador

Dia	Cotação do Futuro	Variação da margem	Valor da margem
t	100 €		3€
t+1	102,5 €	+2,50 €	5,5 €
t+2	100,50 €	-2,00 €	3,5 €
t+3	101 €	+0,50 €	4 €

Quadro II: Cotação do contrato de futuros e evolução da margem do vendedor

Dia	Cotação do Futuro	Variação da margem	Valor da margem
t	100 €		3 €
t+1	102,5 €	-2,50 €	0,5 €
t+2	100,50 €	+2,00 €	2,5€
t+3	101 €	-0,50 €	2 €

A comparação dos dois quadros permite verificar que, em cada contrato, as perdas e os ganhos do vendedor, são simétricas dos ganhos e das perdas do comprador. As margens de garantia requeridas às contrapartes, e o seu ajustamento à evolução do valor do contrato, asseguram que nenhuma das partes tira benefício do não cumprimento da sua prestação, se deixar de considerar vantajoso o contrato de futuros. Por outro lado, a eficácia na organização da liquidação nos mercados de futuros leva a que o comprador pague, na data de liquidação, o preço correspondente à última cotação do contrato. Dado que a diferença entre esta cotação e a de compra, é igual à soma de todas as variações diárias do preço do contrato, e também igual à variação do seu depósito de garantia, ele não é prejudicado se a última cotação do contrato for superior à cotação pela qual tinha tomado a sua posição de comprador, dado que a diferença entre as duas foi creditada na sua conta de depósito. Se, pelo contrário, a última cotação for a menor das duas, o comprador não tira disso qualquer benefício, pois essa diferença foi debitada na sua conta de depósito. Suponhamos que, no nosso exemplo, o contrato de futuros é liquidado no dia t+3. O comprador paga, na data de liquidação, 101€, dos quais, 100€ correspondem à cotação a que se colocou na posição de comprador, mais 1€ que foi depositado na sua conta, ao longo dos três dias, em resultado do aumento da cotação do contrato, e que corresponde também ao montante que, durante os mesmos três dias, foi retirado da margem do vendedor.

6.1.2. A determinação do valor dos contratos de futuros

A explicação da determinação dos preços dos futuros assenta no modelo de arbitragem *cost-of-carry*. Vejamos em que consiste este modelo de arbitragem através dum exemplo. Suponhamos que um investidor pretende comprar acções duma empresa, cujo preço é 100€, que irá deter durante um ano, e sobre as quais existe um contrato de futuros com vencimento precisamente igual a esse prazo. Suponhamos ainda que a taxa de juro dos títulos do Tesouro com o prazo dum ano é 10%, e que, se investidor recorrer ao crédito por esse prazo, pagará igualmente essa taxa de juro. Admitamos ainda que as acções não vão pagar dividendos durante o próximo ano.

Para que não haja oportunidades de arbitragem lucrativa sem risco, o preço corrente do contrato de futuros, F_t, deverá ser necessariamente dado pela seguinte expressão:

$$F_t = 100€ \ (1+10\%) = 110€.$$

Suponhamos que preço do futuro é superior a 110€, por exemplo 115€. Admitamos que, nesta situação, o investidor recorria a um empréstimo bancário com o prazo dum ano, no valor de 100€, para comprar as acções, e vendia simultaneamente um contrato de futuros sobre acções, garantindo, desta forma, o seu valor de liquidação. Com este procedimento, o investidor teria um investimento inicial nulo, e no final do ano obtinha um ganho de 5€ resultante da diferença entre os 115€, que recebia pelas acções no mercado de futuros, e os 110€ que entregaria ao banco em pagamento da dívida e dos juros. Se uma situação deste tipo se verificasse, a exploração das oportunidades de arbitragem delas decorrentes, levaria muitos investidores (*arbitragistas*) a comprarem as acções e a venderem simultaneamente o contrato de futuros. Deste modo, fariam com que o preço deste contrato descesse até se tornar igual ao valor das acções capitalizado à taxa de juro sem risco. Este tipo de operação, em que os arbitragistas compram o activo subjacente (posição *longa* no activo subjacente) e vendem o contrato de futuros (posição curta no contrato de *futuros*), designam-se por operações de arbitragem «cost-of-carry».

Consideremos em seguida uma situação oposta à anterior, em que o preço do contrato de futuros é 107€. Suponhamos que o investidor vendia a descoberto[1] as acções, pelo prazo dum ano, aplicava o produto dessa venda (100€) na compra de bilhetes do Tesouro, e simultaneamente comprava um contrato de futuros. No final do ano ele iria obter um ganho de 3€, proveniente da diferença entre os 110€ que receberia no vencimento dos bilhetes do Tesouro, e os 107€ que pagaria pelas acções, através do contrato de futuros. Agora, a exploração desta possibilidade de ganho sem risco, por um número crescente de arbitragistas, levaria à subida do valor do contrato de futuros, e faria restabelecer a igualdade entre ele e o valor das acções capitalizadas à taxa de juro sem risco. Este segundo tipo de operação de arbitragem, em que os arbitragistas vendem a descoberto o activo subjacente (posição *curta*) e compram o contrato de futuros (posição *longa*) designa-se por arbitragem *reverse cost-of-carry*.

A generalização do raciocínio de arbitragem utilizado nestes exemplos, leva à definição da seguinte relação entre o preço do contrato de futuros, com o prazo de vencimento T, e o preço do respectivo activo subjacente:

$$F_t = P_t \, (1 + R_{t,T})^T \qquad (1)$$

---

[1] A venda a descoberto é um contrato através do qual um dos intervenientes recebe o valor de um activo, no momento presente, comprometendo-se a entregar o activo, à outra parte, numa data futura, ou a pagar o valor que ele tiver nessa data.

No caso em o activo subjacente paga rendimentos até à data de vencimento do contrato de futuros (por exemplo dividendos se for uma acção, ou
o cupão, se for uma obrigação), a condição de não arbitragem é a seguinte:

$$F_t = P_t \ (1+R_{t,T})^T - D \tag{2}$$

onde D representa o valor desses rendimentos na data de vencimento do
futuro.

A existência de custos na realização de arbitragem faz com que o preço
do contrato de futuros possa, na realidade, afastar-se dos valores que são
dados pelas equações (1) ou (2), flutuando em torno do valor de equilíbrio,
dentro de duas margens que são determinadas por esses custos[2].

6.1.2. Os contratos de futuros e a gestão do risco financeiro

Uma das utilizações dos contratos de futuros consiste na cobertura do
risco que o investidor corre ao investir no activo subjacente. Esse objectivo
é alcançado através da tomada de uma posição no mercado de futuros, de
sinal contrário à que é tomada no activo subjacente. Assim, o investidor
deve vender contratos de futuros quando toma uma posição longa no activo
subjacente, e comprar contratos de futuros quando toma uma posição curta
no activo subjacente. A combinação entre o activo subjacente e o contrato
de futuros apenas permite eliminar completamente o risco se o horizonte
temporal do investidor coincidir com a data de vencimento do contrato de
futuros. Assim acontece quando o investidor compra o activo subjacente e
vende contratos de futuros, que lhe permitam garantir o preço de entrega
do activo subjacente, na data de vencimento destes contratos. De igual
forma, o investidor que vende a descoberto o activo subjacente pode cobrir
o risco associado a esta operação, mediante a compra de contratos de
futuros que lhe permitam assegurar o preço de compra do activo subjacente,
na data em que tem que o entregar. A normalização dos contratos de futuros,

---

[2] Para um maior desenvolvimento desta questão, ver J. Soares da Fonseca, *Obrigações:
Métodos de Avaliação e de Gestão do Risco de Taxa de Juro* (Capítulo VIII), Ed. do Instituto do
Mercado de Capitais, Porto 1999.

quanto às datas de vencimento, torna difícil alcançar esta cobertura perfeita, a qual apenas fica acessível aos investidores que pretendem liquidar a posição que tomam no activo subjacente, na data de vencimento do contrato. Fora destes casos, os contratos de futuros permitem ainda escolher o nível adequado de risco, incluindo minimizá-lo, se forem combinados com o activo subjacente em proporções adequadas. Para atingir esse objectivo o investidor tem que determinar o número de contratos de futuros que deve combinar com cada unidade do activo subjacente. Isso corresponde a determinar a composição do portefólio chamado base, B_t, que se define da seguinte forma:

$$B_t = P_t - NF_t \qquad (3)$$

o qual é constituído, no momento t, e composto por uma unidade do activo subjacente, cujo preço é P_t, e por –N unidades do contrato de futuros, cujo preço é F_t. Esta representação da base significa que, quando o investidor compra uma unidade do activo subjacente, vende, simultaneamente, N contratos de futuros. As alterações do valor da base são causadas, exclusivamente, pelas variações dos preços do activo subjacente e do contrato de futuros:

$$\Delta B_t = \Delta P_t - N\Delta F_t \qquad (4)$$

pelo que, a variância da base está também dependente das variâncias das variações dos activos que a compõem, e da co-variância entre eles, sendo dada pela expressão seguinte:

$$\sigma_B^2 = \sigma_P^2 - 2N\sigma_{PF} + N^2\sigma_F^2 \qquad (5)$$

A expressão da variância da base, representada na equação (5) corresponde à aplicação da fórmula de cálculo da variância duma carteira composta por dois activos, sendo, neste caso, as proporções iguais a 1 para o activo subjacente e –N para o contrato de futuros. Uma das escolhas possíveis do investidor consiste em minimizar a variância da base. Esse objectivo é alcançado derivando a expressão da variância em ordem a N, e igualando essa derivada a zero, donde resulta o seguinte valor para N:

$$N = \frac{\sigma_{PF}}{\sigma_F^2} \qquad (6)$$

A minimização da variância da base, é a solução que mais se aproxima da cobertura perfeita, que é alcançada quando o investidor pretende liquidar a sua posição no activo subjacente na data em que se vence o contrato de futuros. No entanto, a combinação que minimiza a variância da base não é, forçosamente, preferida por todos os investidores, os quais podem escolher diferentes valores de N, em função da relação que pretendem manter entre a variação esperada e a variância do valor da base.

6.2. As opções financeiras

As opções constituem o outro tipo de instrumento que, conjuntamente com os contratos de futuros, dominou a inovação financeira ocorrida ao longo das últimas décadas. Tal como os futuros, as opções sobre activos financeiros podem incidir sobre acções ou índices accionistas, títulos de dívida e outros activos financeiros, incluindo instrumentos financeiros derivados, bem como sobre activos físicos.

6.2.1. Características e tipos de opções

Uma opção é um contrato que confere a uma das partes (o comprador), o direito, mas não a obrigação, de comprar ou vender um activo, por um preço pré-determinado, denominado *preço de exercício*. A opção pode ser exercida numa data futura (*opção europeia*), ou ao longo de um determinado período (*opção americana*)[3]. A outra parte, o subscritor da opção recebe, no momento em que a subscreve, um prémio, e fica obrigado a realizar um depósito (margem) de valor ajustável à evolução do valor de mercado da opção. O comprador da opção, paga, no momento em que a adquire, o *prémio* (que também podemos designar por preço ou valor da

---

[3] As opções europeias e americanas representam os dois primeiros tipos de opções que surgiram nos mercados financeiros, a partir de meados da década de setenta, e dominam ainda esses mercados. No entanto, para além destes dois tipos, existe um conjunto cada vez mais variado de opções que se distinguem, entre si, pela forma de determinação do preço de exercício, ou pela regra quanto ao prazo ou outras condições de exercício.

opção), ao subscritor, se for o primeiro comprador da opção, ou um comprador anterior, se estiver a comprá-la no mercado secundário. Tendo em conta que o comprador da opção apenas a exerce, se considerar que tal lhe é vantajoso, não lhe é requerido qualquer depósito de garantia.

Quando a opção confere o direito de comprar um activo é designada por *opção de compra* («call-option»). Se a opção confere o direito de vender um activo, designa-se por *opção de venda* («put-option»).

Vamos representar o preço do activo subjacente por S, o preço de exercício por E, e o prémio pago pelo comprador da opção por PR. O comprador da *call-option* exerce a sua opção se o preço de mercado do activo subjacente for superior ao preço de exercício, e não a exerce no caso contrário, sofrendo então uma perda igual ao valor do prémio PR. O vendedor da *call-option*, por sua vez, obtém um ganho igual a PR, se a opção não for exercida, e sofre uma perda igual a S-E-PR, se o comprador a exercer. No Quadro III estão resumidos o ganho e a perda do comprador e do vendedor da *call-option*, e a sua representação gráfica encontra-se na Figura 1. O ganho do comprador não tem limite superior, enquanto a sua perda é limitada. O vendedor tem, pelo contrário um ganho limitado, e uma perda ilimitada.

Quadro III: «Call-option»: ganhos do comprador e do vendedor

Situação de mercado	S < E	S ≥ E
Comprador	-PR	S-E-PR
Vendedor	PR	- (S-E-PR)

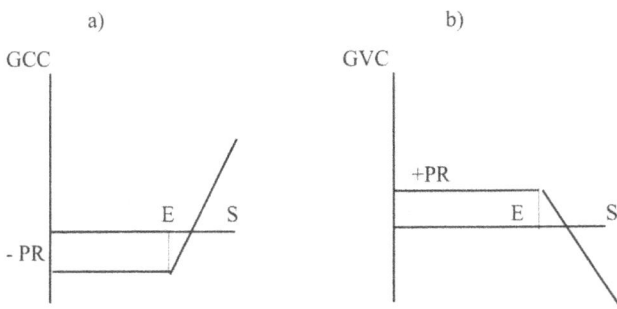

Fig. 1: a) Ganho do comprador da opção de compra (GCC; b) Ganho do vendedor da opção de compra(GVC).

O comprador da *put-option* exerce a opção se o preço do activo subjacente for inferior ao preço de exercício da opção. Se, pelo contrário, o preço do activo subjacente for superior ao preço de exercício, o comprador não exerce a opção, limitando o seu prejuízo ao valor do prémio que pagou. Note-se, no entanto, que, neste caso, não só a perda, mas também o ganho do comprador é limitado. Também no caso da *put-option* o ganho do vendedor é simétrico do ganho do comprador, o que significa que, tanto o seu ganho, como a sua perda, são limitadas. No Quadro IV estão resumidos o ganho e a perda do comprador e do vendedor da *put-option*, e a sua representação gráfica encontra-se na Figura 2.

Quadro IV: «Put-option»: ganhos do comprador e do vendedor

Situação de mercado	S < E	S ≥ E
Comprador	E-S-PR	– PR
Vendedor	– (E-S-PR)	PR

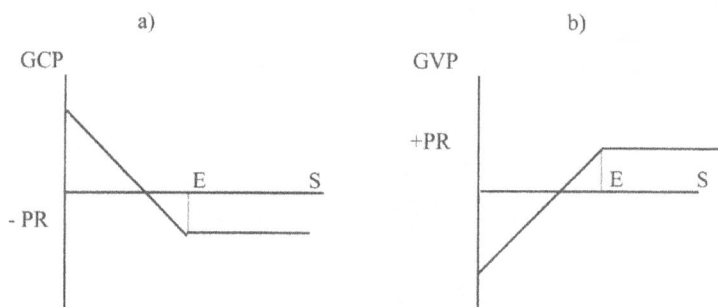

Fig. 2: a) Ganho do comprador da opção de venda (GCP); b) Ganho do vendedor da opção de venda (GVP).

6.2.2. As componentes do valor das opções

As opções podem ser negociadas no mercado secundário. Os principais factores determinantes do preço de uma opção são o preço do activo subjacente, o preço de exercício, e o prazo para o exercício.

O preço de uma *call-option* varia no mesmo sentido do preço do activo subjacente e inversamente com o preço de exercício. O preço de uma *put-option*, pelo contrário, varia inversamente com o preço do activo subjacente e no mesmo sentido do preço de exercício.

Uma opção de compra sobre uma acção que distribui dividendos antes da sua data de exercício tem um valor menor do que se essa distribuição não tivesse lugar. Assim acontece porque, após a distribuição de dividendos, ocorre, normalmente, uma descida do preço do activo subjacente, que causará igualmente uma diminuição no valor da opção. Com uma opção de venda acontece o inverso, isto é, a distribuição de dividendos antes da data de exercício faz aumentar o valor da opção.

O valor de mercado de uma opção tem duas componentes: o *valor intrínseco* e o *valor temporal*. O valor intrínseco corresponde ao valor que a opção teria, se estivesse na data em que termina a possibilidade de ser exercida. No caso das opções de compra esse valor intrínseco é igual a S–E, se essa diferença for positiva, e é nulo se ela for igual ou menor do que zero. O valor intrínseco das opções de venda é igual à diferença E–S, se esta for positiva, e nulo se ela for negativa ou nula. O valor temporal da opção é a outra componente do respectivo preço, que é, normalmente, positivo ou nulo em todas as datas anteriores à data limite do exercício, e que tende a variar positivamente com o prazo de exercício. Concluímos facilmente que esta proposição é verdadeira, começando o nosso raciocínio pelas opções americanas. Dado que uma opção americana pode ser exercida a qualquer momento, o seu valor de mercado é igual ou superior ao seu valor intrínseco. No caso das opções de compra esse valor intrínseco é, como vimos anteriormente, o valor mais elevado entre zero e S–E. Detenhamo-nos no caso em que S–E > 0. Se o valor de mercado da opção fosse, por hipótese, inferior ao seu valor intrínseco, existia a possibilidade de serem realizadas operações lucrativas de arbitragem sem risco, através da compra da opção, seguida do seu exercício imediato. Por consequência, o valor de mercado de uma opção americana tem que ser, antes da data em que ela expira, necessariamente igual ou superior ao valor que teria se fosse exercida. Isto significa, por um lado, que o valor temporal dessa opção é positivo ou nulo, e por outro, que ela mantém o valor mais elevado sendo detida até à data em que expira, do que se for exercida antecipadamente. Esta segunda conclusão equivale a afirmar que a opção americana tem um valor de mercado igual ou superior ao de uma opção europeia desde que as demais características sejam idênticas em ambas as opções. Daí decorre que, também as opções europeias têm, normalmente, um valor temporal positivo, o qual é, naturalmente, tanto mais elevado quanto mais distante estiver a data de exercício. As excepções a esta regra são constituídas pelas opções de compra cujo activo subjacente paga dividendos (ou cupões) até a opção expirar, e pelas opções de venda quando as taxas de juro são elevadas. Nestes dois casos pode, com efeito, acontecer que o valor temporal seja negativo. Na Figura 3, estão representados graficamente os valores das opções de compra e de venda O valor intrínseco está representado, em ambos os casos, pela linha quebrada. O valor total está representado pela curva situada acima daquela linha. O valor temporal corresponde à distância, na vertical, entre a curva do valor total e a curva do valor intrínseco.

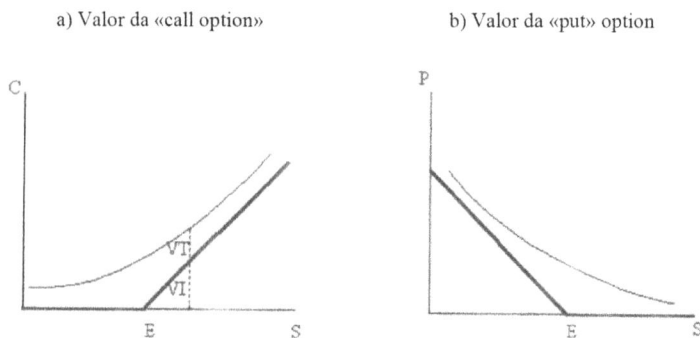

a) Valor da «call option»   b) Valor da «put» option

Fig. 3: As curvas do valor das opções

6.2.3. A utilização das opções na gestão do risco financeiro

A combinação das opções com o activo subjacente, em proporções adequadas, permite construir portefólios desprovidos de risco. A equação seguinte representa o valor (VP) dum portefólio constituído por uma unidade do activo subjacente, de valor S, e Q_C unidades duma opção de compra sobre este activo, de valor C:

$$VP = S + Q_C\,C \tag{7}$$

Todas as alterações do valor deste portefólio são causadas por alterações dos valores do activo subjacente e da opção, isto é:

$$\Delta VP = \Delta S + Q_C\,\Delta C \tag{8}$$

Tendo em conta que as as alterações do preço do activo subjacente se repercutem no preço da opção de compra, podemos, na expressão das variações do valor deste portefólio substituir a variação do preço da opção, ΔC, pela sua relação funcional com o preço do activo subjacente, a seguir representada:

$$\Delta C = \frac{\partial C}{\partial S}\,\Delta S \tag{9}$$

onde $\partial C/_{\partial S}$ é a derivada do preço da opção em ordem ao preço do activo subjacente, obtida a partir duma fórmula de avaliação das opções[4]. Desta substituição resulta a seguinte expressão para a alteração do valor do portefólio:

$$\Delta VP = \Delta S + Q_C\,\frac{\partial C}{\partial S}\,\Delta S \tag{10}$$

Esta última expressão permite verificar que o investidor pode anular o risco do seu portefólio se, por cada unidade do activo subjacente que compra, subscrever um número de opções igual ao inverso da derivada do valor da opção, ou seja:

$$Q_C = -\frac{1}{\dfrac{\partial C}{\partial S}}$$

Tendo em conta que as opções podem ser negociadas separadamente do activo subjacente, elas são frequentemente objecto de transacções motivadas por atitudes especulativas acerca da evolução do seu preço e que estão, por isso, dissociadas de objectivos de gestão do risco financeiro.

6.3. Os *swaps* e a gestão da taxa de juro do endividamento

Os *swaps* sobre taxas de juro são um produto financeiro, surgido nos anos 80, e consistem em acordos de troca de fluxos de pagamentos entre duas empresas, tendo como objectivo reduzir os custos do endividamento. Nesses acordos, uma das empresas compromete-se a pagar à outra um montante fixo durante um determinado número de anos, e recebe da segunda empresa, nas mesmas datas, um montante variável, que depende da evolução das taxas de juro de curto prazo. O interesse das empresas neste tipo de contratos resulta de apresentarem capacidades diferentes de endividamento no mercado dos títulos de taxa de juro fixa, em relação ao mercado dos títulos de taxa de juro variável. Vejamos, através de um exemplo, em que medida essa diferenciação da capacidade de endividamento, pode motivar duas empresas a fazer um *swap*. No Quadro I, apresentam-se as taxas de juro que duas empresas, a Empresa A e a Empresa B, terão que pagar, se quiserem endividar-se, seja através da dívida a taxa de juro fixa, seja através da dívida a taxa variável. Na generalidade dos mercados financeiros, a taxa de juro que se encontra na base da componente variável de um *swap* é uma taxa de operações interbancárias de curto prazo. Por analogia com esta prática, vamos admitir, no nosso exemplo, que a EURIBOR (*Euro Interbank Offered Rate*) determina a componente variável do *swap*.

Quadro I: Taxas de juro de endividamento das Empresas A e B

	Endividamento a taxa fixa	Endividamento a taxa variável
Empresa A	3%	EURIBOR + 1,25%
Empresa B	5%	EURIBOR + 2%

A Empresa A consegue taxas de juro mais baixas do que a Empresa B tanto no segmento de taxa fixa, como no segmento de taxa variável do mercado financeiro, o que significa que a primeira destas empresas é considerada de menor risco do que a segunda. A diferença entre as taxas de juros que as duas empresas terão que pagar pelas suas dívidas é, no entanto, menor no caso da dívida a taxa de juro variável do que na dívida a taxa de juro fixa. Daí resulta que a Empresa A tem uma vantagem relativa na emissão de dívida a taxa fixa, enquanto a Empresa B tem uma vantagem relativa no recurso ao endividamento a taxa de juro variável. O acordo de *swap* tem um valor nocional, que serve de base à determinação do valor dos pagamentos a efectuar por cada uma das partes. Suponhamos que ambas as empresas pretendem obter empréstimos do mesmo montante, e pelo mesmo prazo, de n anos. Neste caso, pode admitir-se que o valor nocional do contrato de swap é igual ao montante do empréstimo contraído por cada empresa. As duas empresas têm interesse em efectuar o acordo de *swap* de taxas de juro a seguir descrito. A Empresa A contrai o empréstimo à taxa de juro anual fixa de 3%. Ao mesmo tempo, a Empresa B contrai o empréstimo a taxa de juro variável, correspondente à taxa EURIBOR, acrescida da margem de 2%. Suponhamos no entanto, que a Empresa A gostaria de financiar a sua dívida a uma taxa variável, porque espera uma diminuição das taxas de juro, e que a Empresa B, tem preferência pelo financiamento a taxa de juro fixa, para se proteger contra uma eventual subida das taxas de juro. Imaginemos que o acordo de *swap* contempla os seguintes pagamentos entre as duas empresas:

- a Empresa A paga, à Empresa B, um montante variável corresponde à aplicação da taxa EURIBOR ao montante do empréstimo;
- a Empresa B paga, à Empresa A, um montante fixo correspondente à aplicação da taxa fixa anual de 2,5% ao montante do empréstimo.

A Empresa A tem, em resultado da dívida que contraiu, e do *swap*, os seguintes *cash-flows* a pagar e a receber, em cada semestre:

- paga juros à taxa fixa anual de 3%, aos seus credores;
- paga a taxa variável EURIBOR, pelo *swap*, à Empresa B;
- recebe da Empresa B, um *cash-flow*, calculado à taxa fixa anual 2,5%.

A taxa de juro anual dos pagamentos líquidos da Empresa A é, por conseguinte, igual EURIBOR + 0,5%, isto é, menor do que a taxa de juro que esta empresa teria de pagar, se emitisse dívida a taxa de juro variável (EURIBOR + 1,25%).

Os pagamentos líquidos da Empresa B, decorrentes da dívida e do *swap*, serão, por sua vez, os seguintes:

- paga juros à taxa variável EURIBOR+2%, aos seus credores;
- paga à Empresa A, pelo *swap*, a taxa de juro fixa de 2,5%;
- recebe da Empresa A um pagamento variável, à taxa EURIBOR.

Deste modo, os pagamentos líquidos da Empresa B, correspondem à aplicação da taxa de juro anual fixa de 4,5% a qual é menor do que a taxa de juro que esta empresa pagaria pelo endividamento a taxa fixa (5%).

Capítulo VII

AS TAXAS DE JURO: NÍVEL, ESTRUTURA DE PRAZO E RISCO DE TAXAS DE JURO

A taxa de juro pode definir-se como a remuneração, por unidade de tempo, de cada unidade monetária aplicada num título de dívida. Existe na economia uma acentuada diversidade de taxas de juro, que resulta do elevado número de entidades emitentes de títulos de dívida e também do facto de muitas delas emitirem títulos com características diferentes. Apesar da diversidade de taxas de juro, o seu nível, mais elevado ou mais baixo, tende a evoluir conjuntamente. Por outro lado, uma das principais causas da diversidade das taxas de juro é o facto de estarem associadas a títulos com prazos de vencimento diferentes. Estes dois aspectos, a proximidade do nível das taxas de juro, e o prazo como causa importante da sua diferenciação, fazem com que os temas fundamentais, sobre os quais nos vamos debruçar, sejam as teorias sobre o nível e as teorias sobre a estrutura de prazo das taxas de juro.

7.1. As teorias sobre o nível das taxas de juro

Um primeiro aspecto sobre o qual nos devemos debruçar quando tentamos explicar o nível das taxas de juro, é o da influência exercida sobre estas, pela taxa de inflação. Para analisarmos essa influência devemos decompor cada taxa de juro formada no mercado, ou *taxa de juro nominal*, em dois elementos. Um deles, a *taxa de juro real*, representa a remuneração do investidor em termos reais, isto é, a quantidade adicional de bens e serviços que aquele juro lhe permite comprar. A outra componente da taxa de juro corresponde à compensação pela inflação, e destina-se a evitar, no todo ou em parte, as perdas de poder de compra que esta causa no juro e no capital emprestado[1].

Não havendo inflação, e sendo r^e a taxa de juro desejada pelos investidores, e fixada no mercado, aqueles irão receber, no final do período, um valor igual a $(1 + r^e)$ por cada euro que emprestam. No entanto, se surgirem condições para que os investidores esperem uma taxa de inflação não nula, $\dot{p}^e > 0$, irão requerer o valor $(1+r^e)(1+\dot{p}^e)$ por cada euro que emprestam, pois esta é a condição necessária para que o valor final do crédito mantenha o seu valor real, isto é, não tenha o seu poder de compra afectado por essa mesma inflação. Para salvaguardarem este objectivo, os investidores requerem a fixação duma taxa de juro nominal, i, que satisfaça a seguinte igualdade:

$$(1+i) = (1+r^e)(1+\dot{p}^e) \tag{1}$$

A relação entre a taxa de juro nominal, a taxa de juro real esperada, e a taxa de inflação esperada, representada na igualdade anterior, é, muito frequentemente, apresentada sob a seguinte forma:

$$i \approx r^e + \dot{p}^e \tag{1'}$$

a qual é uma versão simplificada da equação (1), com a qual se procura traduzir a ideia de que, quanto mais elevada for a taxa de inflação esperada pelos investidores, mais elevada é a taxa de juro nominal fixada no mercado, por forma a assegurar, tanto quanto possível, o valor real da taxa de juro. A decomposição da taxa de juro nominal permite compreender a influência que sobre ela é exercida pela taxa de inflação esperada, mas não explica o nível da taxa de juro real esperada. Este é abordado, de forma específica, pela teoria clássica, pela teoria keynesiana, e pela teoria monetária dos fundos disponíveis para empréstimo.

---

[1] Esta decomposição das taxas de juro foi proposta pelo economista Irving Fisher, no início do Séc. XX, tendo por objectivo explicar o facto de, ao longo dos períodos de inflação elevada, as taxas de juro serem igualmente mais elevadas do que nos períodos de inflação baixa.

Para os autores clássicos, a taxa de juro é o preço que assegura o equilíbrio entre a poupança e o investimento. A poupança é considerada, por estes autores, como uma função crescente da taxa de juro, S(i), porque corresponde à oferta de empréstimos ou, o que é equivalente, à procura de obrigações, $B_D(i)$. O investimento, por sua vez, é uma função decrescente da taxa de juro, I(i), e corresponde à procura de financiamento ou à oferta dessas mesmas obrigações, $B_S(i)$. Por isso, a taxa de juro de equilíbrio assegura, simultaneamente, as duas seguintes igualdades:

$$S\ (i) = I\ (i) \tag{2}$$

$$B_D\ (i) = B_S\ (i) \tag{3}$$

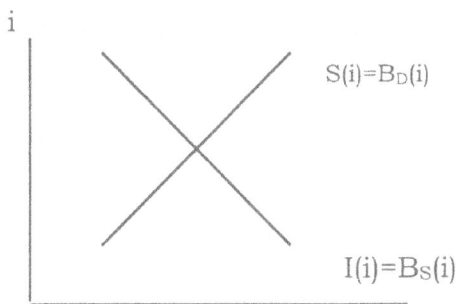

Fig. 1: A taxa de juro na teoria clássica

Os autores clássicos atribuíam pouca importância à influência da quantidade de moeda sobre as taxas de juro, mesmo quando aceitavam que um aumento da quantidade de moeda pode fazer diminuir temporariamente as taxas de juro, por se traduzir num aumento de fundos disponíveis no mercado. Isto porque a inflação que resulta do aumento da quantidade de moeda acabará por fazer subir as taxas de juro, eventualmente para um valor acima do inicial.

Contrariamente à teoria clássica, que via na taxa de juro o preço do adiamento do consumo, a teoria keynesiana tradicional define-a como o prémio pela renúncia à liquidez, que tem lugar quando o investidor substitui moeda por títulos de crédito de longo prazo. Por esta razão, a teoria keynesiana sustentava que o valor da taxa de juro estabelecido no mercado é o que assegura o equilíbrio entre a oferta e a procura de moeda:

$$M_s = M_d \ (i) \tag{4}$$

Ainda segundo a teoria keynesiana tradicional, a taxa de juro não afecta o montante de poupança que os aforradores desejam efectuar, a qual é determinada essencialmente pelo nível do rendimento. Nesta perspectiva, a taxa de juro apenas determina a escolha sobre a repartição da aplicação da poupança em moeda e obrigações.

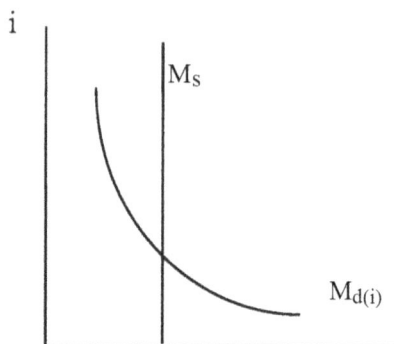

Fig. 2: A taxa de juro na teoria keynesiana

A teoria dos fundos disponíveis para empréstimo, de Robertson, Ohlin e Wicksell, tem em conta, na explicação da formação das taxas de juro, não só a poupança e o investimento, mas também as variações da oferta e da procura de moeda ao longo de um determinado período de tempo. Esta teoria põe em evidência o facto de a oferta de fundos ser feita, simultaneamente, pelos agentes que realizam a poupança e pelos bancos. Estes, ao concederem novo crédito à economia, aumentam a quantidade de moeda existente. A procura de fundos é, por sua vez, feita pelas empresas que realizam investimentos, e pelos agentes económicos que pretendem aumentar os seus encaixes monetários. A condição de equilíbrio que, de acordo com esta teoria, determina a taxa de juro, é representada pela seguinte igualdade:

$$S(i) + \Delta Ms = I\ (i) + \Delta Md(i) \tag{5}$$

No lado esquerdo desta igualdade está representada a oferta de fundos, que corresponde à soma da poupança do sector não monetário com o aumento da oferta de moeda por parte dos bancos. No lado direito está representada a procura de fundos, que corresponde à soma do investimento com a variação da procura de moeda. A verificação desta condição de equilíbrio implica que, se existir excesso do investimento sobre a poupança, em determinado período, a taxa de juro estabelece-se ao nível que torna possível a verificação dum excesso de valor idêntico, da variação da oferta de moeda sobre a variação da procura. Quando, pelo contrário, existe um excesso da poupança sobre o investimento, deverá haver, em compensação, um excesso da variação da procura sobre a variação da oferta de moeda, para que o mercado de títulos se mantenha em equilíbrio. A moderna visão da teoria dos fundos disponíveis para empréstimo tem em conta vários aspectos adicionais. Um deles diz respeito ao papel dos intermediários financeiros na captação da poupança. A intermediação financeira facilita a canalização da poupança dos agentes excedentários para os deficitários e, deste modo, contribui para a redução das taxas de juro. Esse contributo é tanto mais acentuado quanto maior for a eficiência das instituições financeiras, isto é, quanto mais reduzidos forem os seus custos de funcionamento. Um outro aspecto tido em conta na abordagem moderna da teoria é o da distinção entre os efeitos das variações esperadas e não esperadas das diferentes variáveis económicas envolvidas. Assim, por exemplo, na abordagem tradicional, qualquer aumento da oferta de moeda tinha como consequência uma diminuição das taxas de juro. A moderna abordagem tem em conta que o aumento do nível médio de preços é uma das consequências esperadas pelos agentes económicos, quando aumenta a oferta de moeda. Assim sendo, os aumentos esperados da oferta de moeda não originam diminuições das taxas de juro, pois a inflação esperada que deles resulta impede essa descida. Esta perspectiva implica que apenas as variações não esperadas da oferta de moeda poderão fazer variar as taxas de juro.

7.2. As teorias sobre a estrutura de prazo das taxas de juro

Quando raciocinamos no contexto de obrigações cujo risco de incumprimento é nulo, a diferença entre as características dos títulos que se torna mais evidente é a que diz respeito aos prazos de vencimento. Por essa razão, situar-nos-emos no quadro das obrigações da dívida pública, das quais está ausente o risco de incumprimento, para analisar as teorias explicativas da estrutura de prazo das taxas de juro. Outras hipóteses simplificadoras que, para além desta, permitem criar um modelo em que os empréstimos obrigacionistas apenas se diferenciam pela maturidade são a ausência de impostos bem como de custos de transacção.

7.2.1. A teoria das expectativas puras

De acordo com esta teoria, a estrutura de prazo das taxas de juro é, em cada momento, determinada pelas expectativas dos agentes económicos acerca das taxas de juro futuras. Para analisar o processo de convergência para o equilíbrio, num mercado obrigacionista em que o comportamento dos agentes económicos é dominado exclusivamente pelas suas expectativas, tomemos o exemplo em que a taxa de juro das obrigações sem cupão que se vencem dentro de um ano[2] é $i_{t,1}=10\%$, sendo a expectativa dos investidores sobre o valor desta mesma taxa de juro para o próximo ano $_{t}i_{t+1,1}^{e}=11\%$. A taxa de juro anual das obrigações sem cupão com o prazo de dois anos é, por sua vez, $i_{t,2}=11\%$. Admitamos que os investidores que pretendem fazer um investimento durante dois anos, podem escolher uma de duas alternativas.

Alternativa a): Comprar sucessivamente duas obrigações com o prazo de um ano, uma no momento presente, e outra no início do próximo ano. O valor final esperado, para cada euro investido é:

---

[2] A teoria é válida qualquer que seja a unidade de tempo escolhida como referência (o dia, o mês, etc), pelo que e escolha do ano como unidade de tempo, neste texto, é feita a título meramente exemplificativo.

$$VF = \left(1 + i_{t,1}\right)\left(1 + {}_t i^e_{t+1,1}\right) = \left(1 + 10\%\right)\left(1 + 11\%\right) = 1,221$$

Alternativa b): Comprar uma obrigação sem cupão com vencimento dentro de dois anos, sendo o valor final de cada euro investido nesta obrigação:

$$VF = \left(1 + i_{t,2}\right)^2 = \left(1 + 11\%\right)^2 = 1,232$$

Dado que os investidores não têm preocupações quanto ao risco, comparam as duas alternativas, atendendo apenas à rentabilidade esperada, e irão escolher a alternativa b). Haverá então uma deslocação da procura de títulos de curto prazo (1 ano) para os títulos a médio prazo (2 anos), o que faz subir a taxa de juro $i_{t,1}$ e, em contrapartida, reduz-se a taxa de juro $i_{t,2}$. Essa deslocação da procura de títulos só terminará quando as duas alternativas de investimento oferecerem o mesmo valor final por cada euro investido, o que se verifica quando, por exemplo, for $i_{t,1}=10,5\%$ e $i_{t,2}=10,75\%$, o que dá o seguinte valor final para cada euro investido:

$$VF = \left(1 + 10,75\%\right)^2 = \left(1 + 10,5\%\right)\left(1 + 11\%\right) = 1,227$$

Este exemplo permite-nos verificar que o equilíbrio no mercado das obrigações implica a seguinte relação entre a taxa de juro dos títulos a dois anos e as taxas de juro dos títulos a um ano, corrente e esperada:

$$\left(1 + i_{t,2}\right)^2 = \left(1 + i_{t,1}\right)\left(1 + {}_t i^e_{t+1,1}\right) \tag{6}$$

Se fizermos um raciocínio idêntico ao anterior, comparando as taxas de juro dos títulos a dois anos com a taxa de juro dos títulos a três anos, concluímos que a relação entre as duas se estabelece por intermédio da taxa de juro de curto prazo esperada para o 3° ano:

$$\left(1 + i_{t,3}\right)^3 = \left(1 + i_{t,2}\right)^2 \left(1 + {}_t i^e_{t+2,1}\right) \tag{7}$$

As duas igualdades anteriores permitem ainda verificar que cada taxa de juro esperada para um período futuro pode ser calculada a partir de duas taxas de juro correntes de prazos adjacentes. Se substituirmos, na equação (7), o factor de capitalização da taxa de juro a dois anos, pelo produto dos factores de capitalização associados às taxas de juro de curto prazo, corrente e esperada, representado no lado direito da igualdade (6), obtemos a relação de equilíbrio entre a taxa de juro com o prazo de três anos e a taxa de juro com o prazo de um ano, a qual é estabelecida através das duas taxas de juros de curto prazo esperadas para o segundo e o terceiro anos:

$$\left(1 + i_{t,3}\right)^3 = \left(1 + i_{t,1}\right)\left(1 + {}_t i^e_{t+1,1}\right)\left(1 + {}_t i^e_{t+2,1}\right) \tag{8}$$

Esta equação pode facilmente ser generalizada para qualquer horizonte temporal de investimento de n períodos, o que implica que se verifique a igualdade entre o valor final de cada euro investido numa obrigação com n períodos de prazo e o valor final do euro investido em n sucessivas obrigações de curto prazo:

$$\left(1 + i_{t,n}\right)^n = \left(1 + i_{t,1}\right)\left(1 + {}_t i^e_{t+1,1}\right)\left(1 + {}_t i^e_{t+2,1}\right)\ldots\left(1 + {}_t i^e_{t+n-1,1}\right) \tag{9}$$

Esta equação permite-nos ainda calcular o valor de qualquer taxa esperada para uma data futura, cujo vencimento tenha lugar até ao momento t+n. Assim, por exemplo, a taxa de juro, com prazo n-1, esperada, na data t, para ser formada no mercado na data t+1, é dada pela seguinte igualdade:

$$\left(1 + {}_t i^e_{t+1,n-1}\right)^{n-1} = \left(1 + {}_t i^e_{t+1,1}\right)\left(1 + {}_t i^e_{t+2,1}\right)\ldots\left(1 + {}_t i^e_{t+n-1,1}\right) \tag{10}$$

7.2.2. A teoria dos prémios de risco

A aversão pelo risco, por parte dos investidores, é um dos pressupostos fundamentais da teoria do prémio de risco, a qual sublinha também que o risco de perda de capital é mais elevado nos títulos de longo prazo do que nos de curto prazo. A aversão pelo risco conduz os investidores a terem uma preferência natural pelos títulos de curto prazo, em detrimento dos títulos de longo prazo. Os devedores, pelo contrário, procuram de preferência recursos a longo prazo, o que lhes permite assegurar melhor a estabilidade dos encargos com os juros. Daí resulta uma *debilidade constitucional* do mercado obrigacionista, que se traduz numa tendência para haver um excesso na procura de títulos de curto prazo e, simultaneamente, um excesso de oferta de títulos de longo prazo. Nestas circunstâncias, os devedores vêem-se obrigados a oferecer prémios de risco pelos títulos de longo prazo, como meio de atrair os investidores.

Voltemos ao exemplo de um horizonte temporal de dois anos, com o qual iniciámos a apresentação da teoria das expectativas puras, e tomemos como ponto de partida as taxas que asseguravam a igualdade entre o valor final das alternativas de comprar um título com dois anos de prazo, ou dois títulos de curto prazo consecutivos. As taxas de juro correntes, para os prazos de um e dois anos eram respectivamente $i_{t,1}$=10,5% e $i_{t,2}$=10,75%, e a taxa de curto prazo esperada para o segundo ano era $_t i^e_{t+1}$ = 11%. Em ambas as alternativas de investimento o valor de cada 1€, ao fim de 2 anos é igual a 1,227€. Suponhamos que o investidor opta pela compra da obrigação a 2 anos, com o objectivo de a vender no final do primeiro ano. O valor que espera obter, no final desse ano, por cada euro investido, é 1€(1+10,5%)=1,105. Este mesmo valor é o que corresponde ao valor final de cada euro investido num título a dois anos, actualizado para o final do primeiro ano, à taxa de juro esperada[3]: 1,227€/(1+11%)=1,105. Mas, se a taxa de juro efectiva de curto prazo no início do 2° ano for $i_{t+1,1}$=11,5%, cada euro investido atingirá nessa data apenas o valor de 1,100€. Este exemplo põe em evidência o risco de perda de capital existente nos títulos obrigacionistas, e que se traduz na possibilidade de afastamento do preço de venda efectivo dos títulos relativamente ao preço esperado, em consequência das variações inesperadas das taxas de juro. É a existência deste tipo de risco que está na base da hipótese defendida pela teoria dos prémios de risco, segundo a qual as obrigações de prazo mais elevado devem oferecer aos investidores uma remuneração superior à que estes obteriam através do investimento em sucessivos títulos de curto prazo, durante o mesmo período de tempo. Na formulação de Hicks (1939)[4], a equação que traduz o equilíbrio no mercado das obrigações, de acordo com a teoria dos prémios de risco, para um horizonte temporal de dois anos é a seguinte:

---

[3] Ver, na secção seguinte, a relação entre o preço das obrigações e as taxas de juro.

[4] J. Hicks em *Value and Capital* (1939), Oxford University Press.

$$\left(1+i_{t,2}\right)^2 = \left(1+i_{t,1}\right)\left(1+{}_t i^e_{t+1,1} + L_1\right) \tag{11}$$

a qual, generalizada para n anos toma a seguinte representação:

$$\left(1+i_{t,n}\right)^n = \left(1+i_{t,1}\right)\left(1+{}_t i^e_{t+1,1} + L_1\right)...\left(1+{}_t i^e_{t+n-1,1} + L_{n-1}\right) \tag{12}$$

em que L_1,..., L_{n1}, são os prémios de risco. Esta teoria colmata apenas parcialmente a insuficiência das expectativas acerca das taxas de juro futuras para explicar a estrutura de prazo das taxas de juro. Com efeito, também ela apresenta uma limitação importante, pelo facto de se basear na hipótese de que todos os investidores têm preferência pelo curto prazo. Na verdade, essas preferências são bastante diversificadas, na medida em que existe uma grande variedade de horizontes temporais, no universo dos investidores. Assim, um investidor cujo horizonte temporal de investimento é de longo prazo, protege-se contra o risco de variações da taxa de juro, comprando obrigações cuja maturidade se ajuste ao fim desse horizonte temporal. Na perspectiva das teorias institucionais que abordamos a seguir, este investidor não requer um prémio de risco para substituir títulos de curto por títulos de longo prazo, como supõe a teoria dos prémios de risco. Pelo contrário, ele pretenderá um prémio de risco para aceitar deslocar os seus fundos de aplicações do longo para o curto prazo.

7.2.3. As teorias institucionais (teoria da segmentação dos mercados e teoria do habitat preferido)

As teorias institucionais rejeitam a hipótese da mobilidade perfeita de capitais entre os mercados de títulos com prazos diferentes, e sustentam que o oferta e a procura relativas a cada prazo desempenham um papel fundamental na determinação da respectiva taxa de juro. Há contudo, uma diferença acentuada entre as duas teorias às quais se aplica a designação de institucionais. De acordo com a primeira delas, *teoria da segmentação dos mercados*, as taxas de juros de títulos com maturidades diferentes são totalmente independentes umas das outras. Esta teoria negligencia o papel das expectativas na criação de relações de interdependência entre taxas de juro com prazos diferentes. A explicação que dá, para a estrutura de prazo das taxas de juro, assenta no comportamento de defesa dos agentes económicos face ao risco. Esse comportamento de defesa implica que os investidores cubram o risco de taxa de juro escolhendo obrigações cuja maturidade seja estritamente igual à maturidade dos respectivos recursos. Se um investidor cujo horizonte temporal é n anos compra, no momento t, títulos cuja maturidade é $n+i$, terá que vender esses títulos no momento $t+n$. Deste modo, ele incorre num risco de perda de capital se houver uma subida das taxas de juro, durante o período em que decorre investimento, a qual fará diminuir o valor dos seus títulos relativamente ao valor esperado. Por outro lado, se aplicar os seus fundos em títulos cuja maturidade é inferior ao seu horizonte temporal de investimento, ele incorre num risco de reinvestimento. Com efeito, quando as obrigações são reembolsadas no momento $t+n-i$, os fundos devem ser reinvestidos em novas obrigações entre $t+n-i$ e $t+n$. Ora, se houver uma diminuição das taxas de juro entre essas duas datas, o fundos serão reinvestidos a uma taxa de juro inferior à inicialmente prevista. A conclusão da teoria é a de que, para se proteger contra o risco de taxa de juro, cada investidor apenas deverá procurar títulos cuja maturidade seja estritamente igual à disponibilidade temporal dos seus recursos. A generalização do comportamento de cobertura a todos os agentes económicos determina a **segmentação dos mercados**[5]. A taxa de juro de um dado prazo, n, é determinada pela oferta e pela procura de títulos feitas por agentes económicos com horizonte temporal de n anos, e independente das taxas de juro com prazos diferentes deste. Segundo os autores ligados a esta teoria, a segmentação dos mercados deve-se fundamentalmente ao comportamento dos investidores institucionais, como os bancos e as companhias de seguros. Estes investidores adoptam, segundo aqueles autores, procedimentos de investimento muito rígidos, no que respeita ao ajustamento entre a maturidade do activo e a maturidade do passivo. «As companhias de seguros, por exemplo, investem habitualmente em títulos de longo prazo, e os bancos comerciais investem em títulos de curto ou de médio prazo...»[6].

---

[5] Conard, J. (1959), *An Introduction to the Theory of Interest*, University of California, Los Angeles.

[6] Conard (1959), p. 304.

A teoria do *habitat* preferido, contrariamente à anterior, procura conciliar a influência dos aspectos institucionais com a das expectativas e a dos prémios de risco, na explicação da estrutura de prazo das taxas de juro. Esta teoria reconhece o papel das preferências temporais dos investidores e dos devedores, na explicação dessa estrutura. Considera, no entanto, que existem arbitragistas, ou intermediários, que aceitam sair da sua maturidade (*habitat*) preferida, quando as taxas de juro de prazos diferentes desta oferecem prémios que eles consideram suficientemente compensadores do risco da operação. Assim, uma instituição financeira cujo passivo é essencialmente de curto prazo, poderá, de acordo com esta teoria, aceitar fazer aplicações em activos de longo prazo desde que a taxa de juro de longo prazo seja suficientemente elevada para compensar o risco de perda de capital em que incorre. Trata-se, neste caso, de prémios de risco de capital incluídos nas taxas de juro de longo prazo. Uma instituição de outro tipo, com um passivo exigível a longo prazo, corre risco de reinvestimento ao aplicar os seus recursos em títulos de curto prazo. No entanto, de acordo com a teoria do *habitat* preferido, se, num determinado momento, as taxas de juro de curto prazo tiverem valores bastante elevados comparativamente com as de longo prazo, essa instituição poderá achar que o investimento em títulos de curto prazo é suficientemente compensador do risco em que incorre. Este excesso que as taxas de juro de curto prazo apresentam relativamente ao valor normal que teriam, se não fosse necessário atrair estes investidores, corresponde ao prémio de risco de *reinvestimento*.

7.3. O risco de taxa de juro

Define-se como risco de taxa de juro a perda de valor que pode ocorrer numa obrigação ou numa carteira de obrigações, em resultado duma variação das taxas de juro, a qual causa variações de sentido inverso nos preços das obrigações. Essa relação inversa decorre do facto de os preços das obrigações serem a soma dos valores actualizados, para o momento presente, dos pagamentos a que essas obrigações vão dar lugar no futuro, sendo as respectivas funções de actualização determinadas pelas taxas de juro e pelos prazos desse pagamentos. Para vermos como se definem as funções de actualização dos pagamentos futuros e, a partir delas, a relação inversa entre as taxas de juro e os preços das obrigações consideremos o exemplo duma obrigação sem cupão com o prazo dum ano na data t. Sendo o seu preço de mercado $P_{t,1}$ = 9,3€, e o valor de reembolso, VR = 10€, a taxa de juro desta obrigação é:

$$i_{t,1} = \frac{10}{9,3} - 1 = 7,53\% \tag{13}$$

A partir desta igualdade podemos escrever a seguinte relação entre preço, valor de reembolso e taxa de juro:

$$P_{t,1} = \frac{VR}{\left(1 + i_{t,1}\right)} \tag{14}$$

na qual o preço da obrigação se apresenta como sendo o seu valor de reembolso actualizado para o momento presente.

Considerando um título com uma maturidade de dois anos, um valor de reembolso de 10€, e um preço de mercado de 9€, a respectiva taxa de juro anual é calculada a partir da seguinte equação:

$$P_{t,2} = \frac{VR}{(1 + i_{t,2})^2} \tag{15}$$

donde se obtém: $i_{t,2}$ = 5,4%. Este cálculo pressupõe a capitalização anual do valor inicial do título, à taxa de juro $i_{t,2}$.

Generalizando, para qualquer maturidade, n, a relação entre a taxa de juro, o preço de mercado e o valor de reembolso de uma obrigação de cupão zero tem a seguinte representação:

$$P_{t,n} = \frac{VR}{(1 + i_{t,n})^n} \tag{16}$$

As equações (14), (15) e (16) permitem definir a taxa de juro duma obrigação sem cupão como a taxa de *actualização* do valor final que o torna igual ao seu preço corrente de mercado.

Utilizando um raciocínio análogo àquele de que nos servimos para o cálculo das taxas de juro das obrigações sem cupão, somos levados a definir como taxa de rentabilidade interna de uma obrigação de cupão fixo, a taxa de juro que torna a soma dos valores actuais de todos os seus pagamentos futuros igual ao seu preço. Isto é, representando por $P_{t,n}$ o preço de uma obrigação com o prazo de n anos, ao longo dos quais têm lugar sucessivos pagamentos periódicos de cupão ou de cupão e de reembolso (conforme o regime de amortização), a taxa interna de rentabilidade desta obrigação, é o valor de i, que assegura a seguinte igualdade:

$$P_{t,n} = \sum_{\tau=1}^{n} \frac{CF_{\tau}}{(1+i)^{\tau}} \qquad (17)$$

onde CF_{τ} representa o valor do pagamento a que a obrigação dá lugar no fim de τ períodos após o momento t.

O valor de um investimento obrigacionista varia com o decurso do tempo, com os juros que se vão acumulando, mas pode também sofrer alterações momentâneas, resultantes das variações das taxas de juro. A expressão do valor actual duma obrigação, representada na equação (17), permite calcular a sensibilidade desse valor às variações das taxas de juro, a qual é obtida a partir da derivada de primeira ordem do preço em relação à taxa de juro, tal como está representado pela seguinte expressão:

$$S = \frac{\partial P}{\partial i} \frac{1}{P} = -\frac{\sum_{\tau=1}^{n} \tau \frac{CF\tau}{(1+i)^{\tau+1}}}{\sum_{\tau=1}^{n} \frac{CF_{\tau}}{(1+i)^{\tau}}} \qquad (18)$$

O conceito de *duração* de uma obrigação, formulado em primeiro lugar por Macaulay[7], é muito próximo do valor absoluto daquela sensibilidade. Daí que se tenha generalizado o hábito de utilizar a duração para medir o risco de taxa de juro das obrigações.

A duração, tal como foi definida por Macaulay, corresponde ao tempo de vida médio de um empréstimo obrigacionista, ponderado pelos valores

---

[7] Macaulay, F. (1938), *Some Theoretical Problems Suggested by the Movement of Interest Rates, Bond Yields, and Stock Prices in the United States Since 1856*, Columbia University Press.

actuais dos *cash-flows* desse empréstimo. A duração de Macaulay, para um empréstimo com uma maturidade *n*, tem a seguinte representação:

$$D = \frac{\sum_{\tau=1}^{n} \tau \frac{CF_{\tau}}{(1+i)^{\tau}}}{\sum_{\tau=1}^{n} \frac{CF_{j}}{(1+i)^{\tau}}} \qquad (19)$$

A comparação entre as equações (18) e (19) permite-nos verificar que existe a seguinte relação entre a duração e a sensibilidade:

$$S = -D \frac{1}{(1+i)} \qquad (20)$$

A duração de uma obrigação de cupão fixo é sempre menor do que a respectiva maturidade e varia inversamente com o valor do cupão. Com efeito, um cupão mais elevado implica, no caso dos empréstimos com re-embolso *in fine*, um aumento do peso dos pagamentos intermédios, relativamente ao último pagamento, no qual entra a amortização do em-préstimo, o que faz reduzir o prazo médio de vida do empréstimo.

Também o regime de amortização influencia a duração. Se o reembolso for escalonado no tempo, os *cash-flows* intermédios têm uma componente de amortização, para além da componente de cupão, o que aumenta o seu peso no cálculo da duração, pelo que esta se torna mais reduzida relativa-mente ao seu valor no caso de um empréstimo com reembolso *in fine*, considerando idênticas as restantes características do empréstimo.

Com base na duração é possível definir uma estratégia de investimento obrigacionista que tem por objectivo eliminar, ou pelo menos minimizar, o risco de taxa de juro de um portefólio, e que é designada por *imunização*. Representemos por h o número de anos durante o qual um investidor pretende manter um portefólio obrigacionista, ao qual damos a designação de *horizonte temporal do investidor*. Admitamos adicionalmente que o investidor reinveste cada pagamento de cupão (ou de cupão acrescido de reembolso) em novas obrigações remuneradas também à taxa de juro i, até à data em que pretende vender este portefólio. O valor final do investimento obrigacionista, VF, pode, assim, ser decomposto em dois elementos. O pri-meiro desse elementos é constituído pelo valor dos cupões recebidos e reinvestidos até ao momento t+h, e o segundo pelo o preço de venda do portefólio nesta data, tal como está representado na equação seguinte:

$$VF = \sum_{\tau=1}^{b} CF_{\tau} \left(1+i\right)^{b-\tau} + \sum_{\tau=b+1}^{n} \frac{CF_{\tau}}{\left(1+i\right)^{\tau-b}} \tag{21}$$

O primeiro somatório desta equação corresponde aos pagamentos recebidos, e reinvestidos até ao momento t+h. Esta componente vê o seu valor crescer se a taxa de juro a que são reinvestidos os *cash-flows* aumentar, e pelo contrário, o seu valor diminuirá se essa taxa de juro diminuir. O segundo somatório corresponde ao preço de venda do portefólio no momento t+h, ou seja, é o valor actualizado, para o momento t+h, de todos os pagamentos do portefólio, que serão recebidos posteriormente a essa data. O valor desta componente varia inversamente com as taxas de juro. Dado que as duas componentes do valor final variam em sentido inverso, é possível criar condições, designadas por *imunização*, para que suas variações se anulem mutuamente quando a taxa de juro sofre modificações. Para verificarmos quais são essas condições, tomemos como ponto de partida a seguinte relação entre o valor final do portefólio e o seu preço no momento inicial, relação essa que é facilmente obtida se dividirmos a equação (21) por $(1+i)^h$, e cuja representação é a seguinte:

$$VF = P_{t,n} \left(1+i\right)^{b} \tag{22}$$

Dizemos que este portefólio está imunizado contra o risco de taxa de juro, quando o seu valor final mínimo é obtido se a taxa de juro se mantiver no seu nível inicial. Isto implica que, se ocorrer uma variação da taxa de juro, positiva ou negativa, o valor final daí resultante para o portefólio é superior ao que é obtido se a taxa de juro não sofrer modificações. Para que o mínimo da função VF se verifique, quando a taxa de juro não sofre alterações, é necessário que a derivada de 1ª ordem de VF em ordem a i seja nula[8] neste ponto, isto é:

$$\frac{\partial VF}{\partial i} = \frac{\partial P}{\partial i}\left(1+i\right)^{b} + b\left(1+i\right)^{b-1} P = 0 \tag{23}$$

---

[8] Verifica-se facilmente que a derivada de 2ª ordem é positiva, a qual é a condição de 2ª ordem para que a função tenha um mínimo.

Desta condição de primeira resulta a seguinte relação entre o horizonte temporal do investidor e a sensibilidade da sua carteira:

$$h = -\frac{\partial P}{\partial i}\frac{1}{P}\left(1+i\right) \tag{24}$$

a qual, tendo em conta a relação entre sensibilidade duração apresentadas na equação (20) implica h=D, isto é, o portefólio obrigacionista está imunizado se a respectiva duração de Macaulay for igual ao horizonte temporal de investimento. A constituição dum portefólio obrigacionista cuja duração seja igual ao horizonte temporal do investidor é feita combinando diferentes obrigações, de modo que a soma das suas durações ponderadas pelas respectivas proporções seja igual ao horizonte temporal do investidor[9]. Deve também ter-se em conta que, à medida que o tempo passa, o horizonte temporal do investidor vai diminuindo. Por esse motivo, o investidor deve ir fazendo ajustamentos na composição da sua carteira, para assegurar que a duração se mantém igual ao seu horizonte temporal. A estratégia de imunização baseada na duração de Macaulay tem a limitação de apenas ter em conta as variações do nível das taxas de juro, mas não as modificações da sua estrutura de prazo[10].

A estratégia de imunização também pode ser aplicada a instituições financeiras, consistindo neste caso, em assegurar que o efeito da variação das taxas de juro sobre o valor do activo é compensado pelo efeito que essa mesma variação das taxas tem sobre o passivo. Consegue-se demonstrar facilmente que, neste caso, a condição de imunização é a seguinte[11]:

$$D_A A = D_P P \tag{25}$$

onde A é o valor do activo e D_A a sua duração, e P e D_P são, respectivamente, o valor do passivo e a sua duração.

---

[9] Ver a demonstração no Apêndice I deste capítulo.

[10] Para mais desenvolvimentos em torno da medida do risco da taxa de juro e da imunização, nomeadamente as implicações de actualizar cada pagamento duma obrigação com uma taxa de juro ajustada ao seu prazo ver J. Soares da Fonseca (1999) «Obrigações: Métodos de Avaliação e de Gestão do Risco de Taxa de Juro» (Capítulos V,VI e VII), Ed. do Instituto do Mercado de Capitais, Porto.

[11] Ver a demonstração no Apêndice II.

APÊNDICE I

A DURAÇÃO DUM PORTEFÓLIO

Sendo o portefólio composto por K obrigações, cada um dos seus *cash-flows* é igual à soma dos *cash-flows* das obrigações que o compõem, multiplicadas pelas respectivas quantidades, donde resulta a seguinte expressão para a duração do portefólio:

$$D_{PORT} = \frac{\displaystyle\sum_{\tau=1}^{n} \tau \frac{\displaystyle\sum_{k=1}^{K} CF_{k,\tau} Q_k}{(1+i)^{\tau}}}{\displaystyle\sum_{\tau=1}^{n} \frac{\displaystyle\sum_{k=1}^{K} CF_{k,\tau} Q_k}{(1+i)^{\tau}}} \tag{A1.1}$$

onde $CF_{k,\tau}$ é o pagamento proveniente da obrigação *k* que tem lugar na data τ, e Q_k é o número de títulos desse empréstimo obrigacionista que entram no portefólio. O valor deste último (denominador de A1.1), por sua vez, é igual à soma dos preços das obrigações multiplicados pelas respectivas quantidades.

Se, em A1.1, multiplicarmos e dividirmos cada pagamento no numerador da expressão, pelo preço da obrigação a que corresponde, obtemos a seguinte representação alternativa para esta duração:

$$D_{PORT} = \frac{\displaystyle\sum_{k=1}^{K} Q_k P_{k,t} \frac{\displaystyle\sum_{\tau=1}^{n} \frac{CF_{k,\tau}}{(1+i)^{\tau}}}{P_{k,t}}}{\displaystyle\sum_{\tau=1}^{n} \frac{\displaystyle\sum_{k=1}^{K} CF_{k,\tau} Q_k}{(1+i)^{\tau}}} \tag{A1.2}$$

o que, atendendo a que a proporção da obrigação k no portefólio é

$$X_k = \frac{P_{k,t} Q_k}{\displaystyle\sum_{k=1}^{K} P_{k,t} Q_k}$$

permite dar a seguinte representação a (A1.2):

$$D_{PORT} = \sum_{k=1}^{K} X_k D_k \tag{A1.3}$$

a qual mostra que a duração de um portefólio obrigacionista é igual à soma das durações das obrigações que o constituem, ponderadas pelas respectivas proporções.

Apêndice II

Dedução da condição de imunização activo/passivo

No desenvolvimento deste apêndice vamos representar por A, e P, respectivamente o activo e o passivo duma instituição financeira. Ambos correspondem a valores actuais de pagamentos futuros pelo que podem tomar a seguinte representação:

$$A = \sum_{\tau=1}^{n} \frac{a_{\tau}}{(1+i)^{\tau}} \qquad \text{(A2.1)}$$

e

$$P = \sum_{\tau=1}^{n} \frac{p_{\tau}}{(1+i)^{\tau}} \qquad \text{(A2.2)}$$

onde a_{τ} e p_{τ} representam os *cash-flows* do activo e do passivo, respectivamente. A preocupação do gestor duma instituição financeira com múltiplos *cash-flows* passivos consiste em assegurar que o capital próprio (que nos desenvolvimentos seguintes iremos representar por CP) não seja prejudicado pelas variações da taxa de juro. Isto porque, qualquer depreciação do activo relativamente ao passivo significa uma perda de capital próprio, que pode pôr em causa a capacidade do gestor para fazer face às suas responsabilidades.

Para analisarmos as condições de imunização do capital próprio, comecemos por ver a relação da sua duração com as durações do Activo e do Passivo. Tendo em conta que:

$$CP = \sum_{\tau=1}^{n} \frac{a_{\tau}}{(1+i)^{\tau}} - \sum_{\tau=1}^{n} \frac{p_{\tau}}{(1+i)^{\tau}} \qquad \text{(A2.3)}$$

Fazendo o desenvolvimento, em série de Taylor, da variação do capital próprio, resultante duma variação da taxa de juro, obtém-se:

$$\Delta CP = \frac{\partial CP}{\partial i} \Delta i + \frac{1}{2} \frac{\partial^2 CP}{\partial i^2} \left(\Delta i\right)^2 + ... + \frac{1}{n!} \frac{\partial^n CP}{\partial i^n} \left(\Delta i\right)^n \qquad \text{(A2.4)}$$

Tal como fizemos anteriormente, vamos reter para análise apenas os termos ligados à primeira derivada. Desenvolvendo a primeira derivada da equação (A2.4) obtemos:

$$\frac{\partial CP}{\partial i} = -\frac{1}{(1+i)} \left[\sum_{\tau=1}^{n} \frac{\tau a_{\tau}}{(1+i)^{\tau}} \right] + \frac{1}{(1+i)} \left[\sum_{\tau=1}^{n} \frac{\tau p_{\tau}}{(1+i)^{\tau}} \right] \qquad \text{(A2.5)}$$

Multiplicando e dividindo o primeiro somatório da equação (A2.5) pelo activo, e o segundo somatório pelo passivo, esta equação passa a tomar a seguinte representação:

$$\frac{\partial CP}{\partial i} = -\frac{1}{(1+i)} \frac{\left[\sum_{\tau=1}^{n} \frac{\tau a_{\tau}}{(1+i)^{\tau}} \right]}{\left[\sum_{\tau=1}^{n} \frac{a_{\tau}}{(1+i)^{\tau}} \right]} \left[\sum_{\tau=1}^{n} \frac{a_{\tau}}{(1+i)^{\tau}} \right] + \frac{1}{(1+i)} \frac{\left[\sum_{\tau=1}^{n} \frac{\tau p_{\tau}}{(1+i)^{\tau}} \right]}{\left[\sum_{\tau=1}^{n} \frac{p_{\tau}}{(1+i)^{\tau}} \right]} \left[\sum_{\tau=1}^{n} \frac{p_{\tau}}{(1+i)^{\tau}} \right] \quad (A2.6)$$

onde aparecem a duração do activo, que vamos designar por D_A, bem como a do passivo, que vamos designar por D_P. Assim, a esta equação pode dar-se a seguinte representação:

$$\frac{\partial CP}{\partial i} = -\frac{1}{(1+i)} \left(D_A A - D_P P \right) \quad (A2.7)$$

a partir da qual concluímos que a condição de primeira ordem para se conseguir imunizar a o capital próprio implica que se verifique a seguinte igualdade:

$$D_A A = D_P P \quad (A2.8)$$

PARTE III

A teoria monetária

Capítulo VIII

A PROCURA DE MOEDA

Uma das questões fundamentais em torno da procura de moeda é a identificação das variáveis que a determinam. As variáveis que, na teoria económica, são consideradas como fundamentais para explicar a função de procura de moeda são o rendimento, ou, em alternativa, a riqueza, e as taxas de juro. Neste capítulo iremos analisar três modelos de procura de moeda que, baseados nos motivos keynesianos dessa procura, têm por objectivo propor soluções para a determinação do valor dos encaixes monetários óptimos dos agentes económicos.

8.1. Os motivos da procura de moeda

Keynes[1] distinguiu os seguintes principais motivos da procura de moeda:
- o motivo de rendimento, que determina a procura de encaixes monetários dos indivíduos destinados a fazer face às despesas regulares que suportam entre as datas em que recebem os seus rendimentos;
- o motivo de negócios que traduz a detenção de encaixes monetários, pelas empresas, para fazer face às despesas regulares que têm que suportar até ao momento da venda dos produtos;
- o motivo de precaução que determina a procura de encaixes destinados a fazer face às situações em que os pagamentos a efectuar em

---

[1] Keynes, J.M. *The General Theory of Employment, Interest and Money* Ed. McMillan (1936).

dado momento sejam superiores aos recebimentos, em virtude da realização de despesas inesperadas e da incerteza quanto ao valor de alguns pagamentos e recebimentos;

- o motivo de especulação determinado pela confrontação entre o rendimento esperado pela detenção de obrigações, e o serviço de liquidez prestado pela moeda, cujo rendimento é nulo.

Keynes admitia que os motivos de rendimento e de negócios, os quais designou, em conjunto, por motivo de transacções, e o motivo de precaução, dependem do rendimento dos agentes económicos, Y, e determinam uma função de procura de encaixes $M_d(Y)$, que varia positivamente com esse mesmo rendimento. O motivo de especulação por sua vez, depende da taxa de juro, i, determinando uma função de procura de encaixes $M_d(i)$, que varia inversamente com a taxa de juro. Seguindo esta perspectiva, pode admitir-se que a procura de moeda efectuada pelo sector das famílias, pelos motivos de transacções e de precaução, é proporcional ao consumo planeado e, de modo idêntico, que a procura de moeda, efectuada pelas empresas, é proporcional ao seu volume de produção e investimento.

Na teoria keynesiana tradicional a procura de moeda sofre a influência das taxas de juro, por duas vias:

- a primeira é a procura especulativa, na medida em que o rendimento das obrigações depende das taxas de juro,
- a segunda é a procura de moeda determinada pelo investimento das empresas, dado que este tende a variar negativamente com o nível das taxas de juro.

Os motivos da procura de moeda inventariados por Keynes, estão na base dos modelos microeconómicos de procura de encaixes, apresentados no seguimento deste capítulo. Os dois primeiros desses modelos explicam a procura de encaixes monetários óptimos pelo motivo de transacções e pelo motivo de precaução. Os dois modelos seguintes baseiam-se na preferência pela liquidez dos agentes económicos, isto é, traduzem o papel desempenhado pela moeda no seus comportamentos especulativos em relação aos activos financeiros.

8.2. O modelo de procura de encaixes óptimos pelo motivo de transacções

O modelo de Baumol[2] para a determinação do encaixe monetário médio óptimo pelo motivo de transacções tem por base a hipótese de que o agente económico efectua, ao longo de um determinado período de tempo, um fluxo regular de despesas, representado por T, cujo valor é conhecido antecipadamente. Para além disso, neste modelo pressupõe-se que, para obter os meios de pagamento de que necessita, o agente económico recorre a obrigações que detém em carteira, pelas quais recebe uma taxa de juro, vendendo-as, num montante regular, que representaremos por C, ao longo do período durante o qual a despesa é realizada. O número de vendas de obrigações ao longo do período de realização da despesa é n=T/C, e o intervalo de tempo que separa duas vendas de títulos é o suficiente para gastar o encaixe monetário C. O seu encaixe monetário médio ao longo de todo o período de realização da despesa é, por conseguinte, igual a C/2 e, tal como C, varia inversamente com o número de vezes que o agente económico transforma títulos em moeda. Para efectuar cada operação de venda de títulos, o investidor suporta um custo de transacção, cujo valor é b (constante, não dependente de C).

Na Figura 1 vemos a representação das trajectórias da evolução do encaixe total e do encaixe médio, considerando os casos em que o indivíduo vende títulos, respectivamente, 2 e 4 vezes, durante o período de realização da despesa T.

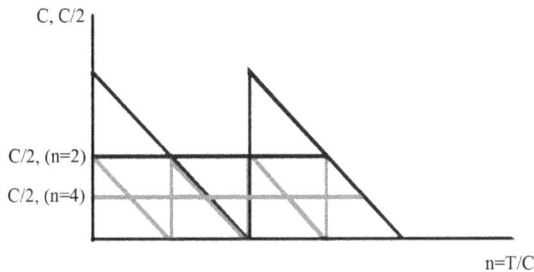

Fig. 1: O encaixe monetário médio e o número de transacções de títulos

---

[2] Baumol, W.(1952), «The Transactions Demand for Cash: An Inventory Theoretic Approach», *Quarterly Journal of Economics*, n.° 66, p. 545-556.

O valor dos custos de transacção é igual ao custo de transacção unitário, multiplicado pelo número de vendas de títulos, ou seja, é igual a bT/C. Estes custos de transacção variam inversamente com o encaixe C, pois quanto mais elevado for este, menor é o número de vendas de títulos que o agente económico efectua. Por outro lado, sendo i a taxa de juro referente ao período de realização da despesa, a detenção do encaixe médio implica um custo de oportunidade igual a iC/2. O custo total da detenção de encaixes monetários, CT, corresponde, assim, à soma do custo de oportunidade com os custos de transacção, isto é:

$$CT = \frac{C}{2}i + \frac{T}{C}b \qquad (1)$$

O comportamento racional do agente económico levá-lo-á, de acordo com este modelo, a escolher como encaixe monetário desejado, o valor de C a que corresponde o menor custo total. Esse valor óptimo é calculado derivando o custo total, CT, em ordem a C, e igualando essa derivada a zero, de forma a obter um mínimo para essa função[3]. A expressão dessa derivada é:

$$\frac{\partial CT}{\partial C} = \frac{i}{2} - \frac{bT}{C^2} \qquad (2)$$

e torna-se igual a zero quando:

$$C = \sqrt{\frac{2bT}{i}} \qquad (3)$$

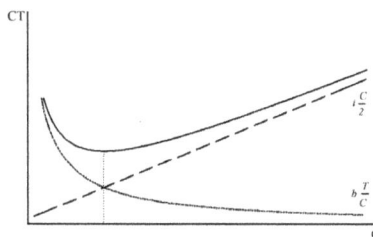

Fig. 2: A procura de moeda pelo motivo de transacções - o modelo de Baumol

---

[3] Prova-se facilmente que a derivada de segunda ordem desta função é positiva (segunda condição para a existência de um mínimo).

Se incluirmos uma componente variável no custo de transacção dos títulos, não alteramos o modelo. Com efeito, se o custo suportado em cada venda de títulos for representada por b_0+b_1C, a expressão do custo total da detenção de encaixes monetários torna-se igual a:

$$CT = \frac{C}{2}i + \frac{T}{C}\left(b_0 + b_1C\right)$$
$$= \frac{C}{2}i + \frac{T}{C}b_0 + Tb_1 \tag{4}$$

Derivando esta equação em ordem a C, e igualando a derivada a zero, tal como fizemos anteriormente, obtemos o seguinte valor óptimo para C:

$$C = \sqrt{\frac{2b_0T}{i}} \tag{5}$$

De acordo com o modelo de Baumol, o aumento das transacções implica um aumento menos do que proporcional na procura de encaixes monetários. Com efeito, a expressão do encaixe monetário óptimo, dada pelas equações (3) e (5), permite verificar que a elasticidade da procura de encaixes em relação ao montante das transacções, representada pela seguinte expressão:

$$e_{C,T} = \frac{\partial\left(\log C\right)}{\partial\left(\log T\right)} = \frac{\partial C}{\partial T}\frac{T}{C} \tag{6}$$

é igual a 0,5, o que significa que cada aumento de 1% no valor das transacções implica um aumento de 0,5% na procura de encaixes.

A expressão do encaixe monetário óptimo permite igualmente verificar que a elasticidade da procura de encaixes monetários, em relação à taxa de juro:

$$e_{C,i} = \frac{\partial\left(\log C\right)}{\partial\left(\log i\right)} = \frac{\partial C}{\partial i}\frac{i}{C} \tag{7}$$

é igual a -0,5. Esta elasticidade significa que quando, por exemplo, a taxa de juro aumenta de 10% para 11%, o encaixe monetário óptimo se reduz de 5% relativamente ao seu valor inicial.

O raciocínio subjacente a este modelo aplica-se igualmente ao caso em que o agente económico recebe um rendimento sob a forma de moeda, no início do período em que vai realizar a despesa. Continuamos a admitir que essa despesa, T, é igual ao rendimento do indivíduo. No início do período, ele decide investir uma parte desse rendimento em títulos, no montante I, detendo, sob a forma de moeda, o montante R=T-I. Na compra dos títulos, o indivíduo suporta um custo de transacção, CTr_I, que tem uma componente fixa e uma componente variável:

$$CTr_I = b_d + k_d I \qquad (8)$$

O encaixe inicial, T-I, é gasto durante a fracção (T-I)/T do período da despesa. Considerando a taxa de juro i, referida ao período total da despesa, o custo de oportunidade da detenção do encaixe monetário médio inicial (COEI) é:

$$COEI = i \frac{T-I}{2} \frac{T-I}{T} \qquad (9)$$

Após ter gasto todo o encaixe inicial, o consumidor irá proceder a sucessivas vendas de títulos, no montante de C em cada uma delas. O custo de transacção suportado em cada venda de títulos é $b_w + k_w C$, sendo, portanto, constituído por uma componente fixa, e por outra que depende do montante transaccionado. O número total de vendas de títulos é n=I/C, e o período (remanescente) ao longo do qual vai ser gasto o montante I, inicialmente investido em títulos, corresponde à fracção I/T do período total. Deste modo, o custo total das transacções de títulos é:

$$CT_r = \frac{I}{C} \left(b_w + k_w C \right) \qquad (10)$$

O encaixe monetário médio detido ao longo do período remanescente é C/2, e o respectivo custo de oportunidade é:

$$CO = i \frac{C}{2} \frac{I}{T} \qquad (11)$$

O custo total, CT, de detenção do encaixe monetário médio C/2, é igual à soma do respectivo custo de oportunidade com o custo total das transacções de títulos:

$$CT = i \frac{C}{2} \frac{I}{T} + \frac{I}{C} \left(b_w + k_w C \right) \qquad (12)$$

O valor óptimo do encaixe monetário C é, tal como nos desenvolvimentos anteriores, aquele que minimiza o custo total. Assim, derivando a equação do custo total (12), em ordem a C, e igualando a zero essa derivada, obtemos a seguinte expressão para o encaixe monetário óptimo:

$$C = \sqrt{\frac{2b_w T}{i}} \tag{13}$$

O montante do investimento em títulos, I, bem como o do encaixe monetário inicial, R=T-I, são determinados tendo em conta que o consumidor tem como objectivo a minimização do custo total da detenção de encaixes monetários, ao longo de todo o período de realização da sua despesa. Esse custo total, que corresponde à soma do custo de detenção do encaixe inicial, com o custo de detenção do encaixe monetário médio óptimo do período remanescente, é representado pela seguinte expressão:

$$CT = i\frac{T-I}{2}\frac{T-I}{T} + b_d + k_d I + i\frac{C}{2}\frac{I}{T} + \frac{I}{C}\left(b_w + k_w C\right) \tag{14}$$

Derivando esta expressão do custo total em ordem a I, e igualando essa derivada a zero, para assegurar um mínimo para a função, obtemos o valor óptimo do investimento em títulos, e por diferença, o valor do encaixe monetário inicial desejado. A expressão daquela derivada é:

$$\frac{\partial CT}{\partial I} = -i\frac{T-I}{T} + k_d + \frac{C}{2}\frac{i}{T} + \frac{b_w}{C} + k_w \tag{15}$$

Igualando a zero a equação (15), e tendo em conta que C é dado pela equação (13), o valor do encaixe inicial desejado, R, vem dado pela seguinte expressão:

$$R = T - I = \sqrt{\frac{2b_w T}{i}} + T\left(\frac{k_d + k_w}{i}\right) \tag{16}$$

O encaixe monetário médio óptimo de acordo neste modelo é o seguinte:

$$M = \frac{R}{2}\left(\frac{T-I}{T}\right) + \frac{C}{2}\left(\frac{I}{T}\right) \tag{17}$$

Substituindo, na equação (17), R, pela expressão equivalente dada pela equação (16) e C pela expressão equivalente dada pela equação (13) obtemos a seguinte expressão para o encaixe médio óptimo:

$$M = \sqrt{\frac{b_w T}{2i}\left(1 + \frac{k_w + k_d}{i}\right) + \frac{T}{2}\left(\frac{k_d + k_w}{i}\right)^2} \tag{18}$$

Nesta última expressão as elasticidades do encaixe monetário médio óptimo relativas à despesa e à taxa de juro não são constantes, como acontece com as versões mais simples deste modelo. De acordo com as demonstrações de Brunner e Meltzer[4] a elasticidade da procura de encaixes em ordem a T, no modelo da equação (18), tende para a unidade. Sublinham estes autores que essa elasticidade tende para 0,5 apenas quando a componente fixa dos custos de transacção é muito elevada ou o valor da despesa é muito reduzido. Por outro lado, a elasticidade-juro tende para –2 quando a despesa, T, tende para valores muito elevados, ou a componente fixa do custo de corretagem, b_w, tende para zero.

8.3. O modelo de procura de encaixes monetários óptimos pelo motivo de precaução

Para dar resposta ao problema da optimização dos encaixes monetários pelo motivo de precaução, Whalen[5] construiu um modelo onde o agente económico se confronta também com dois tipos de custos para a determinação do encaixe óptimo pelo motivo de precaução. Esses custos são:
- o custo de oportunidade, representado pela taxa de juro dos títulos, que são substituídos por moeda;
- o custo de iliquidez, que resulta da perda de valor, sofrida com a venda de activos ilíquidos, ou do recurso ao endividamento, a que o

---

[4] Brunner, A e H. Meltzer (1967) «Economies of Scale in Cash Balances Reconsidered», *Quarterly Journal of Economics*, nº 81, p. 319-354.

[5] Whalen, E. (1966), «A rationalisation of the precautionary demand for cash», *Quarterly Journal of Economics*, nº 80, p. 314-324.

agente económico se vê obrigado, quando os seus encaixes monetários são insuficientes para fazer face às suas despesas.

O custo de oportunidade, traduzido pelo juro perdido, é tanto mais elevado, quanto maior for o montante do encaixe monetário do agente económico.

A probabilidade de o agente económico ter de suportar o custo de iliquidez, pelo contrário, varia inversamente com o montante do encaixe monetário de precaução. Designemos por N os pagamentos líquidos, isto é, a diferença entre os pagamentos e os recebimentos efectuados pelo agente económico em cada momento. Admitamos, por simplificação na exposição do modelo, que a média dos pagamentos líquidos é igual a zero, $E(N)=0$, pelo que a variância de N é, por sua vez:

$$\sigma^2 = \sum_{j=1}^{n} p_j \left(N_j - E\left(N\right)\right)^2 = \sum_{j=1}^{n} p_j N_j^2 \tag{19}$$

sendo N_j um dos n valores possíveis dos pagamentos líquidos, e p_j a respectiva probabilidade.

O agente económico suporta o custo de iliquidez sempre que o valor dos seus pagamentos líquidos seja superior ao seu encaixe monetário de precaução, que designamos por C_p. Admitamos também que o custo de iliquidez é uma constante, q, independente da diferença entre o valor dos pagamentos líquidos e o valor do encaixe monetário, $N-C_p$.

O custo provável de iliquidez é igual ao valor de q multiplicado pela probabilidade de os pagamentos líquidos serem superiores ao encaixe monetário, a qual representamos por $p(N>C_p)$. Deste modo o custo total da detenção de encaixes monetários de precaução é igual à soma do custo de oportunidade com o custo provável de iliquidez, ou seja:

$$CT = iC_p + p(N > C_p)q \tag{20}$$

Pode verificar-se facilmente que a probabilidade dos pagamentos líquidos ultrapassarem o encaixe monetário, C_p, tem o seguinte limite superior[6]:

---

[6] Ver no Apêndice a demonstração da verificação da desigualdade (21).

$$p\left(N > C_p\right) \le \frac{\sigma^2}{C_p^2} \qquad (21)$$

Se substituirmos, no custo total, a probabilidade de os pagamentos líquidos excederem o encaixe monetário, pelo seu limite superior, obtemos a seguinte expressão:

$$CT = iC_p + \frac{\sigma^2}{C_p^2} q \qquad (22)$$

Esta última expressão do custo total, sendo derivável em ordem a C_P, torna possível determinar o valor deste encaixe monetário para o qual o custo total é mínimo. Sabendo-se que o custo total do encaixe monetário de precaução é minimizado quando a respectiva derivada em ordem a C_p for igual a zero, ou seja, quando:

$$\frac{\partial CT}{\partial C_p} = i - \frac{2\sigma^2}{C_p^3} q = 0 \qquad (23)$$

concluímos que o encaixe monetário óptimo pelo motivo de precaução é dado pela seguinte expressão:

$$C_p = \sqrt[3]{\frac{2\sigma^2 q}{i}} \qquad (24)$$

De acordo com esta expressão, a elasticidade do encaixe monetário óptimo pelo motivo de precaução, é de 1/3, em relação à variância dos pagamentos líquidos, bem como em relação ao custo de iliquidez, e de -1/3 em relação à taxa de juro.

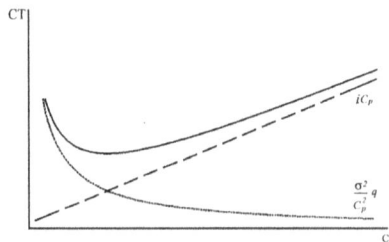

Fig. 3: A procura de encaixes monetários pelo motivo de precaução

8.4. Os modelos de procura de moeda baseados na preferência pela liquidez

James Tobin[7] construiu um modelo de preferência pela liquidez que introduz, na análise da procura de moeda, os desenvolvimentos da teoria financeira ocorridos após o estudo de Markowitz[8] sobre a relação entre a rentabilidade esperada e o risco dos activos financeiros. Tal como no modelo de procura especulativa tradicional concebido por Keynes, no modelo de Tobin os investidores confrontam as aplicações em moeda com as aplicações em activos financeiros, em função da rentabilidade esperada destes. A análise de Tobin tem em conta a medida do risco de perda de capital dos títulos, que não faz parte do modelo keynesiano tradicional da procura especulativa.

Começaremos a nossa análise pelo modelo keynesiano tradicional, o que torna mais fácil a comparação entre os dois modelos.

8.4.1. O modelo da procura especulativa de Keynes

Para Keynes[9] a procura especulativa de moeda é determinada pela existência de incerteza em relação à evolução futura das taxas de juro. O rendimento obtido de uma obrigação tem duas componentes: a taxa de juro e o ganho de capital. Por razões de simplicidade na definição das taxas de juro, admitamos que a alternativa à detenção de encaixes monetários é constituída por obrigações consolidadas (isto é, que não têm reembolso). A taxa de juro destas obrigações, i, é calculada dividindo o juro pago periodicamente, J, pelo preço de compra dos títulos, P[10]:

$$i = \frac{J}{P} \qquad (25)$$

[7] Tobin, J. (1958), «Liquidity preference as behaviour towards risk», *Review of Economics Studies*, nº 35, p. 65-86.

[8] Markowitz, H. (1952), «Portfolio Selection», *Journal of Finance*, nº 7, p. 77-91.

[9] Keynes (1936), *op. cit.*

[10] Cf. Soares da Fonseca (1999) «Obrigações: Métodos de Avaliação e de Gestão do Risco de Taxa de Juro» (Capítulo I), Ed. do Instituto do Mercado de Capitais, Porto.

Se considerarmos o caso em que J=1, temos a seguinte representação para a relação entre a taxa de juro e o preço da obrigação:

$$i = \frac{1}{P} \qquad (26)$$

ou alternativamente, se quisermos exprimir o preço como função da taxa de juro:

$$P = \frac{1}{i} \qquad (27)$$

O ganho de capital é a diferença entre o preço de venda e o preço de compra do título. Sendo P o preço de compra de um título, e P^e o preço de venda esperado pelo investidor, a taxa de ganho de capital esperada do título é:

$$g^e = \frac{P^e - P}{P} \qquad (28)$$

O preço esperado pode, de forma idêntica à do preço corrente, ser representado como uma função da taxa de juro esperada, i^e:

$$P^e = \frac{1}{i^e} \qquad (29)$$

Substituindo na expressão da taxa de ganho de capital, o preço de compra e o preço esperado, pelas suas funções em i e i^e, respectivamente, pode representar-se o ganho de capital como função da diferença entre a taxa de juro corrente e a taxa de juro esperada:

$$g^e = \frac{i - i^e}{i^e} \qquad (30)$$

a qual nos permite ver que o ganho esperado de capital é positivo, quando o investidor espera uma diminuição das taxas de juro, e negativo, se ele espera que as taxas de juro subam.

A taxa de rentabilidade esperada pelo investidor, é a soma da taxa de juro com a taxa de ganho de capital:

$$e = i + \frac{i - i^e}{i^e} \tag{31}$$

Para cada investidor individual existe um valor particular da taxa de juro i, função da sua taxa de juro esperada, que anula a taxa de rentabilidade esperada do título. Esse valor designa-se por taxa de juro crítica do investidor, i_c, e é dado pela seguinte expressão:

$$i_c = \frac{i^e}{1 + i^e} \tag{32}$$

Para valores da taxa de juro corrente, superiores à taxa de juro crítica, o investidor espera dos títulos um rendimento superior a zero, o que, de acordo com as hipóteses da teoria keynesiana tradicional, conduz o agente económico a desfazer-se de todos os seus encaixes monetários destinados à especulação, e a investi-los em obrigações. Se a taxa de juro corrente for igual ou inferior à taxa de juro crítica, então o rendimento esperado dos títulos é nulo, no primeiro caso, ou negativo, no segundo. Em qualquer destas situações, o investidor venderá todos os seus títulos obrigacionistas, e eleva ao valor máximo os seus encaixes monetários especulativos.

A descontinuidade da função de procura especulativa individual de moeda, admitida pela visão keynesiana tradicional, encontra-se representada na Figura 4, onde a procura de encaixes monetários é nula, para valores da taxa de juro iguais ou superiores à taxa de juro crítica, e tem um valor constante positivo, para valores da taxa de juro inferiores à taxa de juro crítica. De acordo com a teoria keynesiana tradicional, as expectativas dos investidores em relação à variação das taxas de juro são bastante dispersas.

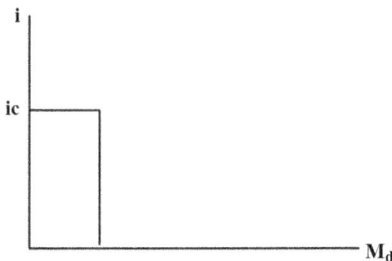

Fig. 4: A procura especulativa individual de moeda

Esta é uma condição para que a função de procura agregada de moeda seja estável e possa ser representada por uma curva contínua e decrescente com a taxa de juro, tal como a que se encontra representada na Figura 5. Quando a taxa de juro de mercado apresenta valores muito elevados, são poucos os agentes económicos para os quais ela se situa abaixo da sua taxa de juro crítica e que detêm encaixes especulativos.

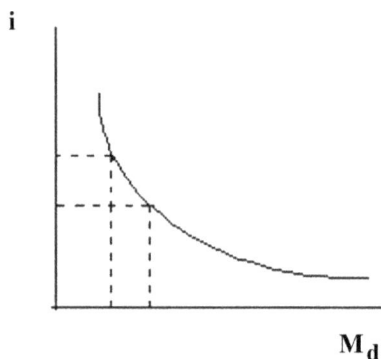

Fig. 5: A procura especulativa de moeda agregada

À medida que a taxa de juro vai diminuindo, um número cada vez maior de investidores atinge a taxa de juro crítica, e vai substituindo títulos por moeda, fazendo aumentar a procura especulativa agregada. Quando, final-mente, a taxa de juro de mercado, atinge um valor inferior à taxa de juro crítica de todos os investidores, a curva da procura especulativa agregada torna-se horizontal.

8.4.2. O risco dos títulos e a preferência pela liquidez: a análise de Tobin

O modelo de Tobin para a preferência pela liquidez começa por acres-centar, ao modelo keynesiano tradicional, uma medida do risco de capital dos títulos. Assim, as decisões dos investidores são tomadas com base no valor esperado e no desvio-padrão do ganho de capital dos títulos. A taxa de ganho de capital esperada corresponde à soma dos seus n valores possíveis, g_i ponderados pelas respectivas probabilidades, p_i:

$$E(g) = \sum_{i=1}^{n} g_i p_i \tag{33}$$

O desvio-padrão do ganho de capital é dado pela seguinte expressão:

$$\sigma_g = \sqrt{\sum_{i=1}^{n} \left(g_i - E(g)\right)^2 p_i} \tag{34}$$

A taxa de rentabilidade esperada dos títulos define-se, tal como vimos, a propósito do modelo keynesiano tradicional, pela soma da taxa de juro com a taxa de ganho de capital esperada:

$$e = i + E(g) \tag{35}$$

No modelo de Tobin a riqueza dos investidores, W, é aplicada simultaneamente em moeda, M, e em obrigações, B, e não necessariamente apenas num destes dois tipos de activos. Vamos representar por x_M a proporção da riqueza que um determinado investidor aplicou em moeda, e por $x_B = 1 - x_M$, a proporção da riqueza que ele aplicou em obrigações. A rentabilidade esperada, E(R) e o risco da sua riqueza, σ_R são dados, respectivamente, pelas duas seguintes expressões:

$$E(R) = x_B \left[i + E(g)\right] \tag{36}$$

e

$$\sigma_R = x_B \sigma_g \tag{37}$$

Esta última equação permite-nos a escrever:

$$x_B = \frac{\sigma_R}{\sigma_g} \tag{38}$$

Substituindo, a partir desta última igualdade, x_B, na equação (36), obtém-se:

$$E(R) = \sigma_R \frac{\left[i + E(g)\right]}{\sigma_g} \tag{39}$$

A equação (39) dá-nos o conjunto de todas as combinações entre rentabilidade esperada e risco que qualquer investidor pode alcançar. A recta *do mercado* de capitais, OA, na Figura 6, é a representação gráfica dessa equação. O ponto O, na origem, onde a rentabilidade esperada e o risco são nulos, corresponde à situação em que o investidor apenas detém encaixes monetários especulativos, e nenhuns títulos. O ponto A, onde o risco de cada euro da carteira do investidor é igual ao risco dos títulos, corresponde à outra situação extrema, em que o investidor apenas detém títulos e nenhum encaixe monetário especulativo. Entre essas duas situações extremas existe, ao longo da recta OA, uma infinidade de combinações possíveis entre títulos e moeda.

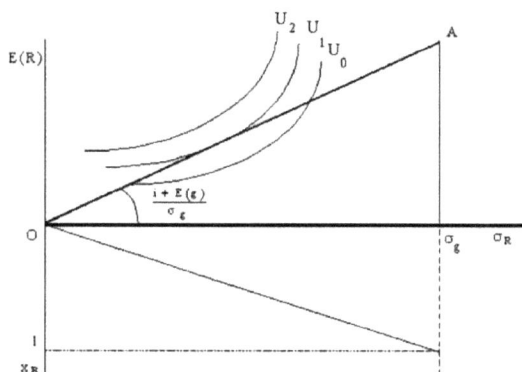

Fig. 6: O modelo da preferência pela liquidez de Tobin

A combinação escolhida por cada investidor depende da sua função de utilidade individual. Admitamos que a **aversão pelo risco** é dominante entre os investidores. Este tipo de atitude significa que um investidor apenas está disposto a aumentar o risco que corre, se for compensado por um aumento da rentabilidade esperada.

A aversão pelo risco está representada, no quadrante da relação entre a rentabilidade esperada e o risco, pelas curvas de indiferença U_0, U_1 e U_2

representadas na Figura 6. Ao longo de cada uma dessas curvas, os aumentos do risco são compensados por acréscimos da rentabilidade esperada para que o nível de utilidade do investidor se mantenha constante. Cada ponto da curva de indiferença U_2, quando comparado com um ponto de igual risco situado nas curvas de indiferença U_1 e U_0, apresenta uma rentabilidade esperada mais elevada. Assim sendo, a curva de indiferença U_2 representa um grau de satisfação mais elevado do que o da curva U_1, e esta, por sua vez, representa um grau de satisfação mais elevado do que o da curva U_0. O investidor deseja, com o fim de maximizar a sua função de utilidade, atingir a curva de indiferença mais elevada possível. Mas, ele não consegue atingir a curva de indiferença U_2, nem qualquer outra que esteja situada acima da recta OA, sobre a qual se situam as combinações entre rentabilidade esperada e risco que podem ser alcançadas, dadas as condições do mercado financeiro. Assim sendo, o investidor maximiza a sua função de utilidade escolhendo uma combinação entre rentabilidade esperada e risco que corresponda ao ponto de tangência de uma das suas curvas de indiferença com a recta OA. As variações da taxa de juro, bem como da taxa de ganho de capital esperado dos títulos, ao causarem deslocações da recta de mercado, levam a alterações na composição da carteira dos investidores, que podem ser decompostas nos resultados de dois efeitos: o efeito-riqueza e o efeito-substituição. Uma subida da taxa de juro ou da taxa de ganho de capital esperado é equivalente a uma diminuição do risco dos títulos, como causa da verificação destes efeitos. De igual forma uma diminuição da taxa de juro ou da taxa de ganho de capital esperado é equivalente a um aumento do risco. Para medirmos o efeito-substituição, quando uma destas variações ocorre, traçamos uma paralela à nova recta de mercado, que seja tangente à curva de indiferença onde o investidor se situava inicialmente. O efeito-substituição mede a modificação da composição da carteira que o investidor faria se fosse obrigado a manter o nível de satisfação inicial. Quando há um aumento da taxa de juro ou do ganho de capital esperado, ou uma diminuição do risco, o efeito-substituição traduz-se sempre no aumento da percentagem de títulos na carteira do investidor, e na diminuição da percentagem de moeda.

Inversamente, uma diminuição da taxa de juro ou do ganho de capital, ou um aumento do risco, levam, de acordo com efeito-substituição, a que o investidor reduza o peso dos títulos na sua carteira, e aumente o peso da moeda. O efeito-substituição é, por conseguinte, sempre positivo. O efeito-riqueza mede a alteração da composição da carteira que resulta da possibilidade de este atingir um outro nível de satisfação. A Figura 7 representa estes dois efeitos quando ocorre uma subida da taxa de juro, que faz deslocar a recta do mercado de capitais de OA para OA'.

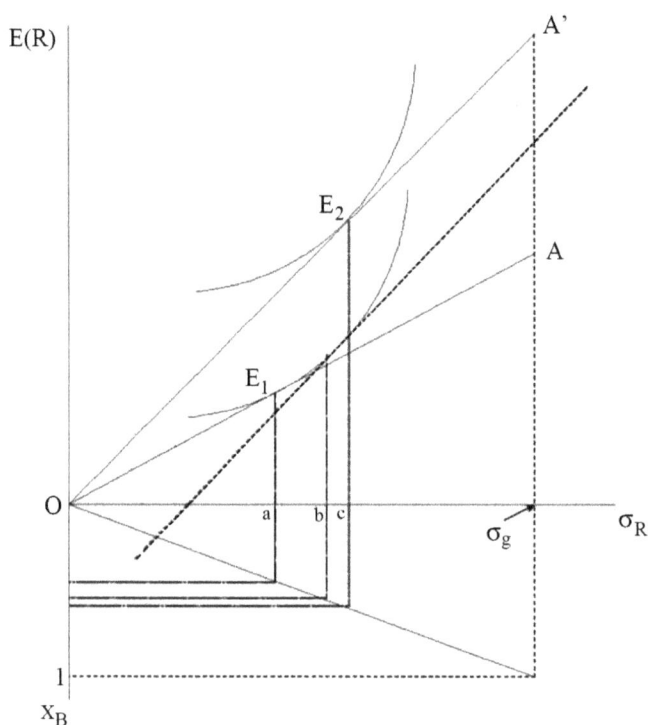

Fig. 7: Efeito-riqueza e efeito-substituição: caso 1 (o efeito-riqueza é positivo)

O investidor tinha, na situação inicial, uma combinação entre rentabilidade esperada e risco representada pelo ponto E_1. Após a subida da taxa de juro, foi-lhe possível passar para o ponto E_2 situado sobre uma curva de indiferença a que corresponde um grau de utilidade mais elevado. O efeito-substituição, medido sobre o eixo do risco, traduz-se na deslocação do ponto a para o ponto b, enquanto que o efeito-riqueza é medido pela deslocação do ponto b para o ponto c. Neste caso, o efeito-riqueza também é positivo.

O efeito-riqueza pode ser negativo quando o grau de aversão pelo risco do investidor é elevado, e ele tira partido do da subida da taxa de juro para reduzir o risco da carteira sem reduzir a rentabilidade esperada. Nas Figuras 8 e 9 estão representados dois casos em que o efeito-riqueza é negativo. Na Figura 8, quando aumenta a taxa de juro o investidor desloca-se de E_1 para E_2. O efeito-substituição, medido pela deslocação de a para b, por si só faria o investidor colocar-se à direita de E_2, donde resultaria uma carteira em que o peso dos títulos seria ainda maior. No entanto, o efeito-riqueza negativo, medido pela deslocação de b para c, anula uma parte do efeito--substituição.

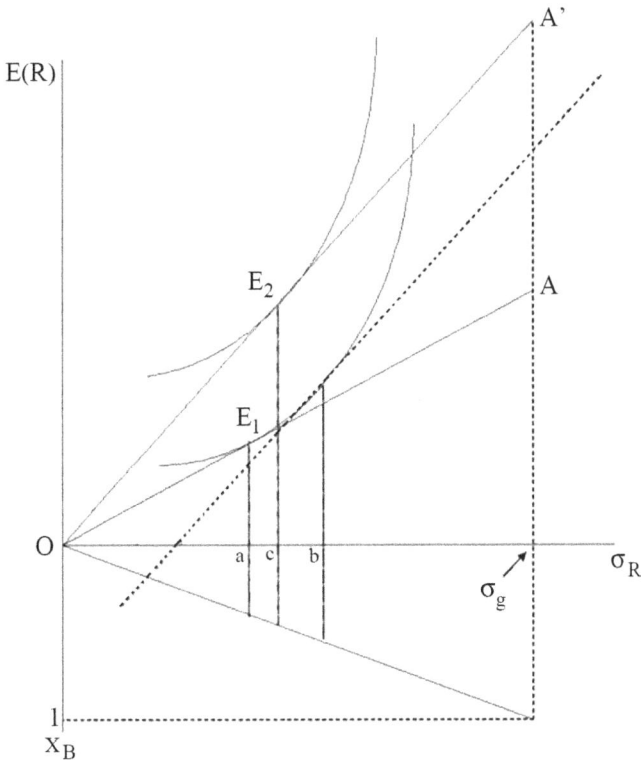

Fig. 8: Efeito-riqueza e efeito-substituição: caso 2 (o efeito-riqueza é negativo, mas a sua soma com o efeito-substituição é positiva)

Na Figura 9 está representado um caso cuja diferença relativamente ao da Figura 8 está no facto do efeito-riqueza negativo ter uma dimensão superior à do efeito-substituição, pelo que, quando a taxa de juro sobe, o investidor, ao deslocar-se do ponto E_1 para o ponto E_2, substitui títulos por moeda. Apenas nos casos em que a soma do efeito-substituição com o efeito-riqueza é positiva, o investidor aumenta o peso dos títulos na sua carteira quando as taxas de juro aumentam.

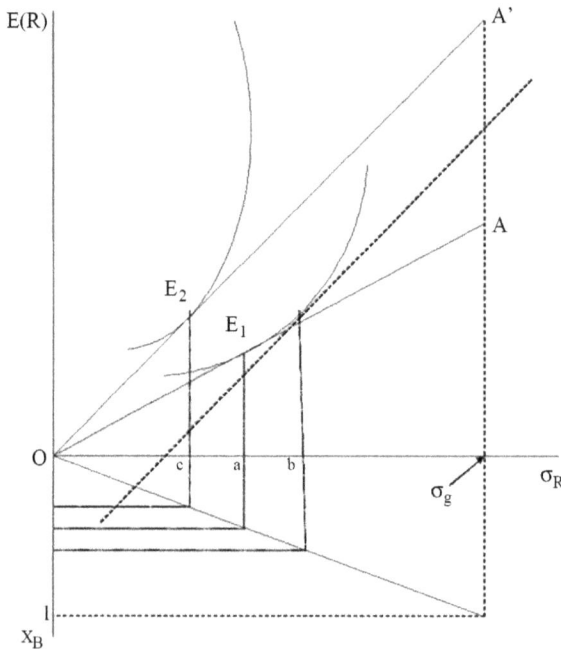

Fig. 9: Efeito riqueza e efeito de substituição: caso 2 (o efeito-riqueza é negativo e a sua soma com o efeito-substituição é negativa)

Assim, podemos concluir que, neste modelo, para que a procura de moeda varie negativamente com as taxas de juro, é necessário que a soma do efeito-substituição com o efeito-riqueza seja positiva. Quando esta situação se verifica, a curva da procura especulativa individual de moeda toma a configuração contínua decrescente representada na Figura 10.

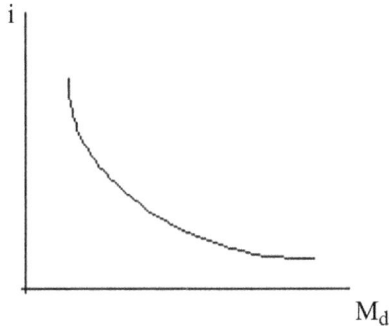

Fig. 10: A procura especulativa individual de acordo com o modelo de Tobin, quando
a soma do efeito-riqueza com o efeito-substituição é positiva

Dado que é admissível que a soma do efeito-substituição com o efeito-riqueza seja positiva para a maioria dos investidores, podemos considerar que a curva de procura especulativa individual de moeda, decrescente com a taxa de juro e contínua, da Figura 10, traduz o comportamento predominante relativo à procura de moeda, quando esta é colocada em confronto com outros activos financeiros.

DETERMINAÇÃO DO LIMITE SUPERIOR DA PROBABILIDADE
DE OS PAGAMENTOS LÍQUIDOS ULTRAPASSAREM
O ENCAIXE MONETÁRIO DE PRECAUÇÃO

A determinação desse limite superior baseia-se no teorema da desigualdade de Tchebycheff. Para determinarmos a expressão matemática desse limite, começamos por decompôr a variância dos pagamentos líquidos em dois somatórios, tal como se segue:

$$\sigma^2 = \sum_{j=1}^{n} p_j N_j^2 = \sum_{k=1}^{n1} p_k N_k^2 + \sum_{l=1}^{n2} p_l N_l^2 \tag{A.2}$$

sendo $n_1 + n_2 = n$ e, respectivamente, e $N_k \leq C_p$, $\forall k$ e $N_l > C_p$, $\forall l$, donde decorre que a soma das probabilidades incluídas no segundo somatório é igual à probabilidade de os pagamentos líquidos, N, serem superiores ao encaixe de precaução, C_p, isto é:

$$\sum_{l=1}^{n2} p_l = p\left(N > C_p\right) \tag{A.3}$$

e

$$\sigma^2 \geq \sum_{l=1}^{n2} p_l N_l^2 \tag{A.4}$$

Esta última desigualdade permite também escrever a seguinte:

$$\sigma^2 \geq C_p^2 \left(\sum_{l=1}^{n2} p_l\right) \tag{A.5}$$

a qual, tendo em conta (A.3) permite chegar a esta outra desigualdade:

$$\sigma^2 \geq p\left(N > C_p\right) C_P^2 \tag{A.6}$$

que nos dá o limite superior da probabilidade de os pagamentos líquidos ultrapassarem o encaixe monetário de precaução:

$$p\left(N > C_p\right) \leq \frac{\sigma^2}{C_P^2} \tag{A.7}$$

CAPÍTULO IX

A MOEDA, O PRODUTO E A INFLAÇÃO

Na teoria económica encontramos explicações bastante diversas, ou mesmo opostas, acerca da influência das variações no sector monetário sobre o sector real da economia. Para a teoria clássica, e para a teoria monetarista, as alterações do nível médio de preço são a consequência fundamental das variações da quantidade de moeda.

Entre essas duas escolas económicas há, no entanto, diferenças substanciais quanto às características do mecanismo de transmissão dessas variações. Também a fundamentação e o apoio na análise empírica são bastante mais acentuados na teoria monetarista do que na teoria clássica. Contrariamente a estas duas correntes económicas, a teoria keynesiana põe em relevo a capacidade das variações da quantidade de moeda para influenciarem o rendimento real e o nível de emprego.

9.1. A teoria clássica

Do ponto de vista da teoria clássica a moeda é, essencialmente, um instrumento que serve para facilitar as transacções, não interferindo com as decisões de oferta e procura por parte dos agentes económicos.

9.1.1. A lei de Say e o princípio da dicotomia

Um dos primeiros economistas clássicos, Say[1], definia a moeda como um véu que apenas mascara a realidade de que as mercadorias se trocam

---

[1] Economista francês (Jean-Baptiste Say) (1767-1832).

por mercadorias, pois se servem mutuamente dos mercados. Este ponto de vista de Say assenta num argumento com os seguintes passos:

- quando alguém termina um produto, tem interesse em vendê-lo o mais rapidamente possível, devido à imobilização de fundos que ele representa e aos custos de armazenamento;
- depois de vender o produto, também tem interesse em desfazer-se rapidamente da moeda que obteve em troca, porque esta não oferece qualquer remuneração e, para se desfazer da moeda, terá que procurar outro bem.

Esta argumentação conduz à conclusão de que moeda é totalmente neutra em relação ao volume das transacções, pois a oferta dum produto abre caminho à procura de outro. Se, momentaneamente, existir excesso de oferta de um determinado produto, o seu preço baixará de forma a encontrar procura. Deste modo, os preços relativos dos bens reais ajustam-se para que todo o excesso de oferta ou de procura seja eliminado, o que está traduzido no seguinte enunciado, conhecido por lei de Say: «toda a oferta cria a sua própria procura». O *princípio da dicotomia*, que postula a independência entre o equilíbrio no sector real e o equilíbrio no sector monetário, subjacente a esta perspectiva sobre a relação entre os dois sectores, é um dos principais aspectos caracterizadores da teoria económica clássica. Este princípio é complementado pela *teoria quantitativa da moeda*, segundo a qual toda a variação da quantidade de moeda tem como consequência uma variação, no mesmo sentido e na mesma proporção, dos preços de todos os bens e serviços. A teoria quantitativa da moeda foi objecto de análise no Séc. XIX, por autores como Ricardo[2], o qual defendia que a emissão de notas por parte do Banco de Inglaterra se fizesse essencialmente como contrapartida da entrada de ouro[3], no qual essas notas eram convertíveis. Ricardo considerava que a emissão não coberta por ouro corria o risco de se tornar excessiva, gerando a depreciação do valor da moeda, cujo reverso é a subida

---

[2] David Ricardo (1772-1823): economista inglês, de origem portuguesa.

[3] Recomenda-se a recapitulação sobre este assunto, do que foi dito, no Capítulo I, a propósito da regulamentação da emissão de notas.

generalizada dos preços. O risco de emissão excessiva de moeda também existe quando as notas emitidas são integralmente cobertas por ouro, se ocorrer um aumento significativo da quantidade deste metal. No entanto, Ricardo sublinhava que esse risco era diminuto porque, no curto prazo, a variação da quantidade de ouro estava condicionada pelas minas existentes e pelas condições de exploração. Assim o valor monetário do ouro tendia a manter-se estável, pois estava dependente do seu custo de exploração.

9.1.2. A equação das trocas de Fisher e a teoria quantitativa da moeda

A teoria quantitativa da moeda foi formalizada, já no Séc. xx, por Fisher[4] através da chamada *equação das trocas*:

$$MV = PT \tag{1}$$

Do lado esquerdo desta igualdade está representado o produto da quantidade de moeda, M, pela sua velocidade de circulação, V, durante um determinado período. Do lado direito está representado o produto do nível médio de preços, P, pela quantidade de transacções efectuadas durante esse mesmo período, T. O lado direito desta igualdade é uma representação simplificada do valor das transacções efectuadas durante um certo período tempo, isto é, da soma das quantidades transacciona-das de todos os bens e serviços, durante esse período, multiplicadas pelos respectivos preços:

$$PT = \sum_{i=1}^{n} p_i q_i \tag{2}$$

Essa simplificação baseia-se no facto de o nível médio de preços, P, ser calculado através da divisão do valor das transacções pela soma das quan-tidades transaccionadas, isto é:

$$P = \frac{\sum\limits_{i=1}^{n} p_i q_i}{\sum\limits_{i=1}^{n} q_i} \tag{3}$$

---

[4] Irving Fisher (1867-1947): economista americano, que apresentou a equação das trocas no livro *The Purchasing Power of Money*, publicado em 1911.

e de T ser a soma das quantidades transaccionadas:

$$T = \sum_{i=1}^{n} q_i \qquad (4)$$

Para representar a teoria quantitativa da moeda pela equação das trocas, Fisher formulou as seguintes hipóteses, consentâneas com a teoria clássica:

- a economia está em pleno emprego de factores de produção, em resultado do ajustamento da procura global à oferta global, a que o funcionamento dos mercados conduz;
- a velocidade de circulação da moeda é estável a curto prazo, pois depende dos hábitos de pagamento e de factores de ordem institucional e técnica, que determinam o funcionamento do sistema de pagamentos;
- o banco central consegue controlar perfeitamente a oferta de moeda, fazendo com que ela seja totalmente exógena em relação ao sector não bancário.

Com base nestas três hipóteses, Fisher aceita, tal como os autores clássicos anteriores, a dicotomia entre o sector monetário e o sector real, bem como a concepção de que a moeda serve apenas para facilitar as transacções, sem ter qualquer interferência na quantidade destas. Mantendo-se V e T constantes, de acordo com as hipóteses de Fisher, qualquer variação de M apenas pode ter como resultado a variação, na mesma proporção, do nível médio de preços, P. Esta relação de causalidade tem a seguinte explicação: quando a quantidade de moeda aumenta, os agentes económicos fazem-na afluir aos mercados, provocando um aumento global da procura de bens e serviços. Uma vez que a economia tende, naturalmente, a manter-se na situação de pleno emprego, este aumento global da procura só pode ter como consequência a subida generalizada dos preços nominais, mantendo-se inalterados os preços relativos dos diferentes bens. A abordagem da teoria quantitativa da moeda, baseada na equação das trocas de Fisher, tem a limitação de não explicar a motivação que leva os agentes económicos a utilizarem o montante adicional de moeda, quando este não tem qualquer efeito sobre as quantidades transaccionadas.

9.1.3. A equação de Cambridge e o efeito de encaixe monetário real

Esta última limitação da teoria de Fisher é ultrapassada pela formalização da teoria quantitativa da autoria de Pigou[5], a qual assenta na função de procura de moeda (também designada por equação de Cambridge), cuja representação é a seguinte:

$$\frac{M_d}{P} = kY \tag{5}$$

e na qual está pressuposto que os agentes económicos procuram deter encaixes monetários reais (M_d/P) correspondentes a uma proporção constante, k, do seu rendimento real, Y. A equação de Pigou pressupõe também a verificação da teoria quantitativa da moeda. Se o sistema bancário aumentar a oferta de moeda, causando um excesso da oferta sobre a procura de moeda, que a desigualdade seguinte representa:

$$\frac{\overline{M_S}}{P} > \frac{M_d}{P}\left(= kY\right) \tag{6}$$

os agentes económicos ficam na posse de encaixes monetários em excesso, iguais à diferença entre a oferta e a procura de moeda. Tomando esse excesso por um aumento da riqueza, os agentes económicos são conduzidos a aumentarem o consumo. Dado que o rendimento real se mantém constante, o equilíbrio entre a oferta e a procura de moeda só é restabelecido quando os encaixes monetários reais detidos pelos agentes económicos regressam ao seu nível inicial, o que se verifica quando os preços se tiverem alterado na mesma proporção da quantidade de moeda.

Também esta abordagem da teoria quantitativa, conhecida por *efeito de encaixe real* ou *efeito-Pigou*, apresenta diversas limitações. Uma delas resulta do facto de uma das contrapartidas da criação de moeda consistir no endividamento à banca por parte do sector não bancário. Por esta razão, os agentes económicos deste sector não ficam globalmente mais ricos quando aumenta a oferta de moeda, dado que o aumento dos encaixes

---

[5] Cecil Pigou (1877-1959): economista inglês e professor na Universidade de Cambridge que publicou a sua equação no livro *The Veil of Money*, publicado em 1949.

monetários disponíveis para uns é compensado pelo aumento de endividamento de outros. Assim, apenas uma parte da oferta de moeda, a que é criada em contrapartida de activos externos, a chamada *moeda externa,* estaria em condições de desencadear o efeito de encaixe real. Essa possibilidade já não se verificaria com a moeda criada em contrapartida do crédito interno, a *moeda interna*, em virtude da redistribuição de riqueza que ela representa. Dois autores, Pesek e Saving[6], salientaram, no entanto, que a moeda interna deve ser tida em conta para a avaliação do efeito de encaixe real, devido ao serviço de liquidez, embora apenas de forma parcial.

Outra das limitações apontadas ao efeito de encaixe real baseia-se no facto de as alterações do valor real da moeda existente causarem uma redistribuição da riqueza dos agentes económicos. O valor real da moeda modifica-se, tanto em resultado das variações da oferta de moeda, como das variações do nível médio de preços. Ora, uma subida e uma descida do nível médio de preços correspondem, respectivamente, a uma diminuição e a um aumento do valor real da quantidade de moeda. Os aumentos do encaixe monetário real têm, à partida, uma influência positiva sobre a procura agregada, na medida em que eles traduzem um enriquecimento do sector não bancário. As diminuições desse encaixe, pelo contrário, na medida em que significam um empobrecimento do sector não bancário, criam, tendencialmente, uma diminuição da procura agregada. No entanto, quando ocorrem variações do nível médio de preços, tem lugar uma redistribuição da riqueza que faz com que os agentes económicos não se comportem todos da mesma forma. Por exemplo, quando há uma subida do nível médio de preços, os devedores obtêm um ganho resultante da diminuição do valor real das suas dívidas, pelo que enriquecem relativamente aos credores que sofrem a perda correspondente. Desta forma, o efeito de encaixe real associado à subida dos preços afecta mais intensamente os que estão na posição de credores do que os devedores. Estes podem mesmo ver a sua riqueza real aumentar, o que os conduz a aumentarem o consumo, contrariando o efeito esperado da diminuição do encaixe monetário real.

---

[6] B. Pesek e T.R. Saving, *Money, Wealth and Economic Theory*, Ed. MacMillan, Londres, 1967.

Também a formação de expectativas associadas à alteração do nível médio de preços pode contrariar o efeito da variação do encaixe real. Este tipo de situação ocorre, por exemplo, no seguimento duma subida do nível médio de preços que, ao afectar negativamente o valor real da moeda, teria, como consequência natural, uma redução da procura agregada. Se essa subida dos preços criar expectativas de que novas subidas se lhe seguirão, os agentes económicos têm tendência a aumentar imediatamente uma boa parte das suas despesas, contrariando o efeito esperado da diminuição do encaixe monetário real. No caso oposto, em que ocorre uma diminuição dos preços, se esta for acompanhada da expectativa de que novas descidas se lhe vão seguir, pode levar a que o comportamento dos agentes económicos não seja o de aumentar imediatamente a despesa, associando-a ao aumento do valor do encaixe real. Pelo contrário, podem decidir reduzi-la no momento presente, para tirar partido, mais tarde, de novas descidas de preços que consideram como bastante prováveis.

9.2. A teoria keynesiana

9.2.1. O mecanismo de transmissão na teoria keynesiana

De acordo com a teoria keynesiana tradicional, as variações da quantidade de moeda são transmitidas ao sector real da economia, através de variações da taxa de juro. Tomemos a seguinte representação para equilíbrio no sector monetário:

$$\bar{M}^s = M^d\left(YP, i\right) \qquad (7),$$

onde $\bar{M}^s$ representa a oferta de moeda, considerada exógena em relação ao sector real, $M^d(YP, i)$ é a procura de moeda, função do rendimento nominal, YP (onde Y é o rendimento real e P é o nível médio de preços) e da taxa de juro, i. A procura de moeda varia positivamente com o rendimento real e o nível de preços, e negativamente com a taxa de juro. Se, partindo duma situação de equilíbrio, ocorrer um aumento da quantidade de moeda, o exces-so de oferta daí resultante leva a que os agentes económicos tentem desfazer-se dos seus encaixes monetários excessivos. Para tal, aumentam a procura de obrigações, causando a subida dos seus preços e a diminuição das taxas de juro. Na Figura 1 está representado este efeito do aumento da quan-tidade de moeda, de M_S para M'_S , sobre as taxas de juro.

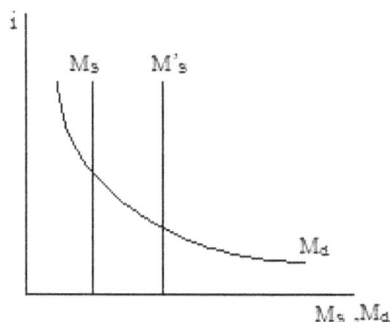

Figura 1: O equilíbrio keynesiano no sector monetário

Suponhamos que um aumento da quantidade de moeda começa por levar os seus detentores a aumentarem a procura de títulos de curto prazo. Os preços destes títulos aumentam, e daí resulta uma descida das taxas de juro de curto prazo. O aumento da procura estende-se em seguida nos títulos de prazos mais longos, fazendo aumentar os seus preços e, por consequência, reduzir as taxas de juro de longo prazo. Esta diminuição das taxas de juro cria um incentivo para que as empresas realizem novos investimentos. Na Figura 2, onde o eixo horizontal representa o rendimento real e o eixo ver-tical a taxa de juro, encontra-se representado este mecanismo de transmissão, também conhecido por *efeito Keynes*, com recurso às curvas IS que repre-senta o equilíbrio no sector real (definido como a igualdade entre o rendimento e a procura agregada) e LM, que representa o equilíbrio no sector monetário (definido como a igualdade entre a procura e a oferta de moeda). Cada curva IS une pontos onde se verifica a igualdade entre pou-pança e investimento, e ao longo da curva mantém-se constante o médio de preços, $P = \overline{P}$. Este modelo tem subjacente a hipótese de que investimento produtivo varia negativamente com a taxa de juro, pelo que a função que liga estas duas varáveis, *I(i),* tem derivada negativa: $\partial I(i)/\partial i < 0$. A poupança, por sua vez varia positivamente com rendimento real, o que se traduz numa derivada positiva: $\partial S(Y\overline{P})/\partial Y > 0$. Assim, para que se mantenha o equilíbrio entre a procura agregada e o rendimento real aumenta, quando este aumenta, o acréscimo da poupança que este gera terá que ser acompanhado por um acréscimo de valor igual no investimento, o qual só é possível se a taxa de juro diminuir, como a equação seguinte ilustra:

$$\frac{\partial S(Y\overline{P})}{\partial Y} dY = \frac{\partial I(i)}{\partial i} di \tag{8}$$

A seguinte representação alternativa desta equação:

$$\frac{di}{dY} = \frac{\dfrac{\partial S(Y\overline{P})}{\partial Y}}{\dfrac{\partial I(i)}{\partial i}} \tag{8'}$$

dá-nos a inclinação da curva IS, a qual é negativa, como decorre do facto de $\partial S(Y\overline{P})/\partial Y > 0$ e de $\partial I(i)/\partial i < 0$.

Como a curva IS é deduzida para um dado nível médio de preços, P, quando este se alterar, há uma deslocação da curva. Na Figura 2 está representada um curva IS correspondente ao nível médio de preços inicial, P0. Se este aumentar para P1, o rendimento real compatível com o equilíbrio diminui, quaisquer que sejam os valores de taxa de juro e de investimento. Desta forma, quando o nível médio de preços aumenta, a curva IS desloca-se para a esquerda e para baixo.

Cada curva LM traduz o equilíbrio entre a oferta de moeda, e é deduzida para um dado valor da oferta moeda, e para um dado o nível médio de preços, o que é traduzido pela seguinte equação:

$$\overline{M}^s = M^d(Y\overline{P}, i) \tag{9}$$

Mantendo-se constante a oferta de moeda e o nível médio de preços, os aumentos do rendimento real causam aumentos da procura de moeda, os quais têm que ser compensados por subidas da taxa de juro, cujos+ efeitos negativos sobre a procura de moeda permitem que se mantenha o equilíbrio no sector monetário. A compensação entre as variações da procura de moeda causadas pela subida do rendimento real e da taxa de juro, são representados pela seguinte equação:

$$\frac{\partial M^d\left(Y\overline{P},i\right)}{\partial Y}dY + \frac{\partial M^d\left(Y\overline{P},i\right)}{\partial i}di = 0 \qquad (10)$$

Tendo em conta que $\dfrac{\partial M^d\left(Y\overline{P},i\right)}{\partial Y} > 0$ e $\dfrac{\partial M^d\left(Y\overline{P},i\right)}{\partial i} < 0$ verificamos que a curva LM tem inclinação positiva M, se dermos à equação (10) a seguinte representação alternativa:

$$\frac{di}{dY} = -\frac{\dfrac{\partial M^d\left(Y\overline{P},i\right)}{\partial Y}}{\dfrac{\partial M^d\left(Y\overline{P},i\right)}{\partial i}} > 0 \qquad (10')$$

As variações da quantidade de moeda provocam alterações das condições de equilíbrio no sector monetário, que são representadas por deslocações da curva LM. Na Figura 2, a deslocação de LM_0 para LM_1, traduz o efeito dum aumento da quantidade de moeda. Quando esse aumento se verifica, para cada nível de taxa de juro, torna-se mais elevado o rendimento real capaz de fazer com que quantidade adicional de moeda seja absorvida pela procura. Deste modo, o aumento da oferta de moeda provoca a deslocação da curva LM, para a direita, fazendo com que o seu ponto de encontro com a curva IS, onde se verifica o equilíbrio conjunto nos dois sectores, real e monetário, se estabelece agora, a uma taxa de juro mais baixa e a um rendimento mais elevado. O efeito das alterações do nível médio de preços sobre a o equilíbrio entre a oferta e a procura de moeda e, consequentemente sobre a curva LM, é oposto ao efeito das variações da quantidade nominal de moeda. Enquanto esta, quando aumenta, causa excesso de oferta de moeda, a subida do nível médio de preços causa excesso de procura. Deste modo, se o nível médio de preços aumentar, sem haver alteração da oferta de moeda, o rendimento real compatível com o equilíbrio no sector monetário diminui, para cada nível de taxa de juro. Assim, uma subida do nível médio de preços provoca uma deslocação da curva LM para cima e para esquerda. Inversamente, uma diminuição do nível médio de preços conduz a uma deslocação dessa curva para baixo e para a direita. Em conclusão, podemos dizer, que a deslocação de LM_0 para LM_1, na Figura 2, tanto pode representar um aumento da oferta de moeda como uma diminuição do nível médio de preços.

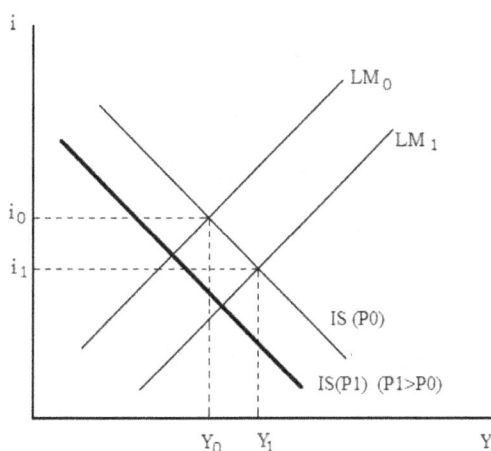

Figura 2: O efeito-Keynes

Para que o efeito-Keynes se verifique, a taxa de juro não pode estar no seu nível mais baixo, que ocorre quando a taxa de juro corrente está abaixo da taxa de juro crítica de todos os agentes económicos[7], e que, na Figura 1, corresponde ao segmento inferior, e horizontal, da curva de procura de moeda. A um nível tão baixo da taxa de juro, os agentes económicos absorvem todos os encaixes monetários adicionais que sejam postos à sua disposição, porque não consideram vantajoso substituir moeda por obrigações[8].

---

[7] Ver o modelo keynesiano tradicional de procura de moeda, no capítulo anterior.

[8] Recomenda-se que seja feita a recapitulação do que do Capítulo VIII, na parte referente à procura especulativa de moeda, na teoria keynesiana tradicional.

Assim, um aumento da oferta de moeda não consegue causar qualquer nova diminuição das taxas de juro nem, por conseguinte, provocar qualquer aumento do investimento. Diz-se, então, que o sistema monetário está numa situação de *armadilha da liquidez*. Quando esta situação se verifica, as curvas IS e LM cruzam-se numa zona onde a segunda é horizontal, tal como está representado na Figura 3. Nessa zona, a curva LM não sofre qualquer deslocação quando a oferta de moeda aumenta e não ocorrem, por essa razão, variações da taxa de juro nem do rendimento.

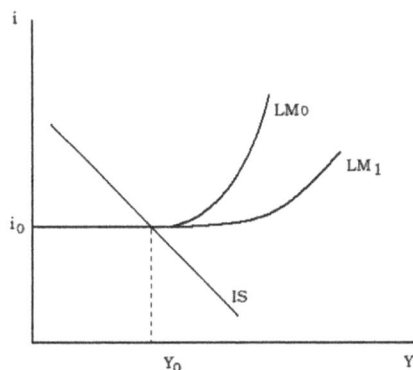

Fig. 3: O efeito-Keynes e a armadilha da liquidez

Tendo em conta que a capacidade do aumento da oferta de moeda, para fazer expandir o emprego e o rendimento, está condicionada pela elasticidade da procura de moeda relativamente à taxa de juro, Keynes atribuía à política monetária uma função de regulação conjuntural, com o objectivo de permitir a descida da taxa de juro em períodos de recessão económica, ou de fazê-la subir, para reduzir a procura agregada, em períodos de tensão inflacionista. No entanto, o objectivo de fazer aumentar o rendimento e o emprego passava, na perspectiva keynesiana, pelo aumento da despesa pública. O aumento do endividamento público pode causar uma subida das taxas de juro, a qual, por sua vez, tende a fazer reduzir o investimento privado. Para evitar esse fenómeno de «expulsão» do investimento privado, pelo aumento da despesa pública, esta deverá ser acompanhada dum aumento da oferta de moeda que impeça a subida das taxas de juro.

Uma das críticas ao mecanismo keynesiano de transmissão está associada ao facto de ele admitir que a influência da moeda sobre o sector real da economia se exerce apenas através das taxas de juro das obrigações. A resposta a esta crítica ao mecanismo de transmissão keynesiano foi feita por Tobin (1969)[9], através dum modelo de equilíbrio geral, onde é tido em conta que os agentes económicos aplicam a sua riqueza em activos físicos, para além da moeda e das obrigações. Esses activos físicos, que correspondem ao capital existente, vêem também a sua rentabilidade alterada, na sequência de variações da quantidade de moeda. Por isso, também eles influenciam as decisões quanto ao investimento. Suponhamos, partindo de uma situação de equilíbrio no sector monetário, que se observa um aumento da quantidade de moeda. Admitamos que, numa primeira fase, os encaixes monetários em excesso são canalizados para a procura de obrigações, donde resulta uma diminuição das taxas de juro. Esta diminuição leva os investidores a canalizarem, em seguida, a parte ainda não aplicada dos encaixes monetários excessivos para os activos físicos existentes. Por simplificação, vamos admitir que esses activos físicos estão representados por títulos negociados na bolsa (acções). Representando, por d_A, o dividendo periódico desses títulos, e por P_A o respectivo preço, a sua rentabilidade, r_A, é obtida pela seguinte expressão:

$$r_A = \frac{d_A}{P_A} \qquad (11)$$

Ora, o aumento da procura destes activos, faz subir o seu preço e diminuir a sua rentabilidade. A rentabilidade do investimento em novos activos físicos, que representamos por r_N, pelo contrário, não se altera quando aumenta a quantidade de moeda. A relação entre a rentabilidade dos activos novos e a dos activos antigos, $q = r_N/r_A$, define a variável de decisão que determina quando os investidores deixam de comprar títulos já existentes, e passam a realizar novos investimentos. Assim, o investimento

[9] Tobin, J. (1969), «A General Equilibrium Approach to Monetary Theory», *Journal of Money Credit and Banking*, Fevereiro, p. 15-29, re-editado em Mayer (1990).

produtivo verifica-se quando, em resultado da diminuição da rentabilidade dos activos antigos, o valor de q se torna superior a 1, o que significa que os novos investimentos passaram a ter rentabilidade mais elevada do que os antigos.

9.2.2. A explicação da inflação na teoria keynesiana

Outra das hipóteses fundamentais da teoria keynesiana é a de que a economia não tende naturalmente para o pleno emprego, como era defendido na teoria clássica. Por isso, a teoria keynesiana não baseou a explicação da inflação no aumento da quantidade de moeda. O argumento fundamental para a recusa dessa relação de causalidade sustenta que o crescimento da procura agregada, quando o aumento da quantidade de moeda ocorre numa situação abaixo do pleno emprego, dificilmente causa uma subida dos preços, devido ao desemprego involuntário de mão-de-obra e de outros factores de produção. Uma das explicações da possibilidade de se verificar equilíbrio no sector real, abaixo do pleno emprego é feita por Clower[10], através da distinção entre funções de procura e oferta *nocionais*, que asseguram o equilíbrio em todos os mercados, e funções de procura e oferta *efectivas* que, em cada mercado, têm em conta os desequilíbrios existentes nos outros mercados. Nesta perspectiva, quando há uma redução da procura agregada, em resultado da diminuição do investimento, da despesa pública, ou da oferta de moeda, as empresas não respondem diminuindo os preços, mas baixando a produção e fazendo aumentar o desemprego, donde resulta mais redução no consumo. Em contrapartida, quando, numa situação abaixo do pleno emprego, ocorre um aumento da procura causado por um aumento da oferta de moeda, as empresas têm possibilidade de empregar mais mão-de-obra, sem que tenham que pagar salários mais elevados, e podem responder ao aumento da procura com o aumento da oferta, e não com a subida dos preços.

---

[10] Clower (1965), «The Keynesian conter-revolution: a theoretical appraisal», em Clower (1969), Monetary Theory, Penguin Books.

A hipótese da existência de uma relação inversa entre a taxa de inflação e a taxa de desemprego, que ficou conhecida na teoria económica por «curva de Phillips», foi, durante as décadas de 50 e 60, um dos argumentos em que se apoiaram os autores keynesianos para defender a sua explicação da inflação. Os fundamentos da curva de Phillips são:

a) a existência duma relação inversa entre a taxa de crescimento dos salários e a taxa de desemprego, constatada por Phillips[11] para a economia inglesa;

b) a explicação dessa relação inversa, feita por Lipsey (1960)[12], com base na hipótese de que a taxa de desemprego é tanto mais baixa quanto mais elevado for o excesso de procura no mercado de trabalho, daí resultando o aumento da pressão para o aumento dos salários;

c) a hipótese, formulada por Samuelson e Solow[13], de que as empresas estabelecem os preços dos produtos através de uma *margem* fixa («markup») sobre os custos de mão-de-obra.

A hipótese de Samuelson e Solow levou à popularização da curva de Phillips como uma relação inversa entre a taxa de inflação, $\dot{p} = \Delta P / p$, e a diferença entre taxa de desemprego efectiva, u, e a taxa de desemprego não causadora de inflação, u_n, também designada por taxa de desemprego natural:

$$\frac{\Delta P}{P} = f(u - u_n) \qquad (12)$$

sendo a derivada $f'(u) < 0$. Esta relação inversa entre inflação e desemprego está representada graficamente na Figura 4:

---

[11] Phillips, A. W. (1958), «The Relationship Between Unemployment and the Rate of Change of Money Wage Rates in the U.K., 1861-1957», *Económica*, 1958.

[12] Lipsey, R. «The Relation Bewteen Unemployment and the Rate of Change of Money Wage Rates in the United Kingdom, 1862-1957: A further analysis», 1960, *Economica*.

[13] Samuelson, P e Solow, R. (1960), «The Problem of Achieving and Maintainig a Stable Price Level: Analytical Aspects of Anti-Inflation Policy», *American Economic Review*.

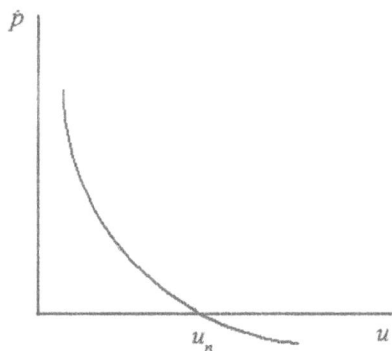

Fig. 4: A curva de Phillips

De acordo com as hipóteses em que se baseia a curva de Phillips, à medida que a taxa de desemprego diminui, relativamente a u_n, a pressão para a subida dos salários torna-se cada vez mais acentuada, e tem um reflexo directo sobre a subida dos preços.

9.3. A teoria monetarista

A teoria monetarista foi desenvolvida a partir da década de 50, sendo seu precursor Milton Friedman[14]. Como ponto de partida para esta teoria, este autor deu à função de procura de moeda uma formulação na qual os rendimentos de diversos tipos de activos, financeiros e físicos, são considerados como custos de oportunidade da detenção de moeda. Friedman deu ênfase à comparação entre a capacidade de reserva de poder de compra (ou de valor real) da moeda e a dos outros activos. Na sua análise, a taxa de inflação é tida como a rentabilidade dos activos físicos, relativamente à moeda, na medida em que a inflação deprecia o poder de compra

---

[14] O primeiro estudo onde Friedman apresenta a sua teoria é «The Quantity Theory of Money – A Restatment», publicado em M. Friedman (ed.) *Studies in the Quantity Theory of Money*, Chicago University Press, 1956.

desta, enquanto os activos físicos, pelo contrário, apresentam maior capacidade para conservar poder de compra.

9.3.1. A reformulação da função de procura de moeda

Na sua formulação da função de procura de moeda, Friedman considera que a variável de escala a ter em conta é a riqueza, W, e não o rendimento, Y. No entanto, estabelece uma relação entre estas duas grandezas económicas, semelhante à que é estabelecida entre o rendimento dos activos financeiros de muito longo prazo e o respectivo preço, ou seja:

$$W = \frac{Y}{i} \tag{13}$$

onde i é um vector das taxas de rendimento de diferentes activos.

Outro factor considerado relevante, na teoria monetarista, para a função de procura de moeda, é a relação entre o capital humano, *CH*, e o capital não humano, *CNH*. A primeira destas formas de capital corresponde ao conjunto de aptidões profissionais, e de outra natureza, que permitem aos indivíduos assegurar o seu rendimento. Dado que os activos que constituem o capital não humano apresentam um grau de liquidez maior ou menor, que não existe no capital humano, a procura de moeda, por parte de cada indivíduo, tenderá a ser tanto mais elevada, quanto maior for o peso do capital humano relativamente ao capital não humano:

$$h = CH/CNH \tag{14}$$

A procura individual de moeda reflecte igualmente a influência de preferências de natureza subjectiva, representadas pela variável *u*. A influência do conjunto de factores enunciados é representada por Friedman através da seguinte função de procura de moeda:

$$M_d = f\left(P, i_b, i_e, \frac{\Delta P^e}{P}, \frac{Y}{i}, h, u\right) \tag{15}$$

onde P é o nível médio de preços, $\Delta P^e/P$ é a taxa de inflação esperada, i_b é a taxa de rentabilidade nominal esperada das obrigações, i_e é a taxa de rentabilidade nominal esperada das acções, e as outras variáveis têm as definições já apresentadas anteriormente.

Uma das hipóteses que aproxima M. Friedman da teoria clássica é a de que a função de procura de moeda é estável em relação ao nível médio de preços. Isto significa que, por exemplo, se o nível médio de preços duplicar, a procura de encaixes monetários também duplica. De acordo com esta hipótese, a função de procura de encaixes monetários nominais pode ser substituída pela seguinte função de procura de encaixes monetários reais:

$$\frac{M_d}{P} = f\left(i_b, i_e, \frac{\Delta P^e}{P}, \frac{Y}{i}, b, u \right) \tag{16}$$

A estabilidade da procura de encaixes reais não impede, segundo Friedman, que, no curto prazo, um aumento da quantidade de moeda influencie as quantidades transaccionadas. No entanto, para este autor, o aumento da procura de todos os bens e serviços daí decorrente, acaba por dar origem a uma subida do nível médio de preços.

9.3.2. O mecanismo de transmissão na perspectiva de Friedman

Friedman atribui à quantidade de moeda uma capacidade acentuada para influenciar a procura agregada. A perspectiva deste autor, acerca do mecanismo de transmissão das variações da quantidade de moeda ao sector real da economia e ao nível médio de preços, pode ser decomposta nas fases a seguir apresentadas.

Quando o banco central aumenta a oferta de moeda, tendo em vista causar um aumento da procura agregada que permita a redução do desemprego, os agentes económicos vêem-se na posse de encaixes monetários superiores aos que desejam deter, tendo em conta os rendimentos dos activos que determinam a função de procura de moeda.

As obrigações são o activo que apresenta o maior grau de substituibilidade em relação à moeda. Por isso, os agentes económicos vão tentar desfazer-se dos encaixes monetários excessivos, aumentado a procura de obrigações, cujo preço sobe. A valorização das obrigações torna excessivo o seu peso no património dos agentes económicos, fazendo com estes substituam parte delas, por outros activos, como acções e activos físicos, cujos preços acabam por também aumentar.

A subida dos preços dos activos que compõem o património dos agentes económicos leva a que estes reavaliem a sua riqueza, em alta, e sejam conduzidos a aumentarem as suas despesas de consumo. Numa fase inicial, este aumento da procura pode encontrar, do lado da oferta, uma resposta que consiste, essencialmente, no aumento da produção e, por consequência, do emprego.

À medida que este processo de expansão da procura decorre, os agentes económicos vão revendo em alta as suas expectativas inflacionistas, e reagem cada vez menos ao aumento da procura dos seus produtos com aumentos da produção, e cada vez mais com aumentos dos preços. Uma das causas que determina essa mudança de comportamento da parte das empresas é constituída pelas as reivindicações de aumentos de salários geradas, em parte, pelo aumento da procura de mão-de-obra, que se verifica na fase inicial, mas sobretudo pela percepção, por parte dos trabalhadores, de que está em curso um processo inflacionista, que tem um efeito negativo sobre os salários reais. A economia entra, então, numa situação em que o aumento da oferta de moeda tem, como última consequência, a subida generalizada dos preços, regressando o desemprego à sua *taxa natural*.

Desta forma, na perspectiva da teoria monetarista, a política monetária, embora possa ter alguma influência sobre o sector real da economia no curto prazo, a longo prazo apenas exerce influência sobre o nível médio de preços.

9.3.3. A curva de Phillips e as expectativas inflacionistas

A partir da década de sessenta e, de forma mais acentuada, durante as décadas de setenta e oitenta, observou-se, em muitas economias, que a inflação e o desemprego subiam muitas vezes em simultâneo. Esta constatação levou dois autores monetaristas, Friedman e Phelps[15], a defenderem que a explicação da relação entre a taxa de inflação e a taxa de desemprego deve ter em conta as expectativas inflacionistas, $\dot{p}^e = \Delta P^e / P$. A equação da curva de Phillips toma, dentro desta perspectiva, a seguinte representação:

$$\dot{p} = f(u - u_n) + \dot{p}^e \qquad f'(u) < 0 \qquad (17)$$

a qual significa, a taxa de inflação é tanto mais elevada quanto mais baixa for a taxa de desemprego efectiva, u, relativamente à taxa de desemprego natural, e quanto mais elevadas forem as expectativas inflacionistas dos agentes económicos.

Friedman e Phelps admitem a hipótese das *expectativas adaptáveis* na sua análise, a qual pressupõe que a expectativa quanto à taxa de inflação, formulada no início do período t, é uma média ponderada das taxas de inflação observadas ao longo duma sucessão de períodos anteriores, isto é:

$$\dot{p}_t^e = \sum_{i=1}^{n} \lambda_i \dot{p}_{t-i} \qquad (18)$$

sendo $\sum_{i=1}^{n} \lambda_i = 1$. Se, ao longo dos n períodos anteriores a t, a taxa de inflação tiver estado em subida, isto é:

$$\dot{p}_{t-1} > .... > \dot{p}_{t-i} > .... > \dot{p}_{t-n}$$

e essa situação se mantiver, a expectativa inflacionista, para o período t, fica abaixo da taxa de inflação efectiva desse período:

$$\dot{p}_t > \dot{p}_t^e$$

---

[15] M. Friedman (1975) «Unemployment versus Inflation», Institute of Economic Affairs e Phelps, E. (1970), Microeconomic Foundations of Empoyment and Inflation Theory, Norton Press.

O excesso da taxa de inflação efectiva sobre as expectativas inflacionistas permite que a política monetária tenha, no curto prazo, alguma capacidade para fazer descer a taxa de desemprego efectiva abaixo da taxa de desemprego natural, u_n. Suponhamos que uma economia se encontra ao nível da taxa de desemprego natural, com uma taxa de inflação zero, e que o governo decide pedir ao banco central que leve a cabo uma política monetária expansionista. A resposta do sector real, ao aumento da procura agregada causada pelo aumento da oferta de moeda, consistirá, numa fase inicial, num aumento da produção e do emprego. Isto porque, não havendo expectativas inflacionistas, por falta de experiência anterior de inflação, as empresas interpretarão o aumento inicial da procura como sendo específico da sua indústria. Havendo mão-de-obra desempregada, o emprego aumentará sem que os salários subam, ou com uma subida menor do que a dos preços. A inflação e o desemprego irão evoluindo conjuntamente ao longo duma curva de Phillips como a que está mais à esquerda na Figura 5. A experiência inflacionista, entretanto adquirida, levará os sindicatos a reinvindicarem aumentos de salários que permitam repor o poder de compra, o que as conduz as empresas a despedirem pessoas, e leva o desemprego de volta para o seu nível inicial. A economia tende agora a manter-se numa situação estacionária à taxa de desemprego u_n, com expectativas inflacionistas não nulas, $\Delta P_0^e / P > 0$. Uma vez que os agentes económicos formam as suas expectativas com base na experiência passada, é possível continuar a manter a taxa de desemprego abaixo de u_n, desde que seja intensificada a política monetária expansionista, e a taxa de inflação efectiva se mantenha acima das expectativas de inflação. Assim, a relação entre a taxa de inflação e o desemprego deslocar-se-ia ao longo duma nova curva de Phillips que resulta da adição das novas expectativas inflacionistas à curva inicial. No período seguinte, no entanto, a experiência duma taxa de inflação ainda mais elevada conduz os agentes económicos a uma nova revisão das suas expectativas inflacionistas, que passam a ser $\Delta P_1^e / P$, donde resulta a formação duma nova curva de Phillips, situada acima das duas anteriores.

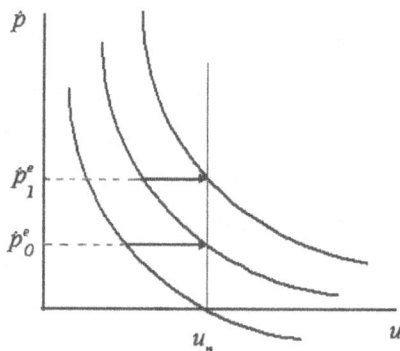

Fig. 5: Curva de Phillips com expectativas inflacionistas

Neste contexto, o objectivo de manter a taxa de desemprego abaixo do seu valor natural de longo prazo, só é possível se for levada a cabo uma política monetária expansionista prolongada que permita que a inflação efectiva se situe, de forma permanente, acima das expectativas inflacionistas. Deste modo, a relação entre a taxa de inflação e o desemprego evoluirá, ao longo de sucessivas curvas de Phillips de curto prazo, cada uma das quais está associada a um valor das expectativas inflacionistas. Este processo é, no entanto, dominado pela tendência para o regresso à taxa de desemprego natural, isto é, a uma curva de Phillips de longo prazo, representada pela recta vertical que, na Figura 5, passa pelo ponto u_n. O regresso a esse valor ocorre mal a espiral inflacionista abrande, fazendo com que as expectativas inflacionistas se aproximem da taxa de inflação corrente.

9.3.4. As expectativas racionais

A hipótese da relação inversa entre inflação e desemprego é recusada, mesmo no curto prazo, pelos autores ligados à escola das expectativas racionais, como R. Lucas[16], para os quais não existe desfasamento sistemático da taxa de inflação esperada em relação à taxa de inflação

---

[16] Ver, p.e., Lucas (1987), Models of Business Cycles, B. Blackwell.

efectiva, porque os agentes económicos não formulam as suas expectativas por extrapolação de valores passados. Isto é, não utilizam apenas a experiência passada para formularem as suas expectativas, porque isso corresponde a uma forma ineficiente de utilizarem a informação que têm à sua disposição. Para que tal não aconteça, os investidores baseiam as suas expectativas em toda a informação disponível no momento presente, como a política orçamental e a política monetária que está a ser conduzida pelo banco central. As expectativas adaptáveis são enviesadas, porque estão sistematicamente abaixo da abaixo da inflação corrente, durante os períodos em que esta está aumentar e, sistematicamente acima dessa mesma inflação corrente, durante os períodos em que esta está a diminuir. Este erro sistemático de previsão, sempre com o mesmo sinal, não é admissível do ponto de vista das expectativas racionais, e é eliminado quando se utiliza a toda a informação disponível. Este processo de formação de expectativas não elimina o erro de previsão. No entanto, ao fazer com que ele deixe de apresentar sempre o mesmo sinal, impede a possibilidade de a política monetária influenciar a taxa de desemprego. Com efeito, as empresas podem, com base no conhecimento das variações em curso na oferta de moeda, formular expectativas não enviesadas da inflação, e distinguir, de forma mais eficiente, as subidas generalizadas dos preços, das modificações dos preços relativos. Por outro lado, também os trabalhadores se apercebem de que as subidas dos salários nominais não correspondem a acréscimos dos salários reais. Nestas circunstâncias não haverá, nem da parte das empresas, nem da parte dos trabalhadores, qualquer pressão para que a taxa de desemprego se modifique ao longo de um período inflacionista. Por essa razão, de acordo com a hipótese das expectativas racionais, não existem curvas de Phillips de curto prazo, mas apenas a de longo prazo.

Da mesma forma que, de acordo com a hipótese das expectativas racionais, o aumento da taxa de inflação não torna possível a redução da taxa de desemprego, também a política anti-inflacionista não provoca aumentos do desemprego, na medida em que tanto as empresas como os trabalhadores antecipam os efeitos dessa política.

9.4. O nível de preços e as curvas da procura e oferta agregadas

A alteração do nível médio de preços tem consequências sobre a procura e oferta agregadas. Esses efeitos são representados através de curvas da procura e oferta agregadas representadas na Figura 6, onde são designadas, respectivamente por D_A e S_A. No eixo horizontal da Figura 6 está representado o rendimento real, Y, e no eixo vertical, o nível médio de preços, P. Ao longo de cada curva da procura agregada o montante da oferta nominal de moeda mantém-se constante. Por isso, quando o nível médio de preços aumenta, o poder de compra da quantidade de moeda existente diminui, o que faz diminuir a procura agregada, provocando a queda do rendimento real, e daí a inclinação negativa da curva da procura agregada.

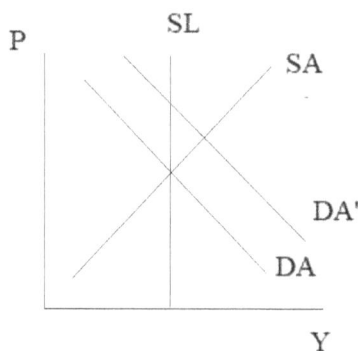

Fig. 6: Curvas da procura e oferta agregadas

A inclinação positiva da curva da oferta agregada assenta na hipótese de que, quando o nível médio de preços aumenta, as empresas respondem com aumentos dos preços e da produção. Esta hipótese é relativamente consensual quando consideramos o curto prazo, isto é enquanto a rigidez dos salários e de outros custos, permite às empresas usar as duas vias, aumento da produção e subida dos preços, para tirar partido dos aumentos da procura. Assim, se ocorrer um aumento da oferta de moeda, que cause uma deslocação da curva da procura agregada de DA para DA', na Figura 6, o equilíbrio macroeconómico (ponto onde as curvas da procura e oferta agregadas se cruzam), verificar-se-á a valores mais elevados, tanto do rendimento real como do nível médio de preços.

A longo prazo, a hipótese de que quando há aumentos do nível médio de preços as empresas respondem com aumentos da oferta, torna-se questionável, dado que todos os preços, incluindo os salários, tendem a crescer à mesma taxa. Neste contexto, a oferta agregada de longo prazo tende a ser insensível às variações do nível de preços, e é representada pela curva vertical SL da Figura 6.

9.5. A política monetária e a reacção do banco central às variações da taxa de inflação

Podemos definir quatro grandes fases quanto aos objectivos finais da política monetária, desde a II Guerra Mundial, na generalidade dos países desenvolvidos. Durante a primeira fase, que foi do pós-guerra até aos anos sessenta, o objectivo essencial da política monetária era o de contribuir para o investimento e o crescimento. Durante a época em que estes eram os objectivos da política monetária, a curva de Phillips representava o paradigma dominante quanto à relação entre inflação e desemprego, o que levava os decisores da política económica a acreditaram que, com mais inflação, se conseguia reduzir o desemprego. Outro fundamento da escolha deste objectivo final para a política monetária era a ideia, defendida por Tobin[17], de que a perda de rendimento da moeda, causada pela inflação, leva os investidores a aumentarem a procura doutros activos, incluindo o capital físico, donde resulta o aumento do investimento e, consequentemente, do rendimento agregado e do emprego. A constatação de que taxas de inflação mais elevadas não eram necessariamente acompanhadas pela redução da taxa de desemprego levou a mudanças na fixação dos objectivos finais da política monetária. Assim, inicia-se uma segunda fase, a partir dos anos sessenta, em que este objectivo era combinado com o de corrigir desequilíbrios na balança de pagamentos, e o de

---

[17] Tobin, J. (1965), «Money and Economic Growth», *Econometrica*, Vol. 33, p. 671-684.

estabilizar a taxa de inflação. Os anos oitenta marcam o início da terceira fase, em que o objectivo prioritário da política monetária passou a ser a estabilidade do nível médio de preços. Os principais fundamentos da importância que os bancos centrais atribuem, na actualidade, à estabilidade dos preços são o facto de ela permitir:

- que mais facilmente sejam identificadas alterações dos preços relativos, donde resulta maior transparência nos preços;
- que as taxas de juro se tornem mais baixas;
- que se reduza a prática de acumulação de stocks como forma de protecção contra a subida dos preços;
- que diminuam as distorções no sistema fiscal e no sistema de segurança social;
- que se reduza a redistribuição da riqueza que, em períodos inflacionistas, prejudica os titulares de rendimentos fixos.

Nos anos mais recentes, os bancos centrais têm norteado a sua acção pelo objectivo de moderar os ciclos económicos, tentando contrariar tanto os períodos de expansão fortemente inflacionista, como os períodos de recessão. A linha orientadora que está na base deste tipo de política é a de fazer com que o produto efectivo não se afaste muito do chamado *produto potencial*. Este depende das quantidades de mão-de-obra e de capital existentes, bem como das condições tecnológicas. Os aumentos nas quantidades de mão-de-obra e de capital, bem como a inovação tecnológica, traduzem-se num crescimento sustentável que permite aumentar o produto potencial. O afastamento excessivo, para cima, do produto efectivo relativamente ao produto potencial, é gerador de tensões inflacionistas, assim como o afastamento, em sentido inverso, é causador de recessões económicas.

Os bancos centrais atribuem grande importância ao acompanhamento da evolução dos agregados monetários, pela influência que as variações destes têm sobre o sector real e sobre a taxa de inflação. No entanto, sendo o nível das taxas de inflação actuais bastante baixo, a acção dos bancos centrais tem-se centrado na manipulação das taxas de juro das suas operações, com a preocupação de manter, simultaneamente, a taxa de inflação em níveis baixos, e reduzido o afastamento entre o produto efectivo e o produto potencial.

Quando um banco central modifica a sua taxa de juro nominal, tem como objectivo imediato a alteração da taxa de juro real que daí resulta. Como vimos, no Capítulo VII, a taxa de juro nominal pode ser decomposta aproximadamente na soma da taxa de juro real com a taxa de inflação esperada.

$$i \approx r^e + \dot{p}^e \tag{19}$$

A manipulação das taxas de juro, por parte do banco central baseia-se no pressuposto de que as modificações da taxa de juro real têm efeitos sobre a procura agregada. Assim, quando pretende contrariar tensões inflacionistas, o banco central aumenta a taxa de juro, esperando que a consequência seja uma redução da procura agregada. Quando, pelo contrário, pretende combater uma recessão, reduz a taxa de juro, para que o investimento e o consumo aumentem.

A política de taxas de juro do banco central passa pela definição prévia da *taxa de inflação alvo*, isto é, dum valor para a subida dos preços que não traduza tensões inflacionistas, nem seja tão baixo que dê indícios de recessão económica. Por outro lado, o banco central deve também identificar o valor de *longo prazo da taxa de juro real* para a qual procura agregada se torna igual ao produto potencial, o qual corresponde ao produto que que a economia consegue manter com taxa de inflação constante (daí que também seja designado por produto, ou rendimento, não acelerador da inflação). A equação (18), permite-nos ver como estas variáveis determinam a escolha da política de taxa de juro pelo banco central:

$$i_t = \dot{p}_t + r_t^e + a_p \left(\dot{p}_t - p^* \right) + a_y \left(y_t - \overline{y} \right) \tag{20}$$

Nesta equação i_t é a taxa de juro nominal, a escolher, na data t, pelo banco central, enquanto $\dot{p}_t$ é a taxa de inflação observada nessa data, r_t^e é a taxa de juro real desejada pelo banco central, em função do esforço financeiro que pretende impor ao sector real, p_t^* é taxa de inflação alvo do banco central, y_t é o rendimento real corrente e $\overline{y}$ é o produto potencial.

Quando a taxa de inflação efectiva está acima da taxa de inflação alvo, o banco central desejará fazer subir a taxa de juro real acima do seu valor de longo prazo, por forma provocar uma redução da procura agregada que permita fazer baixar a taxa de inflação. Para atingir esse objectivo, aumenta a taxa de juro nominal. Se, em simultâneo, o rendimento corrente se situar acima do rendimento potencial, as duas causas conjugam-se no sentido de levar o banco central a subir a taxa de juro nominal. Quando, pelo contrário, a taxa de inflação efectiva se situa abaixo da taxa de inflação alvo, e simultaneamente, o rendimento corrente está abaixo do rendimento potencial, há indícios de recessão económica, pelo que banco central reduzirá a taxa de juro nominal para fazer descer a taxa de juro real abaixo do seu valor de longo prazo, e assim incentivar o aumento da procura agregada. A intensidade com que o banco central modifica a taxa de juro depende dos coeficientes a_p e a_y, cujos valores traduzem as suas preferências em matéria de política monetária.

PARTE IV

Moeda, taxas de câmbio e integração monetária

Capítulo X

A MOEDA, AS TAXAS DE CÂMBIO E OS REGIMES CAMBIAIS

A circulação dos instrumentos monetários faz-se dentro de áreas monetárias nacionais ou supra-nacionais. Os residentes numa dada área monetária têm, por esse motivo, de trocar (cambiar) os instrumentos monetários que nele circulam, por meios monetários externos, para efectuarem transacções com os residentes noutras áreas monetárias. Os métodos usados para exprimir a taxa de câmbio, e os aspectos essenciais do funcionamento dos mercados de câmbios, são abordados na primeira secção deste capítulo. O preço relativo, ou *taxa de câmbio*, entre duas moedas trocadas num mercado de câmbios, é influenciado por variáveis como as taxas de juro e as taxas de inflação observadas nos países que emitem essas moedas. Ocupar-nos-emos deste tema, na segunda secção deste capítulo.

A oferta de moeda nacional (procura de moeda estrangeira), no mercado de câmbios é feita pelos importadores do país e por outros agentes económicos, nele residentes, que compram activos financeiros externos. A procura de moeda nacional (oferta de moeda estrangeira), por sua vez, é feita pelos exportadores do país, e pelos residentes no estrangeiro que estão a comprar activos financeiros nacionais. O governo de um país, ou a União Europeia, no caso da área do euro, pode definir uma política cambial que condiciona ou determina o valor externo da moeda que emite, ou deixar que taxa de câmbio flutue livremente no mercado. O primeiro caso verifica-se nos regimes de câmbios fixos ou de flutuação controlada, e o segundo caso corresponde ao regime de regime de câmbios flexíveis. As características dos regimes cambiais e a intervenção do banco central são tratadas na terceira e última secção deste capítulo.

10.1. Mercados de câmbio e taxas de câmbio

O mercado de câmbios de uma moeda que circula numa área monetária define-se como o conjunto da oferta e da procura dessa moeda, contra moedas exteriores a essa área. Os principais intervenientes nesses mercados são os bancos e outras instituições financeiras, que neles efectuam transacções, tanto por sua própria conta, como por conta de clientes. O preço relativo entre duas moedas, ou *taxa de câmbio*, é representado recorrendo a um dos dois métodos que apresentamos de seguida:

1) **Ao incerto**, quando a taxa de câmbio exprime a quantidade (variável) da moeda nacional que é trocada por **uma** unidade de moeda estrangeira (nos desenvolvimentos seguintes, ao representarmos a taxa de câmbio entre duas moedas A e B, ao incerto para a moeda A, utilizaremos a seguinte notação: $S_{A/B} = \dfrac{Q_A}{1B}$);

2) **Ao certo**, quando a taxa de câmbio exprime a quantidade variável de moeda estrangeira que é trocada por **uma** unidade de moeda nacional (utilizamos a taxa de câmbio ao certo para o euro quando dizemos que 1 euro vale 1,30 dólares). É este segundo método de exprimir a taxa de câmbio do euro que é utilizado actualmente pelo Sistema Europeu de Bancos Centrais, para exprimir a cotação do euro.

Tal como acontece noutros mercados, também nos mercados de câmbios se encontram dois segmentos:

- o das operações à vista (ou a *contado*) onde a troca das divisas é efectuada no mesmo momento em que é negociada a taxa de câmbio;
- o das operações a prazo, em que a taxa de câmbio é negociada numa data, e a transacção a que respeita é efectuada numa data posterior.

Os mercados de câmbios a prazo permitem aos investidores efectuar a cobertura do risco cambial. Um investidor com uma aplicação numa determinada moeda, que pretende liquidar numa data futura, corre o risco de ver essa moeda depreciar-se no mercado de câmbios à vista. Recorrendo ao mercado a prazo pode assegurar antecipadamente uma taxa de câmbio para venda dessa divisa. Também o investidor que pretende comprar uma moeda, numa data futura, corre o risco de ver a cotação dessa moeda subir no mercado de câmbios até à data em que ele necessita de a comprar. Neste caso, o recurso ao mercado a prazo permite assegurar o preço de compra.

10.2. As determinantes da variação das taxas de câmbio

As diferenças das taxas de juro entre países são uma das causas da variação das taxas de câmbio. Essas diferenças explicam também a diferença entre as taxas de câmbio no mercado a contado e no mercado a prazo. Outra causa importante da variação das taxas de câmbio é a diferença entre as taxas de inflação.

10.2.1. A paridade das taxas de juro

A diferença entre as taxas de câmbio à vista e a prazo entre duas moedas pode ser explicada pela diferença entre as taxas de juro dos países que emitem essas moedas. Esta explicação da relação entre as taxas de juro e os dois tipos de taxas de câmbio designa-se por paridade *coberta* das taxas de juro. Consideremos o caso de um investidor residente no País A, que dispõe de um capital de valor igual a K, expresso na moeda A, o qual pretende aplicar, durante um ano, no seu país ou, em alternativa, no País B. $S_{A/B}$ e $F_{A/B}$ são, respectivamente, as taxas de câmbio à vista e a prazo, entre as divisas A e B (ambas ao incerto para A), e as taxas de juro são i_A no País A e i_B no País B.

Se ele escolher o investimento no País B, pode eliminar o risco cambial vendendo a prazo, no início do ano, o montante da moeda B que corresponde ao valor final do investimento. Com este procedimento, as duas alternativas de investimento devem apresentar o mesmo valor final, para que não haja operações de arbitragem. Essa situação está representada pela igualdade seguinte, em cujo lado esquerdo está representado o valor final do investimento no País A, e no lado direito, o valor final do investimento no País B:

$$K\left(1+i_A\right)=\frac{K}{S_{A/B}}\left(1+i_B\right)F_{A/B} \tag{1}$$

Se dermos outra representação a esta igualdade, obtemos a relação entre o diferencial das taxas de câmbio e o diferencial das taxas de juro:

$$\frac{F_{A/B}-S_{A/B}}{S_{A/B}}=\frac{i_A-i_B}{\left(1+i_B\right)} \tag{2}$$

Outra versão da paridade das taxas de juro não contempla a possibilidade de as moedas serem negociadas no mercado a prazo, pelo que o investidor toma a sua decisão com base na taxa de câmbio esperada para a data em que liquida o investimento, $E(S_{A/B})$. Esta é a versão *não coberta* da paridade das taxas de juro, na qual, para que não haja operações de arbitragem, deve verificar-se a seguinte igualdade entre o valor final de K unidades da moeda investidas no País A, e o valor final esperado se esse investimento for efectuado no País B:

$$K\left(1+i_A\right)=\frac{K}{S_{A/B}}\left(1+i_B\right)E\left(S\right)_{A/B} \tag{3}$$

Dando outra representação à igualdade (3) chegamos à seguinte relação entre a variação esperada da taxa de câmbio e a diferença entre as taxas de juro:

$$\frac{\Delta S^e_{A/B}}{S_{A/B}}=\frac{i_A-i_B}{\left(1+i_B\right)} \tag{4}$$

onde

$$\frac{\Delta S^e_{A/B}}{S_{A/B}}=\frac{E\left(S\right)_{A/B}-S_{A/B}}{S_{A/B}} \tag{5}$$

é a variação relativa esperada da taxa de câmbio a contado.

A igualdade (4) significa que a taxa de variação esperada para taxa de câmbio é muito próxima da diferença entre as taxas de juro dos dois países.

10.2.2. A paridade dos poderes de compra

A hipótese da paridade dos poderes de compra, como causa da variação das taxas de câmbio, assenta no pressuposto de que a taxa de câmbio entre duas moedas depende, essencialmente, da relação entre os níveis médios de preços nos países onde são emitidas. Formulada inicialmente por Cassel[1], esta teoria enuncia uma lei para a determinação da taxa de câmbio real, a qual mede a relação de troca de poder de compra que está contida na taxa de câmbio nominal. Se representarmos os índices de preços no País A no País B, respectivamente P_A e P_B, sendo $S_{A/B}$, a taxa de câmbio nominal (ao incerto para A), a taxa de câmbio real, $SR_{A/B}$, define-se da seguinte forma:

$$SR_{A/B} = \frac{Q_A / P_A}{1B / P_B} \qquad (6)$$

o que, tendo em conta que a taxa de câmbio nominal é $S_{A/B} = \frac{Q_A}{1B}$, equivale a escrever-se:

$$SR_{A/B} = S_{A/B} \frac{P_B}{P_A} \qquad (7)$$

A teoria da paridade dos poderes de compra apresenta duas versões: a *versão absoluta* e a *versão relativa*. De acordo com a versão absoluta, o equilíbrio no mercado de câmbios pressupõe que a taxa de câmbio real seja igual a 1, isto é, cada unidade monetária deve ter o mesmo poder de compra em ambos os países (lei do preço único). Ora, a partir da definição de taxa de câmbio real representada na equação (7) verificamos que, para que seja $SR_{A/B} = 1$, a taxa de câmbio nominal terá que ser igual à relação entre os níveis médios de preços nos dois países, isto é:

$$S_{A/B} = \frac{P_A}{P_B} \qquad (8)$$

Podem levantar-se as seguintes objecções à verificação da versão absoluta da teoria da paridade dos poderes de compra:

---

[1] Cassel, G. (1922), Money and Foreign Exchange After 1914, Mcmillan, Londres.

- o cabaz dos bens que entram na determinação dos índices de preços, não é idêntico nos dois países;
- existem bens que não podem, por razões económicas ou institucionais, ser objecto de transacções internacionais;

A primeira destas duas objecções faz com que a relação entre os índices de preços não permita uma comparação correcta dos poderes de compra entre os dois países. A segunda impede que alguns dos bens, que entram no cálculo do índice de preços, sejam relevantes para a determinação das taxas de câmbio.

A versão relativa da teoria da paridade dos poderes de compra não requer que a taxa de câmbio real seja igual à unidade, e assenta nas seguintes hipóteses:

- a lei do preço único verifica-se apenas para cada um dos bens que seja produzido em ambos os países, e que possa ser transaccionado internacionalmente;
- os preços relativos dos bens nos dois países não devem modificar-se ao longo do tempo, para que se mantenha o equilíbrio no comércio entre eles.

Embora esta versão não requeira que a taxa de câmbio real seja igual a 1, ela deverá, de acordo com a segunda hipótese, ser uma constante positiva que permite assegurar a manutenção do equilíbrio nas trocas entre os dois países. De acordo com esta segunda hipótese daremos a seguinte representação à taxa de câmbio real:

$$SR_{A/B} = \alpha \tag{9}$$

A partir das equações (7) e (9) podemos também dar a seguinte representação à relação entre a taxa de câmbio nominal e os níveis médios de preços nos dois países:

$$S_{A/B} = \alpha \frac{P_A}{P_B} \tag{10}$$

O pressuposto de que a taxa de câmbio real se deve manter igual à constante α implica que a variação da taxa de câmbio nominal esteja apenas dependente da diferença entre as taxas de inflação nos dois países. Tomemos os valores daquela relação em dois momentos diferentes do tempo:

$$S_{A/B}(0) = \alpha \frac{P_A(0)}{P_B(0)} \tag{11}$$

e

$$S_{A/B}(1) = \alpha \frac{P_A(1)}{P_B(1)} \tag{12}$$

A variação relativa da taxa de câmbio entre o momento 0 e o momento 1 é:

$$\frac{S_{A/B}(1) - S_{A/B}(0)}{S_{A/B}(0)} = \frac{\left(\dfrac{P_A(1)}{P_B(1)} - \dfrac{P_A(0)}{P_B(0)}\right)}{\dfrac{P_A(0)}{P_B(0)}} = \frac{\dfrac{\Delta P_A}{P_A} - \dfrac{\Delta P_B}{P_B}}{\left(1 + \dfrac{\Delta P_B}{P_B}\right)} \tag{13}$$

ou

$$\frac{\Delta S_{A/B}}{S_{A/B}} = \frac{\dfrac{\Delta P_A}{P_A} - \dfrac{\Delta P_B}{P_B}}{\left(1 + \dfrac{\Delta P_B}{P_B}\right)} \tag{14}$$

onde

$$\frac{\Delta S_{A/B}}{S_{A/B}} = \frac{S_{A/B}(1) - S_{A/B}(0)}{S_{A/B}(0)} \tag{15}$$

$$\frac{\Delta P_A}{P_A} = \frac{P_A(1)}{P_A(0)} - 1 \tag{16}$$

e

$$\frac{\Delta P_B}{P_B} = \frac{P_B(1)}{P_B(0)} - 1 \tag{17}$$

Assim, a versão relativa da paridade dos poderes de compra implica que a variação percentual da taxa de câmbio nominal seja (aproximadamente) igual à diferença entre as taxas de inflação nos dois países.

10.3. Os regimes cambiais

Vimos, no início deste livro, que uma das funções dos bancos centrais é a de gerir as reservas cambiais do país, tendo em vista assegurar a estabilidade do valor externo da moeda. Os regimes cambiais definem-se pela forma como o banco central exerce essa função. Os dois tipos limite de regime cambial são o regime de *câmbios fixos* e o regime de *câmbios flexíveis*. As formas concretas que ambos apresentam, têm, por vezes, gradações, que atenuam a oposição que, em termos abstractos, existe entre elas.

10.3.1. O regime de câmbios fixos: do padrão-ouro a Bretton Woods

No regime de câmbios fixos o banco central fixa *administrativamente* o valor externo (paridade) da moeda nacional. O primeiro exemplo histórico de regime de câmbios fixos, foi o do *padrão-ouro*, que vigorou em muitos países, a partir dos últimos decénios do séc. XIX, e terminou nas primeiras décadas do séc. XX. Neste regime, a paridade da moeda nacional era estabelecida em relação ao ouro (cada unidade monetária equivalia a um determinado peso de ouro), e as notas emitidas pelos bancos emissores eram livremente convertíveis nesse metal. Daí decorria que a taxa de câmbio entre duas moedas se tornava equivalente à relação entre a paridade-ouro de ambas. Por exemplo, se a paridade-ouro da moeda do País A é metade da do País B, a taxa de câmbio de equilíbrio entre as duas moedas é $S_{A/B} = 2A/1B$. Qualquer afastamento da taxa de câmbio de mercado em relação a este valor, tende a ser, automaticamente, corrigido, se não existirem custos de transacção. Suponhamos, que a taxa de câmbio das moedas dos países A e B, toma, em dado momento, o valor $S_{A/B}=3A/1B$. Este afastamento em relação à paridade-ouro faria desencadear operações de arbitragem triangular entre as duas moedas e o ouro, que reconduziriam a taxa de câmbio para o valor de equilíbrio. Com efeito, o detentor de 1B, ao trocá-la por 3A, e trocando, em seguida, estas unidades da moeda A por ouro, recebia uma quantidade de metal que lhe permitia comprar 1,5B. Esta oportunidade de ganho dava origem ao aumento da oferta da moeda B, no mercado de câmbios, fazendo diminuir o seu valor em relação à moeda A. Esse aumento da oferta de B apenas terminaria quando a relação de troca entre as duas moedas voltasse ao valor que decorre da paridade-ouro.

Os custos de transporte do ouro, entre os dois países, fazem com que existam duas margens de flutuação em torno da paridade-ouro. Suponhamos que o transporte de ouro no valor de 1B (igual a 2A) custa 0,25 A, e que o transporte de notas entre os dois países é nulo. Neste caso, a moeda A pode depreciar-se no mercado de câmbios até à taxa de câmbio $S_{A/B}=2,25A/1B$. Se esse limite for ultrapassado é mais vantajoso, para um residente no País A que tenha pagamentos a efectuar no País B, trocar previamente notas da moeda A por ouro, transportá-lo para o País B, e aí comprar notas da moeda B, do que trocar notas dos dois países no mercado de câmbios. Deste modo, aquele valor da taxa de câmbio $S_{A/B}=2,25 A/1B$ é o ponto de exportação de ouro do País A (e o ponto de importação de ouro para o País B), tal como está assinalado na Figura 1.

Se for a moeda B a depreciar-se, e ultrapassar o limite $S_{A/B}=1,75 A/1B$, um residente no País que tenha pagamentos a efectuar no País A, em vez de trocar notas no mercado de câmbios, tem interesse em trocar notas da moeda B por ouro no seu país, transportá-lo para o país A, e aí trocar o ouro por notas da moeda A. Daí resulta que esta taxa de câmbio é o ponto de importação de ouro para o País A (e o ponto de exportação de ouro para o País B).

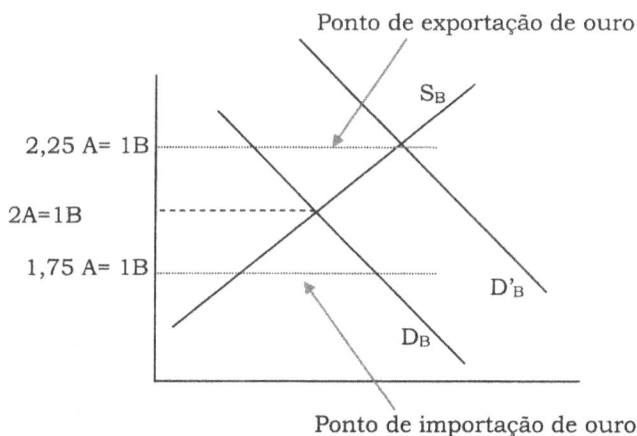

Fig. 1: O regime de padrão-ouro

Outra forma de regime de câmbios fixos é a que resultou dos Acordos de Bretton Woods, em 1944, para o Sistema Monetário Internacional, supervisionada pelo Fundo Monetário Internacional, que foi criado por esses mesmos acordos. Esta solução consiste em o banco central fixar a paridade da moeda nacional relativamente a uma moeda estrangeira, e estabelecer margens de flutuação em torno da paridade, dentro das quais o mercado pode estabelecer livremente a taxa de câmbio. O banco central só intervém quando a taxa de câmbio atinge um dos limites de flutuação ou está muito próxima dele. Se é a moeda estrangeira que está no limite superior de flutuação (e a moeda nacional está no limite inferior), o banco central vende moeda estrangeira e compra moeda nacional, para o que se desfaz duma parte das suas disponibilidades líquidas sobre o exterior (DLX). Se, pelo contrário, a moeda estrangeira está no limite inferior de flutuação (e a moeda nacional está no limite superior), o banco central compra moeda estrangeira e vende moeda nacional, donde resulta o aumento das suas disponibilidades sobre o exterior. Na Figura 2 a taxa de câmbio está ao incerto para a moeda A, e ao certo para a moeda B. Deste modo, a linha horizontal, LS, corresponde ao limite superior para o valor da moeda B, relativamente à paridade, e a linha horizontal, LI, corresponde ao limite inferior para a mesma moeda. Imaginemos, partindo duma situação inicial em que a taxa de câmbio de equilíbrio era igual à paridade, que ocorreu um aumento da procura da moeda B, que fez deslocar a respectiva curva da procura de D_B para D'_B, de tal modo que a nova taxa de câmbio de equilíbrio fica acima do limite superior de flutuação. Neste caso, a intervenção do banco central consiste em colocar moeda B no mercado de câmbios, fazendo deslocar a curva de oferta para a direita, até que esta se cruze com a curva da procura sobre a linha horizontal LS. A intervenção pode ser feita apenas por um dos bancos centrais, ou, de forma concertada, por ambos. No caso do banco central do País A, a variação das disponibilidades sobre o exterior representada na figura, por ΔDLX, corresponde a uma diminuição dessas disponibilidades, porque este banco central está a vender uma parte da moeda de B, que tem no seu activo. O banco central do País B, pelo contrário, ao intervir nesta operação, está a aumentar as suas disponibilidades sobre o exterior, uma vez que está a adquirir a moeda A.

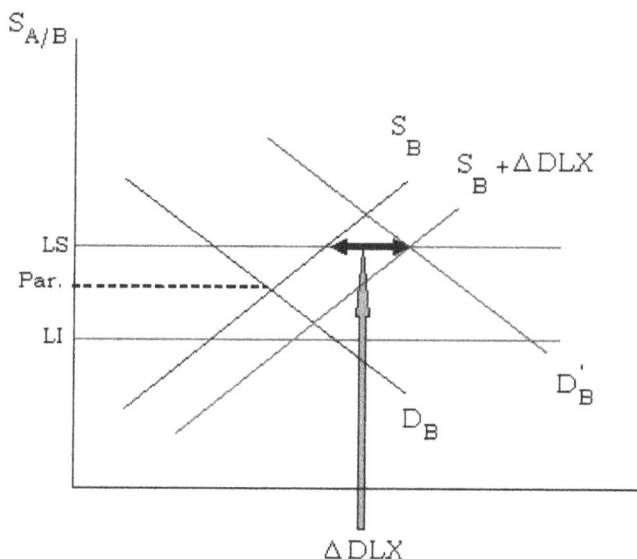

Fig. 2: O regime de câmbios fixos com intervenção
do banco central e margens de flutuação

Pode acontecer que a taxa de câmbio de equilíbrio esteja de tal modo afastada da paridade, que a intervenção dos bancos centrais, para a manterem dentro dos limites de flutuação, os obrigue a suportar variações muito elevadas das disponibilidades sobre o exterior. Um desvio elevado entre a taxa de câmbio de equilíbrio e a paridade ocorre, normalmente, em resultado duma perda acentuada da capacidade de exportar, ou de atrair capitais externos, por parte do país cuja moeda se deprecia. A intervenção do banco central no mercado de câmbio pode ser pouco eficaz, caso a procura de moeda estrangeira continue a aumentar após esse intervenção, o que, na Figura 2, estaria representado por uma nova deslocação para cima da curva da procura da moeda B. Numa situação deste tipo acaba por ser necessária a alteração da paridade da moeda A, isto é, uma desvalorização dessa moeda. A possibilidade de alteração da paridade, no caso de se verificar um desequilíbrio estrutural da balança de pagamentos, estava prevista nos Acordos de Bretton Woods.

10.3.2. O regime de câmbios flexíveis: o pós Bretton Woods e os Acordos da Jamaica

No regime de câmbios flexíveis, o banco central não fixa qualquer paridade para a moeda nacional e, na forma pura deste regime, não faz também qualquer tipo de intervenção no mercado de câmbios. Neste caso, a taxa de câmbio é determinada exclusivamente pela oferta e procura dos outros agentes económicos. Este regime cambial tem contra si o facto de não impedir a existência de períodos de forte volatilidade das taxas de câmbio, com efeitos nefastos para as transacções internacionais. Com efeito, a instabilidade cambial pode causar retracção no comércio internacional, pela incerteza que cria. Por exemplo, o importador de um determinado país, cuja moeda atravessa um período de forte depreciação nos mercados de câmbios, corre um risco elevado de ver, a todo o momento, aumentar a quantidade de moeda nacional que tem que entregar para obter a moeda estrangeira de que necessita. Outra consequência negativa da forte depreciação da moeda nacional, é a subida dos preços dos produtos importados que, quando são utilizados como factores de produção ou matérias-primas, fazem com que os custos de produção aumentem, causando uma situação inflacionista no país cuja moeda se deprecia. Uma situação oposta, em que a moeda nacional tende a subir fortemente de valor nos mercados de câmbios, pode também ter consequências negativas, por criar dificuldades à capacidade exportadora do país.

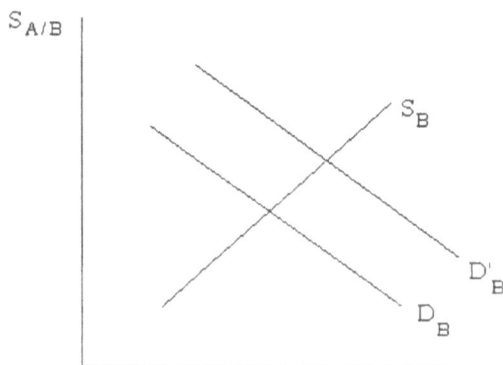

Fig. 3: O regime de câmbios flexíveis

O sistema monetário internacional atravessou uma fase durante a qual o regime de câmbios flexíveis adquiriu alguma importância, depois de, em Março de 1973, ter sido abandonada a imposição do regime de paridades fixas aos países membros do FMI. No entanto, muito dos países que escolheram o regime de câmbios flexíveis, optaram por uma forma «impura» deste regime, na medida em que os respectivos bancos centrais continuaram a intervir nos mercados de câmbios, comprando ou vendendo moeda nacional contra moeda estrangeira, com o objectivo de condicionar a evolução do seu valor externo. A necessidade de coordenação da política cambial, tendo em vista evitar a manipulação das taxas de câmbio para aumentar a competitividade externa, bem como a instabilidade cambial que dela resulta, levou à assinatura dos Acordos da Jamaica, em 1976, que se traduziram na Segunda Emenda aos Acordos de Bretton Woods. A alteração dos Estatutos do FMI então efectuada, para além prever a possibilidade de arranjos cambiais entre os membros do FMI, estabelecia a proibição da manipulação das taxas de câmbio que impedisse os ajustamentos necessários da balança de pagamentos, ou que tivesse como objectivo a obtenção de vantagens competitivas sobre os restantes países. Os novos estatutos passaram também a atribuir a responsabilidade, aos países membros, de terem em conta o interesse dos outros países, nas suas intervenções no mercado de câmbios.

10.3.3. As zonas alvo

As zonas alvo não constituem propriamente um regime cambial, mas são um método de coordenar a flutuação das moedas nos mercados de câmbios, com vista a reduzir a sua volatilidade e os efeitos negativos que esta tem sobre as transacções internacionais. Este método de coordenação das taxas de câmbio foi defendido por diversos países membros do Fundo Monetário Internacional, como o chamado Grupo dos 24 (países em desenvolvimento) em meados da década de 80. A fundamentação teórica desta solução é feita por Mckinnon, Williamson e Krugman[2].

---

[2] Mckinnon, R, (1984), An International Standard for Money Stabilization, Institute for Economic Affairs; Williamson, J. (1985), *The Exchange Rate System, Institute for International Economics;* Krugman, P. (1988), «Target zones and exchange rate dynamics», *NBER Working Paper.*

O período posterior ao fim do regime saído dos Acordos de Bretton Woods caracterizou-se por um predomínio das taxas de câmbio flexíveis, durante o qual se observou uma grande variabilidade das taxas de câmbio nominais e reais, tanto no curto como no longo prazo. A política cambial baseada no princípio das *zonas alvo* tem como objectivo manter a taxa de câmbio estabilizada em torno de um valor de *equilíbrio fundamental*, tal como a Figura 4 representa.

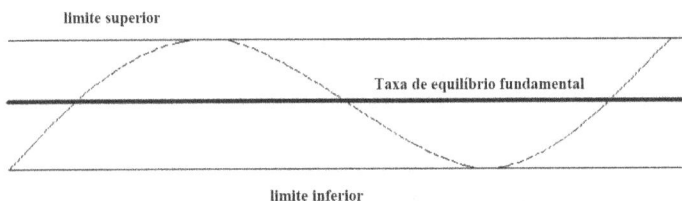

Fig. 4: zonas alvo e taxa de equilíbrio fundamental

A taxa de equilíbrio fundamental é a taxa de câmbio que cria um défice ou um excedente da balança corrente igual ao fluxo de capital subjacente, pelo que não há variação das reservas externas, e o país não necessita de adoptar medidas proteccionistas. A taxa de câmbio que assegura o equilíbrio entre a oferta e a procura, sem intervenção oficial no mercado de câmbios, pode flutuar em torno da taxa de equilíbrio fundamental, dentro dos limites definidos por duas margens de flutuação. Os bancos centrais intervêm no mercado de câmbios, vendendo a moeda que se encontre sobrevalorizada de tal forma que está prestes a atingir o limite superior de flutuação. Pelo contrário, procedem à compra da moeda cuja depreciação a coloca muito próximo do limite inferior.

As principais vantagens da estabilização das taxas de câmbio, através da fixação de zonas alvo são a redução da volatilidade de curto prazo (o que permite aumentar o comércio externo e favorece o investimento directo devido à redução do risco de câmbio), e a redução das distorções de longo prazo, cuja correcção implica custos de reajustamento consideráveis. Entre os exemplos desses custos estão:

a) as fortes reduções do consumo, quando a moeda é desvalorizada após um período em que esteve, anormalmente, sobre-avaliada;

b) as alterações dos preços relativos, com a subsequente reafectação de recursos, com custos em capital produtivo e em reconversão da mão--de-obra;

c) o desemprego que resulta da lentidão destes ajustamentos.

Capítulo xi

A INTEGRAÇÃO MONETÁRIA EUROPEIA

A integração monetária é uma extensão da integração económica, e consiste na adopção de uma moeda comum por um conjunto de países. A unificação dos instrumentos monetários desses países é acompanhada pela criação de um banco central comum, ou pela criação de um sistema de banco centrais, que desempenhe, nesse espaço monetário integrado, as mesmas funções que os bancos centrais desempenham nos espaços monetários nacionais.

11.1. As teorias sobre as zonas monetárias óptimas

O problema de saber qual a dimensão óptima dum espaço monetário é uma questão cujas respostas, na teoria económica, são dadas essencialmente pelos critérios da *mobilidade de factores* e do *grau de abertura das economias*.

De acordo com o critério da mobilidade de factores, de Mundell[1], dois países têm interesse em constituir uma união monetária se a mobilidade de factores entre eles for mais acentuada do que entre eles e países terceiros. No caso contrário, os dois países deverão, de acordo com este mesmo critério, adoptar, entre si, o regime de câmbios flexíveis.

---

[1] Mundell, R. (1961), «A Theory of Optimal Currency Areas», *American Economic Review,* 51.

Suponhamos que se verifica, por razões não monetárias, uma deslocação da procura de produtos do País A para o País B, tal como está representado na Figura 1. Esta deslocação da procura cria tendência para que surja um défice da balança corrente com o exterior e para o aumento do desemprego no País A. Simultaneamente, surgem tensões inflacionistas e um excedente da balança corrente no País B. Em regime de câmbios flexíveis, a depreciação da moeda A (subida de valor da moeda B) permitiria corrigir os desequilíbrios nos dois países. Se a mobilidade de factores entre os dois países for elevada, este desequilíbrio pode também ser corrigido mediante a deslocação de mão-de-obra, capital, e de outros factores de produção, do País A para o País B, sem alteração da taxa de câmbio. Essa deslocação de factores permite eliminar, no País A, o défice da balança de pagamentos, e a tendência para o aumento do desemprego, e, no País B, eliminar as tensões inflacionistas e impedir o excedente da balança de pagamentos. Nestas circunstâncias, a união monetária entre os dois países seria preferível à modificação das taxas de câmbio.

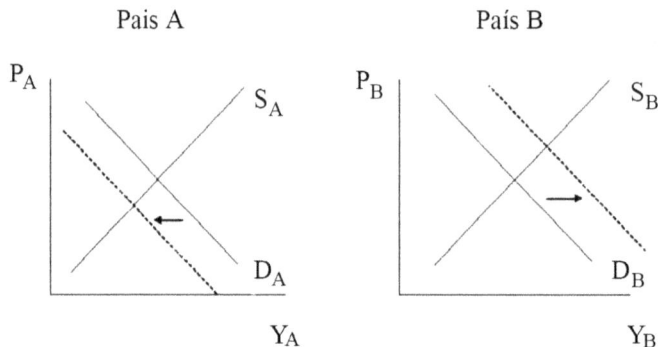

Fig. 1: Choque assimétrico na procura agregada em dois países

O critério do grau de abertura das economias de Mckinnon[2] baseia-se no peso das transacções internacionais do país no PIB. De acordo com este critério, quando este indicador apresenta um valor elevado, torna-se conveniente para o país escolher um regime de câmbios fixos com os seus

---

[2] Mckinnon, R (1963), «Optimum Currency Areas», *American Economic Review*, 53.

principais parceiros comerciais. Isto porque, neste caso, uma variação dos preços dos produtos transaccionados com o exterior (tanto exportados como importados) exerce uma influência muito acentuada sobre a repartição entre procura interna e externa. Por exemplo, uma depreciação do valor da moeda, para corrigir um défice da balança de pagamentos, tem como resultado um aumento muito significativo das transferências de recursos para o exterior (exportações) e uma diminuição também acentuada da utilização de recursos externos (importações). Nestas circunstâncias, é mais conveniente escolher o regime de câmbios fixos, ou a **união monetária**, com os principais parceiros comerciais, porque, uma pequena diminuição do PIB, causada pelo défice externo, em câmbios fixos, tem menos custos para a economia, do que a acentuada transferência de recursos para o exterior que resulta da depreciação da moeda. Se, pelo contrário, o grau de abertura do país ao exterior for reduzido, as variações da taxa de câmbio apenas afectam os preços de um número reduzido de produtos, pelo que o regime de câmbios flexíveis se torna preferível.

Kenen[3] vem juntar aos argumentos de Mundell e Mckinnon, a importância da diversificação duma economia para que esta adira a um sistema de câmbios fixos ou a uma união monetária, e demonstra que as economias mais diversificadas são menos afectadas em termos de emprego, quando surge um choque negativo sobre a procura externa, em regime de câmbios fixos. Mais recentemente, Kindleberger[4] realçou a necessidade de os países que constituem uma união monetária manifestarem o mesmo tipo de preferências no que diz respeito a variáveis como a taxa de inflação e a evolução da produtividade e dos salários reais, entre outras. Essa necessidade da convergência de preferências fundamenta-se, em boa medida, nas teorias explicativas das variações da taxa de câmbio estudadas no capítulo anterior: a teoria da paridade dos poderes de compra e a teoria da paridade das taxas de juro. Com efeito, para que se mantenha o equilíbrio nas

---

[3] Kenen, P. (1969), «The Theory of Optimum Currency Areas: An Ecletic View» editado em Mundell e Swoboda (1969), *Monetary Problems of International Economy*, University of Chicago Press, reeditado em Kenen (1994), *Exchange Rates and the Monetary System*, Ed. Elgar, UK.

[4] Kindleberger, C. (1986), «International Public Goods without International Governement» *American Economic Review*, nº 76.

transacções entre dois países que usam a mesma moeda, as suas taxas de inflação devem ser iguais. Isso implica que, antes de formaram a união monetária, os países com taxas de inflação mais elevadas procedam à sua diminuição, aproximando-se dos que têm taxas de inflação mais baixas. Dado que, ao longo deste processo, as expectativas inflacionistas não se adaptam imediatamente à nova taxa de inflação alcançada pelas autoridades monetárias, haverá um aumento transitório do desemprego, como sublinha De Grauwe[5].

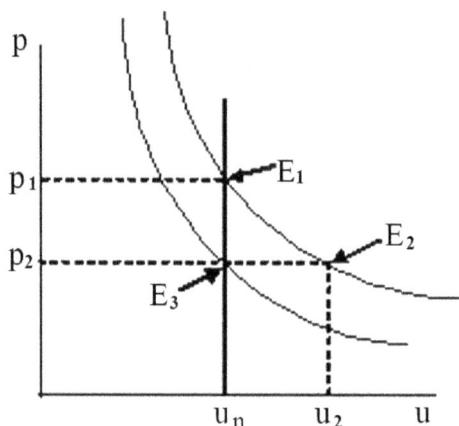

Fig. 2: O processo de ajustamento da taxa de inflação

Na Figura 2 está representado o processo de aproximação da inflação do país cuja taxa de inflação inicial é mais elevada, p_1, à do país cuja taxa de inflação é mais baixa, p_2. O País A encontra-se numa situação inicial de equilíbrio, entre inflação e desemprego, representado pelo ponto E_1, onde se combina a taxa de inflação inicial com taxa de desemprego natural, u_n. Suponhamos que, através do controle da massa monetária, o banco central consegue fazer diminuir a taxa de inflação para o nível da do País B, p_2. A existência de contratos indexados à taxa de inflação anterior, como os salários, e o facto de os agentes económicos esperarem uma taxa de inflação

---

[5] De Grauwe, P. (1994), *The Economics of Monetary Integration,* Oxford University Press.

superior à efectiva, faz com que o desemprego aumente para u_2, e só regresse ao seu valor natural quando os aumentos de salários e as expectativas dos agentes económicos se ajustarem à nova taxa de inflação. Quando a diferença entre a taxa de inflação inicial é muito mais elevada do que a taxa de inflação que se pretende atingir, as autoridades monetárias podem optar por fazer descer gradualmente a taxa de inflação, de modo que a descida verificada em cada uma das fases não tenha um impacto negativo tão acentuado sobre a taxa de desemprego.

11.2. Os custos e os benefícios da integração monetária

Comecemos a abordagem desta questão reportando-nos aos benefícios que um conjunto de países pode conseguir mediante a criação de uma união monetária. As principais vantagens obtidas nesse processo de união são as seguintes:

- a eliminação dos custos suportados com as operações cambiais (comissões pagas aos bancos pelos importadores e exportadores, e outros);
- a eliminação do risco de câmbio, que um constitui obstáculo, por vezes significativo, ao comércio entre países;
- a disciplina monetária a que os bancos centrais dos países aderentes se vêem obrigados, durante o processo de integração monetária, com o objectivo de fazer baixar a taxa de inflação;
- a maior facilidade em comparar os preços dos produtos, entre os diferentes países membros;
- o ganho de importância, no sistema monetário e financeiro internacional, pela moeda única relativamente ao conjunto das moedas nacionais dos países membros, o que permite assegurar mais facilmente a estabilidade do seu valor face às moedas de países terceiros;
- a possibilidade, por parte dos países menos importantes da união monetária, de conseguirem manter as taxas de juro internas a um nível mais baixo do que anteriormente, visto que os investidores estrangeiros não exigem prémios de risco tão elevados, para neles aplicarem os seus capitais.

Entre custos suportados por um país que adere a uma união monetária destaca-se a perda da possibilidade de manter, ou de fazer aumentar a competitividade externa dos seus produtos através de manipulações (depreciações) do valor externo da sua moeda. A desvalorização da moeda nacional permite a um país ganhar competitividade externa, na medida em que as suas exportações se tornam mais baratas para o exterior. No entanto, há que ter em conta que a desvalorização também acarreta o aumento dos preços das importações. Se estas tiverem um peso acentuado na economia do país, a sua subida de preço pode criar tensões inflacionistas que anulam ou, pelo menos, reduzem os ganhos de competitividade obtidos com a desvalorização inicial. Outro custo importante da união monetária, e que afecta os países onde a produtividade é mais baixa, é a tendência para a uniformização dos preços de cada produto, em todo o espaço monetário integrado. Suponhamos que no País A a produtividade média do trabalho é metade da que se observa no País B, devido à melhor tecnologia disponível no País B, à maior abundância de recursos naturais, ou a qualquer outra causa. Um bem cuja produção requer duas horas de trabalho no País A, leva uma hora a produzir no País B. Para que ele tenha o mesmo preço em ambos os países, os salários no País A deveram ser metade dos do País B. Isto significa que, dentro de uma união monetária, os habitantes dos países cuja produtividade é mais baixa irão empobrecer relativamente aos habitantes dos outros países. Se cada país possuísse a sua moeda, e o poder de compra dos salários fosse idêntico nos dois países, o nível médio de preços no País A seria o dobro do País B e, de acordo com a teoria da paridade dos poderes de compra, a taxa de câmbio entre as duas moedas deveria ser 2A=1B. Deste modo as diferenças de produtividade seriam corrigidas pela taxa de câmbio. A lógica deste argumento, levada ao extremo, implicaria que dentro de cada país fossem criadas diferentes unidades monetárias, uma vez que, no mesmo espaço nacional existem, frequentemente, diferenças de produtividade entre regiões. Por outro lado, nem todos os produtos produzidos dentro de cada País são exportáveis, pelo que a moeda única determina, de forma mais acentuada, os preços dos produtos que são transaccionados entre os países membros da união monetária.

11.3. O Sistema Monetário Europeu e o mecanismo das taxas de câmbio

11.3.1. A Serpente Monetária Europeia

Um dos primeiros passos que foram dados no sentido da criação de uma união monetária europeia consistiu no estabelecimento, em 1972, de um regime de flutuação conjunta para as moedas dos seis países pertencentes à então chamada Comunidade Económica Europeia. Neste regime, que ficou conhecido por *serpente monetária europeia*, cada moeda tinha uma parida-de relativamente ao dólar e a cada uma das outras cinco moedas. As cotações de mercado de cada moeda, em relação ao dólar e em relação a cada uma das restantes moedas europeias, podiam flutuar dentro dos limi-tes de ±2,25% em relação à paridade. Esta forma de funcionamento da serpente monetária europeia, com paridades fixas em relação ao dólar, era designada por *serpente no túnel*, dado que as margens de variação, em relação ao dólar, estabeleciam os limites dentro dos quais as moedas da serpente podiam flutuar em conjunto.

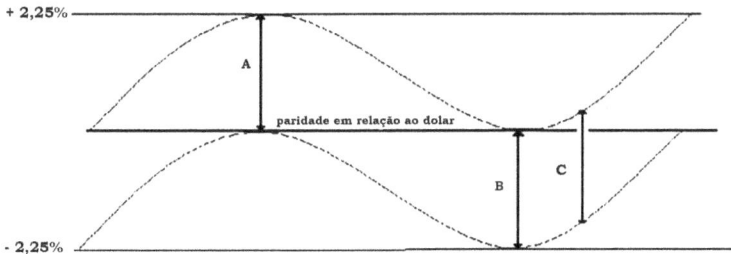

Fig. 3: A Serpente Monetária Europeia no Túnel

A distância, na vertical, entre as duas linhas curvas da Figura 3, represen-ta o desvio máximo, relativamente à paridade, entre as cotações da moeda europeia mais valorizada e da mais desvalorizada relativamente ao dólar. Assim, no ponto A, a moeda europeia mais valorizada está no limite máximo em relação ao dólar, o que implica que a moeda europeia menos valorizada tenha que estar na paridade ou acima desta. No ponto B a moeda europeia mais valorizada está na sua paridade em relação ao dólar, permitindo que a moeda menos valorizada possa estar no seu limite inferior relativamente ao dólar. O ponto C representa todas as situações intermédias entre as situações correspondentes aos pontos A e B. No início de 1973 o dólar entrou em regime de câmbios flexíveis, o que implicou o fim da paridade das moedas europeias em relação ao dólar, ou seja, o desaparecimento do túnel, mantendo-se a regra da serpente para a flutuação conjunta daquelas seis moedas europeias.

Em 1979 entrou em funcionamento o Sistema Monetário Europeu que, além de manter a paridade entre as moedas e os limites de flutuação já existentes na serpente monetária europeia, incluiu os seguintes aspectos adicionais:

- a criação duma unidade de conta europeia, ECU, acrónimo de «European Currency Unit», definida como um cabaz das moedas europeias;
- a obrigação de todos os bancos centrais intervirem no mercado de câmbios quando uma das moedas está prestes a atingir os limites de flutuação;
- o cálculo (através do ECU) do *indicador de divergência* de cada moeda relativamente à sua cotação central (paridade), tendo em vista avaliar da necessidade de intervenção dos bancos centrais.

O Sistema Monetário Europeu incluía também mecanismos de financiamento dos bancos centrais dos países membros, através do Fundo Europeu de Cooperação Monetária (FECOM)[6], os quais permitiam a esses bancos intervir nos mercados de câmbios, sempre que se verificasse o risco de as cotações das moedas ultrapassarem os limites estabelecidos. Para esse fim, o FECOM dispunha de recursos provenientes da entrega, por parte dos países membros, de 20% das suas disponibilidades em ouro e em dólares americanos. Não se tratava da realização de uma quota, mas sim de depósitos renováveis de dois em dois meses. Em contrapartida desses depósitos o FECOM criava unidades da ECU, que serviam para pagamentos entre bancos centrais.

---

[6] O FECOM foi substituído, em 1994, pelo Instituto Monetário Europeu. Este, por sua vez, em 1998, deu lugar ao Banco Central Europeu.

O financiamento concedido pelo FECOM aos bancos centrais dos países membros revestia as seguintes formas:

- financiamento *ilimitado* de muito curto prazo, que podia ir até dois meses e meio, e que podia ser renovado por duas vezes;
- financiamento a curto prazo (até 3 meses), também renovável duas vezes;
- financiamento a médio prazo (por períodos de dois a cinco anos).

Os empréstimos de muito curto prazo e de curto prazo, destinavam-se a assegurar a intervenção dos bancos centrais nos mercados de câmbio, com o objectivo de manter as moedas dentro dos limites de flutuação. Os empréstimos de médio prazo eram concedidos quando um país membro apresenta grandes dificuldades em assegurar o equilíbrio da sua balança de pagamentos.

11.3.2. O mecanismo das taxas de câmbio do Sistema Monetário Europeu

O ECU era uma unidade de conta definida a partir de um cabaz constituído pelas moedas dos países membros do Sistema Monetário Europeu. A composição do cabaz era revista de 5 em 5 anos. Cada moeda tinha uma cotação central (paridade) em relação à restantes moedas e, por consequência, também em relação ao ECU. A cotação central da moeda do País i em relação ao ECU, ou seja a quantidade de unidades monetárias desse país que vale um ECU, é igual à soma das cotações centrais da moeda do País i relativamente a todas as moedas do ECU, multiplicadas pelas quantidades em que estas entram na definição do ECU:

$$ECU_{central/i} = Q_i + \sum_{\substack{j=1 \\ j \neq i}}^{n} Q_j Sc_{i/j} \tag{1}$$

onde Q_i e Q_j são, respectivamente, as quantidades da moeda i e da moeda j, que entram na definição do ECU, e $Sc_{i/j}$ é a cotação central da moeda i em relação à moeda j (ao incerto para i).

As taxas de câmbio de mercado permitem calcular também a cotação do dia-a-dia do ECU em relação à moeda i, ou seja, a sua cotação de mercado, cuja expressão se obtém substituindo, na expressão anterior, as cotações centrais pelas taxas de câmbio de mercado:

$$ECU_{mercado/i} = Q_i + \sum_{\substack{j=1 \\ j \neq i}}^{n} Q_j S_{i/j} \qquad (2)$$

Os limites de flutuação de cada moeda pertencente ao mecanismo das taxas de câmbio do SME variaram ao longo do tempo. De 1979 até 1993 essas margens de flutuação foram ±2,25% para a maior parte das moedas, e ±6%, para a lira, a peseta e o escudo (que entraram no SME em 1992). Na sequência da crise do SME, ocorrida durante os anos de 1992 e 1993, que levou à desvalorização (depreciação da cotação central) de algumas moedas, esses limites de flutuação foram alargados para ±15%. Representemos por m a margem de flutuação. O valor máximo que o ECU pode ter em relação a uma moeda corresponde à situação extrema em que a cotação de mercado dessa moeda se encontra no seu limite inferior em relação a todas as outras:

$$ECU_{\max imo/i} = Q_i + \sum_{\substack{j=1 \\ j \neq i}}^{n} Q_j Sc_{i/j} \left(1 + m\right) \qquad (3)$$

O ECU mínimo corresponde à outra situação extrema, em que a moeda em causa se encontra no seu limite superior em relação a todas as outras:

$$ECU_{\min imo/i} = Q_i + \sum_{\substack{j=1 \\ j \neq i}}^{n} Q_j Sc_{i/j} \left(1 - m\right) \qquad (4)$$

A diferença entre o ECU máximo e o ECU central, ou entre o ECU mínimo e o ECU central, define o desvio máximo de divergência (DMD), enquanto que a diferença entre o ECU de mercado e o ECU central constitui o desvio efectivo (DE). A relação entre o desvio efectivo e o desvio máximo de divergência, constituía o indicador de divergência, ID=DE/DMD, que permitia medir o grau de afastamento da cotação de mercado de uma moeda, relativamente à sua cotação central.

As intervenções dos bancos centrais no mercado de câmbios faziam-se em dois tipos de circunstâncias. O primeiro tipo correspondia às *intervenções marginais*, que tinham lugar sempre que a taxa de câmbio entre duas moedas se afastava da cotação central, pelo valor da margem. Suponhamos que a cotação central entre duas moedas é $SC_{A/B}$ = 2A/1B, e que a taxa de câmbio de mercado é $S_{A/B}$ = 2,3A/1B. Isto significa que a moeda A está no limite de –15% em relação à moeda B. Os bancos centrais destes países, ou de outros pertencentes ao mecanismo das taxas de câmbio do SME, deviam intervir no mercado de câmbios, comprando a moeda A, e vendendo a moeda B, por forma a afastar as suas cotações dos limites.

O segundo tipo de situação em que os bancos centrais deviam intervir no mercado de câmbios, e que definia as chamadas intervenções *intramarginais*, acontecia quando o indicador de divergência apresentava o valor de 75%. Suponhamos que a cotação central do ECU em relação à moeda do País A era de 1 ECU = 100 A. O valor máximo que o ECU podia atingir, em relação a essa moeda era 1 ECU = 115A, e o valor mínimo 1 ECU = 85A. Portanto o desvio máximo de divergência era DMD = ± 15A. Suponhamos que a moeda A se encontrava depreciada em 11,25% em relação ao conjunto das outras moedas. Isso significava que a cotação de mercado do ECU, nessa moeda, era 1 ECU = 111,25A. O desvio efectivo era DE = 11,25A, e o indicador de divergência atingia o limite de 75%. Os bancos centrais tinham, nesta circunstância, que intervir nos mercados de câmbios, comprando a moeda A, apesar de a cotação desta não estar no limite mínimo em relação a qualquer das outras moedas. Suponhamos agora que a moeda A se encontrava valorizada em relação a todas as outras, de forma que o valor de mercado do ECU era 1 ECU = 89,75 A. O desvio efectivo era, neste caso, DE = –11,25 A, pelo que, novamente, o indicador de divergência atingia o limite de 75%. Neste caso, os bancos centrais deviam intervir no mercado de câmbios, vendendo a moeda do País A, para provocar a sua depreciação relativamente ao ECU.

11.4. A transição para a união monetária: os critérios de convergência para a adesão ao euro

O Tratado de Maastricht, assinado em Fevereiro de 1992, estabeleceu as condições para a passagem à segunda e terceira fases da união económica e monetária. Este tratado estabeleceu igualmente que a passagem à terceira fase se daria desde que, pelo menos, sete dos países membros reúnam as condições enunciadas.

A primeira fase, iniciada em 1990, consistiu na abolição dos limites à liberdade de movimentos de capitais intra-europeus ainda existentes. O Tratado de Roma impunha a liberalização dos movimentos de capitais, condicionando-a «à medida que tal for necessário ao bom funcionamento do mercado comum» (artigo 67º do Tratado de Roma). As primeiras directivas destinadas a pôr em prática este artigo, datadas de 1960 e 1962, apenas previam uma liberalização incompleta e com múltiplas cláusulas de salvaguarda. Foi através do *Programa para a liberalização dos movimentos de capitais na Comunidade,* da Comissão Europeia, de Maio de 1986, com a Directiva 86/566/CEE (revogada em 1 de Julho de 1990) que se iniciou a liberalização total de todas as transacções de capitais directamente necessários à interconexão dos mercados financeiros nacionais, embora incluísse uma lista de excepções a essa liberalização. Essa tendência teve continuidade através da Directiva 88/361/CEE destinada a «dotar o mercado único da sua plena dimensão financeira», e que estabeleceu o princípio da liberalização completa dos movimentos de capitais a partir de 1 de Julho de 1990, tanto entre os Estados-membros como relativamente aos países terceiros. Esta directiva estabelecia um regime transitório para Espanha, Portugal, Grécia e Irlanda, que puderam manter restrições até 31 de Dezembro de 1992, bem como uma possibilidade de prorrogação, que não podia exceder três anos, para Portugal e Grécia, e que este país utilizou até 16 de Maio de 1994. Com entrada em vigor do Tratado da União Europeia (1 de Novembro de 1993), o princípio da liberdade completa dos movimentos de capitais é consagrado no próprio Tratado. O art. 56º estabelece o princípio da liberdade de movimentos de capitais entre os países membros e entre estes e países terceiros. Os artigos seguintes previam, no entanto, a possibilidade de aplicação de restrições aos movimentos de capitais com países terceiros.

A segunda fase, que se iniciou em 1994 e perdurou até à entrada do euro em 1999, consistiu na aplicação do processo de convergência das taxas de inflação e das taxas de juro, bem como de redução dos pesos do défice público e da dívida pública no PIB, por parte dos países candidatos a entrar na união monetária. Em 1994 foi também criado o Instituto Monetário Europeu, com o objectivo de preparar a criação do Sistema Europeu de Bancos Centrais, através da coordenação das políticas monetárias dos bancos centrais dos países membros.

A passagem à terceira fase, que correspondeu à instituição de uma moeda única europeia, pressupõe a verificação dos seguintes critérios de convergência, para que um país possa ser admitido no sistema de moeda única:

- a sua taxa de inflação não pode ser superior à média dos três países com inflação mais baixa, acrescida de 1,5 ponto percentual (150 pontos base);
- o défice público deve ser inferior a 3% do PIB;
- a dívida pública deve ser inferior a 60% do PIB;
- a taxa de juro de longo prazo não pode ser superior, em mais de 2 pontos percentuais (200 pontos base), à dos três países onde ela seja mais baixa.

Complementarmente a estes critérios, a moeda nacional deve ter-se mantido dentro das margens de flutuação, sem alterações da paridade durante, pelo menos, dois anos.

11.5. O papel internacional do euro

A moeda emitida numa união monetária tem melhores condições para servir de instrumento de reserva internacional do que as moedas nacionais dos países aderentes a essa união. Em primeiro lugar, o facto de circular num espaço mais alargado torna-a mais facilmente aceite por residentes em países exteriores à união. Adicionalmente, a aproximação das taxas de juro dos países membros facilita a integração dos seus mercados monetários e obrigacionistas. Cria-se, deste modo, um mercado financeiro de maior dimensão, e maior liquidez, o que o torna mais atractivo para os investidores externos. Outro aspecto importante para se avaliar a capacidade que a moeda emitida numa zona monetária apresenta, para concorrer com outras, enquanto instrumento internacional de reserva, como é o caso do euro em relação ao dólar, diz respeito à estrutura do sistema financeiro. As economias europeias eram, no momento da criação do euro, economias de «endividamento», no sentido de que os bancos representavam a fonte de cerca de dois terços do financiamento das empresas, e apenas um terço provinha da emissão de acções e de outros títulos negociáveis no mercado. Os Estados Unidos estavam na situação oposta, sendo uma economia de mercado financeiro, onde a emissão de títulos negociáveis nas bolsas assegurava mais de dois terços do financiamento das empresas. Esta diferença de estrutura dos sistemas financeiros fazia com que existisse, nos mercados financeiros europeus, uma «escassez» de títulos, comparativamente com o volume que o mercado financeiro americano podia oferecer aos investidores externos. Isto apesar de, no seu conjunto, os sistemas financeiros europeus terem uma dimensão muito semelhante à do sistema financeiro americano. A desintermediação que se tem vindo a observar na generalidade dos sistemas financeiros, incluindo os sistemas financeiros europeus, tem contribuído para atenuar estas diferenças, embora de forma limitada, dado que se trata de um processo cujas consequências só se fazem sentir a longo prazo.

Outra consequência da integração monetária europeia que facilita a aceitação do euro como instrumento internacional de reserva, é o facto de a União Monetária Europeia ter tido condições internas para assegurar a estabilidade do valor internacional da sua moeda. Como vimos, no primeiro capítulo, o aumento da eficiência de qualquer sistema de trocas passa pela redução do número de unidades de conta, bem como pela estabilidade das suas relações de troca. Deste modo, a existência do euro torna mais fácil a cooperação da União Europeia com os EUA, e com outros países, sempre que surjam factores de instabilidade nos mercados de câmbios. Complementarmente, a estabilidade do euro e do dólar têm induzido um número cada vez maior de países a adoptarem políticas de disciplina monetária, de forma a aumentarem a credibilidade externa das suas moedas. Resta-nos por último colocar a seguinte questão: que vantagens tiram as economias europeias, e Portugal em particular, da utilização do euro como meio internacional de reserva? Essa utilização significa que muitos residentes fora da Europa fazem aplicações no mercado financeiro europeu, permitindo um afluxo regular de capitais à Europa que, ao longo da última década, contribuíram para manter as taxas de juro baixas e com volatilidade reduzida, pelo menos até à crise de financeira internacional surgida em 2007. Daí resulta menor risco, tanto para os investimentos financeiros, como para os que são feitos no sector real. Finalmente, a aceitabilidade internacional do euro permite aos residentes na União Monetária Europeia suportarem menos custos nas transacções com países terceiros, cujos residentes aceitem essa moeda nos pagamentos.

BIBLIOGRAFIA

Akerlof, G. e R. Milbourne (1978), «New Calculations of Income and Interest Elasticities in Tobin's Model of the Transactions Demand for Money», *Review of Economics and Statistics,* n° 60, vol. 4, p. 541-546, reeditado em Mayer (1990 a).

Basel Committee on Bank Supervision (2011): *Basel III: A global regulatory framework for more resilient banks and banking systems*

Banco Central Europeu (2008), *A Execução da Política Monetária na Área do Euro.*

Baumol, W.(1952), «The Transactions Demand for Cash: An Inventory Theoretic Approach», *Quarterly Journal of Economics*, n° 66, p. 545-556, re-editado em Mayer (1990).

Black F. e M. Scholes (1973), «The Pricing of Options and Corporate Liabilities», *Journal of Political Economy*, Maio-Junho, p. 637-654.

Cassel, G. (1922), *Money and Foreign Exchange After 1914*, Mcmillan, Londres.

Claasen, E.(1970), *Analyse des Liquidités et Théorie du Portefeuille*, Presses Universitaires de France.

Cagan, P. (1965), «Determination and Effects of Changes in the Stock of Money 1865-1960», NBER, Princeton.

Clower, R. (1967), «Foundations of Monetary Theory», *Western Economic Journal*, vol. 6, p. 1-9.

Clower, R. (1969) (ed.), *Monetary Theory*, Penguin Books.

Coghlan, R. (1980), *The Theory of Money and Finance,*Macmillan Press, Londres.

Conard, J. (1959), *An Introduction to the Theory of Interest*, University of California, Los Angeles.

Cox J. S. Ross e M. Rubinstein, «Option Pricing: A Simplified Approach», *Journal of Financial Economics*, 7 (Outubro 1979), p. 229-64.

Culbertson, J. M. (1957), «The Term Structure of Interest Rates», *Quarterly Journal of Economics*, Novembro.

De Grauwe, P. (1994), *The Economics of Monetary Integration*, Oxford University Press.

De Grauwe, P. (2009), *Economics of the Monetary Union,* 8th Ed, Oxford University Press.

Elton, E., M. Gruber, S. Brown e W. Goetzmann (2007), *Modern Portfolio Theory and Investment Analysis,* 7th ed. J. Wiley & Sons.

Fama, E. (1970), «Efficient Capital Markets: a Review of Theory and Empirical Work», *Journal of Finance*, Março, p. 383-41.

Friedman, M. (1956), «The Quantity Theory of Money – A Restatement», in Fiedman, M. (Ed.) *Studies in the Quantity Theory of Money*, p. 3-31, reeditado em Mayer (1990 a).

Goodhart, C. (1989), *Money, Information and Uncertainty,* Ed. Macmillan, Londres.

Goodhart, C. (1995), *The Central Bank and the Financial System*, Macmillan Press, Londres.

Gurley , J. e E. Shaw (1960), *Money in a Theory of Finance*, Brookings Institute, Washington.

Handa, J. (2000) *Monetary Economics,* Ed. Routledge.

Hicks, J. (1939), *Value and Capital* (reeditado em 1979), Oxford University Press, Oxford.

Hull, J. (2000), *Options, Futures and Other Derivatives*, 4th ed. Prentice-Hall.

Kenen, P. (1969), «The Theory of Optimum Currency Areas: An Ecletic View», editado em Mundell e Swoboda (1969), reeditado em Kenen (1994).

Kenen, P. (1994), *Exchange Rates and the Monetary System*, Ed. Elgar, UK.

Kindleberger, C. (1986), «International Public Goods without International Governement», *American Economic Review*, n° 76.

Krugman, P. (1988), «Target zones and exchange rate dynamics», *NBER Working Paper.*

Krugman, P. (1992), *Currencies and Crises*, Cambridge, MIT, USA.

Laidler, D. (1991), *The Golden Age of the Quantity Theory*, Harvester, N.Y.

Laidler, D. (1993), *Demand for Money: Theories, Evidence & Problems*, Harper Collins College Publishers, N.Y.

Lewis, M. e P. Mizen (2000), *Monetary Economics,* Oxford University Press.

Lintner, J. (1965), «The Valuation of Risky Assets and the Selection of Risky Investments in Stock Portfolios and Capital Budgets», *Review of Economics and Statistics*, Fev., p. 13-37.

Markowitz, H. M. (1952*), «Portfolio Selection»,* The Journal of Finance, Março, p. 71-91.

Mathews, K. e Thompson (*2008), J., The Economics of Banking*, 2ª ed, J. Wiley&Sons.

Mayer, T. (Ed.) (1990 a)), *Monetary Theory,* Edward Elgar.

Mayer, T. (1990 b)), *Monetarism and Macroeconomic Policy*, E. Elgar.

Mckinnon, R (1963), «Optimum Currency Areas», *American Economic Review,* 53.

Mckinnon, R, (1984), *An International Standard for Money Stabilization*, Institute for Economic Affairs.

Miller, M. e D. Orr (1966), «A Model of the Demand for Money by Firms», *Quarterly Journal of Economics*, n° 80, p. 413-485, reeditado em Mayer (1990a).

Modigliani, F. e Sutch, R. (1967), «Debt Management and the Term Structure of Interest Rates: An Empirical Analysis of Recent Experiences», *Journal of Political Economy*, Agosto.

Mossin, J. (1966), «Equilibrium in a Capital Asset Market», *Econometrica*, Outubro, p. 768-783.

Mundell, R. (1961), «A Theory of Optimal Currency Areas», *American Economic Review,* 51.

Mundell, R. e Swoboda, A. (1969) (eds.), *Monetary Problems of International Economy*, University of Chicago Press.

Pesek, B. P. e Saving, T. R. (1967), *Money, Wealth and Economic Theory*, Macmillan.

Sharpe, W. (1964*), «*Capital Asset Prices: A Theory of Market Equilibrium under Conditions of Risk», *The Journal of Finance,* Vol. XIX, n° 3 (September) p. 425-42.

Soares da Fonseca, J. (1999), *Obrigações: Métodos de Avaliação e de Gestão do Risco de Taxa de Juro,* Ed. do Instituto do Mercado de Capitais, Porto.

Sprenkle, C. (1969), «The Uselessness of the Transaction Demand Models», *Journal of Finance,* n° 24, vol. 5, p. 835-847, reeditado em Mayer (1990 a).

Tobin, J. (1956), «The interest elasticity of transactions demand for cash», *Review of Economics and Statistics,* n° 38, vol. 3, p. 241-247.

Tobin, J. (1958), «Liquidity preference as behaviour towards risk», *Review of Economics Studies,* n° 35, p. 65-86.

Tobin, J. (1969), «A General Equilibrium Approach to Monetary Theory», *Journal of Money Credit and Banking,* Fevereiro, p. 15-29, reeditado em Mayer (1990).

Tsiang, S. C (1978), «The Diffusion of Reserves and the Money Supply Multiplier», *The Economic Journal,* vol. 88, p. 269-284, editado em M. Kohn «Finance Constraints and the Theory of Money» – Selected Papers of S. Tsiang, Academic Press.

Whalen, E. (1966), «A rationalisation of the precautionary demand for cash», *Quarterly Journal of Economics,* n° 80, p. 314-324.

White, L. (1999), *The Theory of Monetary Institutions,* Blackwell Publishers.

Williamson., J. (1985), *The Exchange Rate System,* Institute for International Economics.

Williamson, J. (1993), «Exchange Rate Management», *Economic Journal,* n° 103.

Visser, H. (1991), *Modern Monetary Theory,* Edward Elgar, UK.

www.ingramcontent.com/pod-product-compliance
Lightning Source LLC
Chambersburg PA
CBHW071535200326
41519CB00021BB/6491